LES DAMES DE CRANFORD

Née à Londres en 1810, Elizabeth Gaskell a été élevée par une tante dans le comté de Cheshire. Femme de pasteur, elle connaissait intimement la vie provinciale et les milieux industriels. Sa sensibilité aux questions sociales la porta à peindre avec sympathie la condition des opprimés de son temps : les ouvriers et les femmes. Proche de Charles Dickens, George Eliot et Charlotte Brontë, elle a occupé une place importante sur la scène littéraire victorienne. Elle est décédée en 1865.

ELIZABETH GASKELL

# *Les Dames de Cranford*

TRADUIT DE L'ANGLAIS PAR PIERRE GOUBERT

LE LIVRE DE POCHE

*Titre original :*

CRANFORD (1853)


ISBN : 978-2-253-09868-3 – 1re publication LGF

# 1

## Notre petite communauté

Avant toute chose, disons que Cranford appartient aux Amazones. Tous les locataires d'une maison dont le loyer excède une certaine somme sont des femmes. Si un couple marié vient à fixer sa résidence dans la ville, d'une manière ou d'une autre l'homme disparaît. Ou bien la peur le glace à l'idée d'être le seul élément masculin dans les soirées de Cranford et on n'en parle plus, ou on explique son absence par les devoirs de son régiment, les astreintes de son bateau, ou encore par des affaires qui le retiennent toute la semaine dans le grand centre commercial de Drumble, une ville qui n'est séparée de Cranford que par trente kilomètres de chemin de fer. Bref, quoi qu'il advienne de ces messieurs, il n'y a pas à Cranford trace de leur existence.

Et que pourraient-ils y faire s'ils y étaient ? Le médecin a sa tournée de cinquante kilomètres. Il dort à Cranford. Mais tout le monde ne peut pas être médecin. Quand il s'agit de maintenir les jardins coquets pleins de belles fleurs sans une mauvaise herbe pour les souiller, d'inspirer une peur salutaire aux garnements qui, entre les barreaux, jettent sur lesdites fleurs des regards concupiscents, de courir chasser les oies qui à l'occasion s'aventurent dans ces jardins quand la barrière est restée ouverte, de décider de toutes les questions de littérature et de politique sans se compliquer la vie avec des raisons ou des arguments superfétatoires, de se faire une idée claire et juste des affaires de tous les habitants de la paroisse, de tenir admirablement des servantes coquettement mises, de dispenser des secours aux pauvres (parfois de manière despotique) et de se rendre mutuellement service avec une authentique compassion quand il leur arrive malheur, les dames de Cranford n'ont besoin de personne. Comme l'une d'elles un jour me le faisait remarquer, un homme dans la maison ne cesse d'être dans nos jambes.

Bien que les dames de Cranford n'ignorent rien de tous les agissements de leurs voisines, elles manifestent à l'égard de leurs opinions une indifférence absolue. En réalité, comme chacune a sa personnalité, pour ne pas dire son excentricité bien marquée, rien ne leur serait plus facile que d'échanger des propos venimeux. Cependant, on ne sait comment, on observe parmi elles une bonne volonté de remarquables proportions.

Les dames de Cranford ne se permettent qu'une petite algarade de temps à autre qui se traduit par deux ou trois mots aigres-doux et un visage qui se crispe sous l'effet de la colère. C'est juste ce qu'il faut pour empêcher une vie uniforme de devenir monotone. Leur manière de se vêtir est totalement indépendante de la mode. Comme elles le disent si bien : « Quelle importance notre façon de nous habiller ici à

Cranford, où tout le monde nous connaît ? » Si elles quittent leur cher Cranford, leur raisonnement garde la même valeur : « Quelle importance notre costume dans un pays où l'on n'a jamais entendu parler de nous ? » L'étoffe de leurs vêtements est en général solide et toute simple. La plupart d'entre elles obéissent aux mêmes scrupules que Mlle Tyler[1], célèbre pour son amour de la propreté. Pourtant, je m'en porte garante, la dernière manche à gigot, le dernier petit jupon étriqué, on les a vus à Cranford, et ils n'y ont provoqué aucun sourire.

Je puis témoigner de l'existence d'un magnifique parapluie d'escouade en soie rouge sous lequel, les jours de mauvais temps, une bonne vieille demoiselle qui avait perdu tous ses frères et sœurs se rendait en trottinant à l'église. Avez-vous des parapluies de soie rouge à Londres ? On garde le souvenir à Cranford du premier qu'on y ait vu. Les gamins faisaient cercle autour. Ils l'appelaient « une canne en jupons ». Peut-être s'agissait-il de celui-là même dont je parle, porté par un père de famille robuste au-dessus d'une ribambelle de petites têtes. La pauvre petite demoiselle, seule survivante de ce troupeau, avait peine à le tenir.

Après cela, il existait des règles et des principes pour les visites, longues et courtes. Ils étaient annoncés à tous les jeunes gens venant à séjourner dans la ville avec la même solennité qui accompagnait la lecture des anciennes lois de l'île de Man, une fois l'an, sur le mont Tinwald.

1. Mlle Tyler, la tante du poète Robert Southey, interdisait à son jeune neveu toute occupation salissante.

« Nos amis ont cherché à savoir comment vous vous trouvez ce soir, ma chère enfant, après votre voyage (vingt kilomètres dans une voiture particulière). Ils vous permettront de vous reposer demain matin mais, le jour suivant, pas de doute là-dessus, ils passeront vous voir. Donc rendez-vous libre l'après-midi, car nous rendons nos visites entre midi et trois heures. »

Ensuite, la visite faite :

« C'est le troisième jour. Votre maman vous aura sans doute dit, ma chère enfant, de ne jamais laisser passer plus de trois jours entre le moment où vous recevez une visite et celui où vous la rendez. Sans doute vous a-t-on aussi spécifié que vous ne deviez jamais rester plus d'un quart d'heure.

— Mais faudra-t-il que je regarde ma montre ? Comment saurai-je que j'arrive à la fin du quart d'heure ?

— Vous devrez toujours garder cette obligation en mémoire, ma chère, et ne pas vous laisser aller à l'oublier en parlant. »

Comme chacune se souvenait de cette règle, en faisant une visite ou en la recevant, il va de soi qu'on n'abordait jamais de sujet captivant. Nous nous limitions à des phrases courtes à propos de tout et de rien en concentrant notre attention sur l'heure du départ.

J'imagine qu'à Cranford les gens de la bonne société quelquefois étaient pauvres et éprouvaient de la difficulté à joindre les deux bouts. Mais, comme les Spartiates, ils cachaient leurs tourments sous l'apparence d'un sourire. Personne parmi nous ne parlait d'argent, parce que c'était un sujet qui évoquait le négoce, les activités commerciales et, si certains souffraient de pauvreté, nous appartenions tous à l'aristocratie. Les habitants de Cranford étaient dotés d'un charitable esprit de corps qui leur permettait d'ignorer toutes les imperfections dans la réussite sociale quand parmi eux on tentait de dissimuler son indigence. Ainsi, quand Mme Forrester donnait une réception dans sa maison de poupée et que la petite bonne dérangeait les dames assises sur le sofa en demandant de prendre le plateau qui était en dessous, tout le monde considérait cette innovation comme ce qu'il y avait de plus naturel, et l'on poursuivait la conversation sur les us et coutumes comme si nous étions toutes persuadées que notre hôtesse disposait d'un véritable office, d'une deuxième table avec femme de charge et intendant au lieu d'une jeunette issue d'une école de charité dont les petits bras rougeauds n'auraient jamais eu la force de monter le plateau sans l'aide discrète d'une maîtresse maintenant dignement assise et faisant semblant de ne pas savoir quels petits gâteaux on faisait parvenir à l'étage au-dessus, alors qu'elle savait, que nous savions, que nous savions qu'elle savait, que nous savions qu'elle savait que nous savions qu'elle avait passé toute sa matinée à confectionner du pain d'épices et des beignets.

Il résultait de cette pauvreté répandue sans être reconnue et de cette distinction qui, elle, était notoire, un ou deux usages qui n'étaient pas regrettables et qui pourraient avantageusement trouver place dans bien des milieux. C'est ainsi que les habitants de Cranford se couchaient de bonne heure et rentraient chez eux dans un claquement de patins sous la conduite d'un porteur de lanterne vers les neuf heures du soir. La ville entière dormait à poings fermés à dix heures et demie. En outre, passait pour « vulgaire » (le grand mot à Cranford) le fait d'offrir quelque chose de cher en matière de nourriture et de boisson lors des divertissements nocturnes. De minces tartines de pain beurré et des beignets constituaient tout ce que proposait l'honorable[1] Mme Jamieson, et elle était la belle-sœur de feu le comte de Glenmire tout en se conformant aux règles de l'économie, mais une « économie distinguée ».

« Économie distinguée » ! Comme il est facile de retomber dans la phraséologie de Cranford ! Là, économiser était toujours « distingué » et dépenser « vulgaire et ostentatoire », un raisonnement entaché de dépit qui nous apportait beaucoup de sérénité et de satisfaction. Je n'oublierai jamais notre détresse quand un certain capitaine Brown choisit de venir vivre à Cranford et ouvertement y parla de sa pauvreté. Ajoutez à cela que ce n'était pas à mi-voix en s'adressant à un ami intime, après avoir fermé portes et fenêtres, mais en public, dans la rue, de la voix forte d'un militaire, en présentant son manque d'argent comme un motif pour ne pas prendre à bail une certaine maison. Les dames de Cranford étaient déjà prêtes à gémir devant l'invasion de leur territoire par un homme, d'une certaine éducation par surcroît. C'était un capitaine en demi-solde, qui avait obtenu

1. Mme Jamieson a droit à cette dignité pour des raisons familiales.

un emploi sur une ligne de chemin de fer voisine contre l'instauration de laquelle la petite ville avait signé une pétition. Si, en plus de son sexe et de ses liens avec une ligne de chemin de fer insupportable, il avait le toupet de parler de son dénuement, eh bien, assurément, il fallait refuser de lui adresser la parole.

La pauvreté était aussi indiscutable et aussi banale que la mort. Pourtant on n'en parlait jamais à haute voix dans la rue. Le mot ne devait pas être prononcé dans la bonne société. Tacitement, nous nous étions mises d'accord pour refuser d'admettre qu'une personne à même de nous visiter et d'être visitée sur un pied d'égalité pouvait être empêchée par un embarras financier de faire ce qui lui plaisait. Si nous allions à pied à une soirée ou en revenions de même, c'était parce que la nuit était belle, l'air très doux, et non parce que les chaises à porteurs étaient chères. Si nous préférions un tissu imprimé à une robe de soie, la cause en était que nous voulions une étoffe qui se lavait, et ainsi de suite, au point d'être aveugles à une réalité peu brillante : toutes, nous vivions avec peu de moyens.

Cela faisait qu'évidemment nous ne savions comment considérer un homme qui pouvait parler de la pauvreté comme si ce n'était pas infamant. Pourtant, mystérieusement, le capitaine Brown réussit à se faire respecter à Cranford, et on le visita en dépit de toutes les résolutions qu'on avait prises de s'en abstenir. Je fus surprise d'entendre citer ses opinions comme irréfutables lors d'une visite à Cranford, un an environ après son installation dans la ville. Douze mois plus tôt seulement, mes amies avaient compté parmi les plus hostiles à toute proposition en faveur de la fréquentation du capitaine et de ses filles. Or, à présent, il était reçu même aux heures interdites d'avant midi. Je reconnais que c'était pour découvrir pourquoi une cheminée fumait avant qu'un feu fût allumé. Il n'en reste pas moins que le capitaine Brown montait l'escalier sans être intimidé le moins du monde, parlait d'une voix trop forte pour la pièce où il se trouvait et plaisantait avec toute l'aisance d'un homme habitué à circuler dans la maison. Il avait ignoré toutes les petites incivilités, l'absence de certaines attentions dans l'accueil qui lui avait été fait. Il s'était montré amical lorsque les dames de Cranford avaient fait preuve de froideur. Il avait répondu à des compliments ironiques comme à des félicitations de bonne foi. Sa franchise virile avait eu raison de toute la réticence dévolue à un homme qui n'avait pas honte d'être pauvre. Finalement, l'excellence de son bon sens masculin et son talent à trouver des moyens de résoudre les problèmes domestiques lui avaient valu d'être écouté avec une extraordinaire déférence par les dames de Cranford. Lui-même ne changeait rien à ses façons de faire. Il avait aussi peu conscience de sa popularité qu'il l'avait été du contraire, et je suis sûre qu'il fut confondu le jour où il trouva son opinion tellement estimée qu'un conseil qu'il avait donné en plaisantant fut accueilli avec le plus grand sérieux.

C'était sur le sujet suivant : une vieille dame possédait une vache d'Aurigny qu'elle considérait comme sa fille. Impossible de faire la petite visite d'un quart d'heure sans qu'on vous parle du lait extraordinaire ou de la merveilleuse intelligence de cet animal. Toute la ville connaissait la vache de Mlle Betty Barker et avait de la sympathie pour elle. C'est pourquoi grande fut la commisération et sincères furent les regrets quand, dans un moment d'aberration, la malheureuse bête dégringola dans un four à chaux. Ses plaintes furent si sonores qu'on fit vite à l'entendre et à la sauver mais, dans l'intervalle, la pauvre avait perdu la plus grande partie de son poil, et elle ressortit avec l'apparence d'être nue, frigorifiée, faisant pitié, sans rien sur la peau. L'apitoiement fut général, même si, parfois, on eut de la peine à s'empêcher de sourire devant son drôle d'aspect. Mlle Barker alla jusqu'à sangloter, de chagrin et de désarroi. On dit qu'elle songea à un bain d'huile. Le remède fut peut-être proposé par l'un de ceux dont elle sollicita le conseil mais, si jamais la proposition fut faite, elle fut réduite à néant par l'intervention décidée du capitaine Brown : « Trouvez-lui un gilet et un caleçon de flanelle, madame, dit-il, si vous voulez la garder en vie. Mais mon conseil est d'abattre le pauvre animal sans plus tarder. »

Mlle Barker sécha ses larmes et remercia chaudement le capitaine. Elle se mit à l'ouvrage, et peu après toute la ville sortit pour voir la vache d'Aurigny sagement gagner son pâturage, vêtue de flanelle gris foncé. J'ai moi-même plus d'une fois été témoin de la scène. Vous arrive-t-il jamais de voir des vaches à Londres habillées de flanelle grise ?

Le capitaine Brown avait pris en location une petite maison en lisière de la ville, où il vivait avec ses deux filles. Il devait avoir plus de soixante ans lorsque je fis ma première visite à Cranford après avoir cessé d'y résider. Mais il était sec et noueux, sa démarche facile dénotait un entraînement régulier, il rejetait la tête en arrière avec raideur comme font les militaires et allait d'un pas léger, ce qui lui donnait l'air d'être plus jeune qu'il n'était en réalité. Sa fille aînée paraissait presque aussi âgée que lui et par là révélait ce qu'il y avait de trompeur dans son aspect juvénile. Mlle Brown devait avoir dans les quarante ans. Son visage exprimait le malaise, la douleur, le souci. Elle donnait l'impression d'avoir depuis longtemps dit adieu à la gaieté de la jeunesse. Même jeune, elle devait déjà avoir été laide avec des traits grossiers.

Mlle Jessie Brown avait dix ans de moins que sa sœur, et elle était beaucoup plus agréable à regarder, avec un visage rond et des fossettes. Mlle Jenkyns dit, un jour qu'elle s'emportait contre le capitaine Brown (pour une raison que je vais bientôt dévoiler), qu'elle trouvait qu'il était temps pour Mlle Jessie de renoncer à ses fossettes et de ne pas toujours vouloir garder un petit air enfantin. Il est vrai qu'il y avait dans sa physionomie quelque chose de très jeune, et cela durera, je crois, jusqu'à sa mort, quand elle vivrait cent ans. Les yeux étaient bleus, grands, étonnés et vous regardaient bien en face. Le nez était camus et mal dessiné. Les lèvres avaient de la fraîcheur et un bel incarnat. Elle se coiffait, en outre, avec beaucoup de petites ondulations qui accentuaient l'impression de grande jeunesse. Je ne sais pas si elle était jolie ou non, mais son visage me plaisait et plaisait à tous. Je ne crois pas qu'elle aurait pu éviter les fossettes. Elle avait quelque chose de l'entrain de son père, tant dans la démarche que dans les manières. Toutes les femmes étaient à même de noter une petite différence dans la mise des deux sœurs : les vêtements de Mlle Jessie coûtaient environ deux livres de plus que ceux de Mlle Brown. Deux livres représentaient beaucoup dans les dépenses annuelles du capitaine Brown.

Telle fut l'impression que me fit la famille lorsque je la vis pour la première fois rassemblée dans l'église de Cranford. J'avais déjà croisé le capitaine le jour de la cheminée qui fumait. Il avait remédié au mal par une simple altération du conduit. À l'église, il avait son lorgnon devant les yeux pendant les hymnes. Il tenait la tête bien droite et chantait fort et joyeusement. Ses répons s'entendaient mieux que ceux du sacristain, un vieil homme doté d'une voix faible et flûtée qui, je crois, supportait mal la concurrence de la basse sonore du capitaine. Cela donnait lieu de sa part à des trémolos de plus en plus aigus.

Au sortir de l'église, l'alerte capitaine se montra plein d'aimables attentions envers ses deux filles. Il eut un signe de tête et un sourire pour les gens de connaissance, mais il ne serra pas de main avant d'avoir aidé Mlle Brown à déplier son parapluie, de l'avoir débarrassée de son livre de prières et d'avoir attendu patiemment qu'avec des mains nerveuses et tremblantes elle eût relevé le bas de sa robe pour traverser les chaussées humides.

Je me demande comment les dames de Cranford à leurs soirées s'arrangèrent du capitaine Brown. Nous nous étions souvent félicitées précédemment de ne pas avoir à nous occuper d'un monsieur et de ne pas devoir lui trouver de sujets de conversation pendant nos parties de cartes. Nous nous étions réjouies de notre confort et, dans notre passion pour la distinction, ainsi que dans notre aversion pour le reste de l'humanité, nous nous étions persuadées qu'il était « vulgaire » d'être un homme, si bien que, lorsque je découvris que l'amie qui m'hébergeait, Mlle Jenkins, allait donner une soirée en mon honneur à laquelle le capitaine et les demoiselles Brown seraient invités, je me demandai bien comment allait se passer la soirée en question.

On mit en place à la lumière du jour, tout comme d'habitude, des tables de jeu garnies d'un tapis de couleur verte. C'était la troisième semaine de novembre. Le soir tombait donc vers les quatre heures. Sur chaque table, on disposa des bougies et des jeux de cartes bien propres. On fit du feu. Une domestique impeccablement mise reçut ses dernières instructions, et nous attendîmes debout, sur notre trente et un, chacune avec son allumette de papier à la main, prêtes à sauter sur les bougies dès le premier coup frappé à la porte.

Les soirées à Cranford étaient des occasions solennelles. Les dames étaient pénétrées d'un sentiment de joie mêlé de gravité, assises toutes ensemble dans leurs plus beaux atours. Aussitôt que trois invitées eurent fait leur apparition, nous prîmes place pour jouer à la préférence, la malchance m'attribuant le rôle de quatrième[1]. Les quatre prochaines arrivantes

1. Le jeu est conçu pour trois joueurs. Le quatrième, tiré au sort, ne joue pas ; il se contente de distribuer les cartes.

furent de suite installées à une autre table, et peu après les plateaux, que j'avais vus en attente dans la réserve le matin en passant par là, posés chacun au milieu d'une table de jeu. La porcelaine était d'un blanc délicat, coquille d'œuf. L'argenterie brillait de tous ses feux d'avoir été bien astiquée. Ce qu'il y avait à manger restait dans de modestes proportions.

Alors que les plateaux n'avaient pas encore quitté les tables, le capitaine et les demoiselles Brown firent leur entrée, et il me fut donné de voir que, d'une manière ou d'une autre, le nouvel arrivant avait les faveurs de toutes ces dames. À son approche, les fronts soucieux se déridaient, les voix stridentes baissaient d'un ton. Mlle Brown avait l'air malade et déprimée jusqu'à l'abattement, ou presque. Mlle Jessie gardait son sourire habituel et semblait gagner les cœurs comme son père, ou peu s'en fallait. Celui-ci aussitôt avec discrétion assuma dans la pièce les fonctions dévolues à un homme, répondant aux besoins de chacune, allégeant le travail de la jolie domestique en s'occupant des tasses vides et des dames sans pain beurré. Cependant, il faisait tout cela avec tant d'aisance et de dignité, comme s'il allait de soi que les forts assistent les faibles, que rien ne manquait à l'excellence de son personnage masculin.

Il jouait des points pour trois pence avec le même intérêt que s'il s'était agi de livres sterling. Malgré cela, et en dépit de l'attention qu'il prodiguait à des étrangères, il ne se désintéressait pas des tourments de sa fille, car ses tourments pour moi ne faisaient pas de doute, si apparemment pour beaucoup elle pouvait sembler être seulement irritable. Mlle Jessie ne jouait pas aux cartes, mais elle parlait à celles qui ne jouaient pas et qui, avant son arrivée, avaient eu tendance à sombrer dans la mélancolie. Elle chantait aussi au rythme d'un vieux piano fêlé qui, je pense, dans sa jeunesse, avait dû être une épinette. Mlle Jessie interpréta *Jock of Hazeldean*[1]. Elle le fit plus ou moins comme il le fallait, mais aucune de nous ne s'y connaissait en musique, bien que Mlle Jenkyns battît la mesure, n'importe comment, pour se donner l'air d'y connaître quelque chose.

C'était très gentil de sa part, car je m'étais aperçue, peu avant, qu'elle avait mal supporté l'aveu qu'avait fait Mlle Jessie Brown dans un moment d'inattention (à propos de laine de Shetland) qu'elle avait un oncle, le frère de sa mère, qui tenait une boutique à Édimbourg. Mlle Jenkyns essaya de noyer le poisson dans une terrible quinte de toux, car l'honorable Mme Jamieson était assise à une table de jeu tout près de Mlle Jessie, et qu'allait-elle dire ou penser en découvrant qu'elle avait à côté d'elle la nièce d'un boutiquier ? Mais Mlle Jessie Brown (qui n'avait aucun tact, comme nous tombâmes d'accord pour le reconnaître le lendemain matin) n'eut de cesse de répéter son information et d'assurer Mlle Pole qu'elle pouvait lui procurer exactement la laine de Shetland qu'elle désirait par l'intermédiaire de son oncle qui avait le meilleur assortiment de cette laine de tout Édimbourg. Ce fut pour nous ôter ce mauvais goût de la bouche et chasser ces sonorités déplaisantes de nos oreilles que

1. Une ballade connue, écrite par Walter Scott.

Mlle Jenkyns proposa de faire de la musique. C'est pourquoi, je vous le dis encore, c'était très aimable de sa part de battre la mesure pendant la chanson.

Quand les plateaux reparurent avec des biscuits et du vin, à neuf heures moins un quart précises, il y eut quelques mots d'échangés. On compara les cartes, on discuta les plis. Et puis, subitement, le capitaine Brown s'aventura à parler littérature.

« Avez-vous vu des numéros des *Aventures de M. Pickwick* ? dit-il (on publiait cela alors en feuilleton). Une merveille ! »

Or Mlle Jenkyns était la fille d'un recteur de Cranford maintenant décédé et, en vertu d'un certain nombre de sermons manuscrits et d'une collection assez fournie de livres de piété, se considérait comme experte en littérature et voyait en toute conversation sur des livres un défi qui lui était lancé. Elle répondit donc et dit que oui, qu'elle les avait vus et pouvait même affirmer les avoir lus.

« Et qu'en pensez-vous ? s'exclama le capitaine Brown. Ne trouvez-vous pas cela fameux ? »

Ainsi pressée de parler, Mlle Jenkyns ne pouvait que s'exécuter.

« Je dois dire qu'en aucune façon je ne trouve que cela vaille le docteur Johnson[1]. Il est vrai qu'en faveur de l'auteur on peut plaider la jeunesse. S'il persévère, qui sait ce qu'il peut devenir en prenant le grand docteur pour modèle ? »

1. Samuel Johnson (1709-1784), critique, poète, essayiste, s'était acquis une grande réputation en son temps, notamment par son dictionnaire.

C'était plus que ce que le capitaine Brown pouvait accepter sans réagir. Je devinai les mots qu'il avait sur le bout de la langue avant que Mlle Jenkyns eût fini sa phrase.

« Mais ce n'est pas du tout la même chose, chère madame, dit-il en préambule.

— J'en suis parfaitement consciente, répliqua-t-elle, et puis me montrer indulgente, capitaine Brown.

— Soyez assez indulgente, plaida-t-il, pour me permettre de vous lire une scène extraite du numéro de ce mois. Je l'ai en main depuis ce matin, et je ne pense pas que ces dames aient déjà eu la possibilité d'en prendre connaissance.

— À votre guise », dit Mlle Jenkyns en se calant sur son siège d'un air résigné.

Il lut le compte rendu de la « soirée » organisée à Bath par Sam Weller. Parmi nous, certaines rirent de bon cœur. Je n'osai pas en faire autant, parce que j'étais l'hôte de Mlle Jenkyns. Elle attendit patiemment. Quand ce fut fini, elle se tourna vers moi et, avec une dignité qui n'excluait pas la douceur :

« Allez me chercher *Rasselas*[1], ma chère, dit-elle, dans la bibliothèque. »

Quand je l'eus apporté, elle s'adressa au capitaine Brown.

« Maintenant, permettez-moi de vous lire à mon tour une scène, et l'assistance sera à même de juger duquel est le meilleur, de votre préféré, M. Boz[2], ou du docteur Johnson. »

---

1. Conte moral (1759) sur l'impossibilité du parfait bonheur.
2. Le pseudonyme de Dickens dans ses premiers ouvrages.

Elle lut un des dialogues entre Rasselas et Imlac d'une voix de fausset pleine de majesté. Quand elle eut terminé, elle dit : « J'imagine que je suis à présent justifiée de placer le docteur Johnson au-dessus en tant qu'auteur de fiction. »

Le capitaine fit la grimace et tambourina sur la table avec ses doigts, mais il ne dit mot. Mlle Jenkyns jugea bon de lui asséner un ou deux coups décisifs.

« Je considère comme vulgaire, dit-elle, et contraire à la dignité de la littérature de publier en feuilleton.

– Mais comment le *Rambler*[1] a-t-il été publié, madame ? demanda le capitaine d'une voix sourde qu'à mon sens Mlle Jenkyns ne put entendre.

– Le style du docteur Johnson est un modèle pour les jeunes débutants. Mon père me le recommanda quand je commençai à écrire des lettres. Il m'a aidé à former mon propre style. Je le conseille à votre préféré.

– Je serais profondément navré de le voir échanger sa manière d'écrire contre quelque chose d'aussi pompeux », dit le capitaine Brown.

Mlle Jenkyns prit cela pour un affront personnel, ce qui n'avait pas traversé l'esprit du capitaine Brown. Ses amies et elle considéraient son style épistolaire comme son point fort. J'ai vu de mes yeux plus d'un exemplaire d'une de ses lettres écrit et corrigé sur une ardoise, avant que, selon elle, elle prît occasion de la demi-heure précédant le départ

1. Ce journal contenait essentiellement un essai moral écrit par Johnson.

du courrier pour informer les amies en question de ceci ou de cela. Quant au docteur Johnson, il servait bien, comme elle le disait, de modèle à ces compositions. Elle se redressa dignement et ne répondit à la dernière remarque du capitaine Brown qu'en affirmant, donnant à chaque syllabe toute sa force : « Je préfère le docteur Johnson à M. Boz. »

On rapporte – je n'en mettrais pas ma main au feu – qu'on entendit le capitaine Brown murmurer : « La peste soit du docteur Johnson ! » Si c'est vrai, il s'en repentit par la suite, comme il le montra en allant se poster près du fauteuil de Mlle Jenkyns et en essayant de l'entraîner dans une conversation sur un sujet plus agréable. Mais elle fut inexorable et le lendemain fit la remarque dont j'ai parlé sur les fossettes de Mlle Jessie.

## 2

## Le capitaine

Impossible de vivre un mois à Cranford sans connaître les petites manies de tous ses habitants. Bien avant la fin de ma visite, je savais beaucoup de choses sur le trio des Brown. Il ne me restait rien à apprendre au sujet de leur indigence, car ils s'en étaient ouverts avec simplicité dès l'abord. Ils ne faisaient pas mystère de l'obligation où ils se trouvaient de limiter leurs dépenses. Ce qui demeurait encore dans l'ombre était l'infinie bonté du capitaine et les différentes façons dont, à son insu, elle se manifesterait.

Cela nous fournit de petites anecdotes dont on parla quelque temps après les faits. Comme nous ne lisions pas beaucoup et que toutes les dames étaient assez bien pourvues en domestiques à leur convenance, nous étions à court de sujets de conversation. C'est pourquoi nous pûmes débattre du geste du capitaine quand il ôta son dîner des mains d'une pauvre vieille, un dimanche où le sol était particulièrement glissant. Il l'avait croisée comme il sortait de l'église et avait noté sa difficulté à marcher. Avec la gravité et la dignité dont il ne se départait jamais, il la libéra de son fardeau et décida à ses côtés de la route à suivre en portant sans encombre jusqu'à son domicile son ragoût de mouton et ses pommes de terre cuites au four.

Ce fut considéré comme très excentrique, et l'on s'attendit plus ou moins à ce que, le lundi matin, il fît une tournée de visites pour s'expliquer et se disculper, confronté au sens qu'avait Cranford de la conduite à tenir. Mais il n'en fit rien. On en conclut qu'il avait honte et se maintenait à l'écart. Dans notre bonté d'âme, nous nous mîmes à dire : « Après tout, ce geste du dimanche matin témoignait d'un très bon naturel », et il fut décidé que lorsqu'il paraîtrait de nouveau parmi nous, nous lui offririons notre réconfort. Or pas du tout. Il nous arriva sans manifester le moindre scrupule, sa voix de basse aussi tonitruante que jamais, la tête haute, la perruque toujours aussi fière et bien bouclée, ce qui nous obligea à la conclusion qu'il avait tout oublié de ce dimanche-là.

Mlle Pole et Mlle Jessie Brown étaient devenues plus ou moins intimes en raison de la laine de Shetland et de nouveaux points de tricot, si bien que, lorsque je rendis visite à Mlle Pole, je vis plus souvent les Brown que l'occasion ne m'en avait été donnée pendant que j'étais l'hôte de Mlle Jenkyns. Celle-ci, en effet, n'avait jamais pu pardonner les remarques jugées désobligeantes faites par le capitaine Brown sur le docteur Johnson en sa qualité d'auteur de fiction légère et plaisante. Je découvris que Mlle Brown était gravement atteinte d'une maladie chronique incurable et que la douleur infligée donnait à son visage l'expression de mauvaise humeur que j'avais prise pour la conséquence d'un caractère décidément revêche. De la mauvaise humeur, certes, elle en avait parfois, quand l'état de ses nerfs, dû à son mal, dépassait ce qu'elle pouvait endurer.

Mlle Jessie alors la supportait avec une patience qui excédait même celle qu'il lui fallait montrer pour les violents reproches que sa sœur s'adressait ensuite invariablement. Mlle Brown s'en voulait non seulement de réagir avec vivacité mais aussi d'obliger son père et Jessie à se priver pour lui permettre les petites fantaisies qui dans son état relevaient du nécessaire. Elle était tellement prête à se sacrifier pour eux et à alléger leurs soucis que la générosité de sa nature ajoutait à l'aigreur de ses récriminations.

Tout cela était supporté par Mlle Jessie et son père avec davantage que de la placidité, avec une véritable tendresse. Je pardonnai à Mlle Jessie de chanter faux et de s'habiller trop jeune quand je vis comment elle se conduisait à son foyer. J'en arrivai à reconnaître que la sombre perruque du capitaine qui le coiffait à la Brutus et que sa veste capitonnée (trop élimée, hélas) étaient ce qui restait de la prestance de sa jeunesse sous l'habit militaire, habit qu'il portait maintenant sans y prêter attention. C'était un homme capable de ressources infinies acquises dans son expérience de soldat. Comme il était prêt à l'admettre, nul ne pouvait cirer ses bottes à sa convenance mieux qu'il ne le pouvait lui-même et, à la vérité, il ne regardait pas à épargner des travaux à sa petite bonne, sachant, très probablement, que la maladie de sa fille rendait la place peu enviable.

Il tenta bien de faire la paix avec Mlle Jenkyns peu après la dispute mémorable dont j'ai parlé en lui offrant une pelle en bois (fabriquée par ses soins), l'ayant entendue se plaindre du crissement d'une pelle métallique qui lui prenait sur les nerfs. Elle accueillit ce cadeau avec une froide gratitude et le remercia poliment. Après son départ, elle me dit de la mettre dans le débarras. Sans doute pensait-elle qu'aucun présent d'un homme qui préférait M. Boz au docteur Johnson ne pouvait l'irriter moins que le crissement d'une pelle en fer.

Voilà où on en était quand je quittai Cranford pour Drumble. Je bénéficiai cependant de l'aide de plusieurs correspondantes qui me tenaient au courant de ce qui se passait dans la chère petite ville. Il y avait notamment Mlle Pole, qui se passionnait maintenant autant pour le crochet que précédemment pour le tricot et dont les lettres contenaient un refrain qui ressemblait au « Mais surtout n'oublie pas la laine blanche de chez Flint[1] » de la vieille chanson. En effet, toutes les phrases de ses nouvelles se terminaient par une commission de plus à effectuer pour son crochet qui m'était confiée. Mlle Matilda Jenkyns (qui ne voyait pas d'inconvénient à être appelée Mlle Matty quand Mlle Jenkyns n'était pas là) m'écrivait de gentilles lettres décousues où elle s'autorisait parfois à émettre une opinion personnelle. Mais, brusquement, elle se reprenait et, ou

1. Dans le refrain on entendait la recommandation d'aller acheter « un écheveau de laine blanche chez Flint », un mercier de Londres.

bien me priait de ne pas répéter ce qu'elle avait dit, étant donné que Déborah pensait autrement et qu'elle le savait, ou bien ajoutait un post-scriptum pour me préciser que, depuis qu'elle avait écrit les lignes plus haut, elle en avait parlé avec Déborah et désormais était parfaitement convaincue que etc. (suivait alors presque toujours un renoncement à toutes les opinions formulées dans sa lettre).

Et puis il y avait Mlle Jenkyns (Déborah, ainsi qu'elle aimait être appelée par Mlle Matty, son père ayant donné un jour la prononciation exacte du nom hébreu). Au fond de moi, je crois qu'elle prenait la prophétesse de l'Ancien Testament pour un modèle en matière de caractère et, effectivement, elle n'était pas différente de la sévère prophétesse d'Israël par certains côtés, compte tenu, évidemment, de l'évolution des mœurs et de la différence du costume. Mlle Jenkyns portait une cravate, un petit bonnet qui ressemblait à une casquette de jockey et au total donnait l'impression d'être une femme qui savait ce qu'elle voulait. Elle aurait certes écarté avec mépris l'idée moderne d'une égalité entre les sexes. Égalité, vraiment ! Elle savait que les femmes étaient supérieures. Mais, pour en revenir à ses lettres, tout y était digne et majestueux comme elle. Je les ai relues (chère Mlle Jenkyns, comme je la tenais en haute estime !) et je vais vous en citer un extrait, choisi plus particulièrement pour son rapport avec le capitaine Brown.

« L'honorable Mme Jamieson me quitte à l'instant. Dans le courant de la conversation, elle m'a transmis une information selon laquelle elle reçut hier la visite d'un ancien ami de son révérend mari,

Lord Mauleverer. Il vous sera difficile de conjecturer ce qui amenait Sa Seigneurie dans l'enceinte de notre petite ville. C'était pour voir le capitaine Brown, avec lequel, à ce qu'il semble, Sa Seigneurie avait fait connaissance dans les "guerres empanachées[1]" et qui avait eu le privilège d'éviter que la destruction ne s'abattît sur sa tête, alors qu'il courait un grave danger, au large du mal nommé cap de Bonne-Espérance. Vous savez combien l'honorable Mme Jamieson souffre d'un défaut d'innocente curiosité et ne serez donc pas très surprise quand je vous aurai dit qu'elle s'avéra tout à fait incapable de me révéler la nature exacte du péril en question. J'étais inquiète, je l'avoue, de savoir comment le capitaine Brown, dans son humble ménage, allait pouvoir accueillir un hôte aussi distingué. Je découvris que Sa Seigneurie devait se reposer et, espérons-le, dormir pour recréer de nouvelles forces, à l'Auberge de l'Ange, mais que, pendant les deux jours où il honorerait Cranford de son auguste présence, il partagerait les repas des brunoniens[2]. Mme Johnson, notre aimable bouchère, m'apprit que Mlle Jessie avait acheté un gigot d'agneau. Cependant, en dehors de cela, je n'entendis parler d'aucun préparatif particulier pour la réception convenant à un visiteur aussi éminent. Peut-être l'ont-ils régalé "du festin de la raison et des épanchements de l'âme[3]" ? Pour nous, qui connaissons

1. Référence à l'*Othello* de Shakespeare (III, 3).

2. Les repas des Brown.

3. Référence à Pope, *Imitations d'Horace,* III, 1, 127-128.

la regrettable absence chez le capitaine d'un plaisir puisé aux "sources pures d'un anglais sans tache[1]", il nous est loisible de nous féliciter de l'occasion ainsi donnée au capitaine d'améliorer son goût en conversant avec un membre élégant et raffiné de l'aristocratie britannique. Mais des faiblesses de ce monde qui peut se dire totalement exempt ? »

Mlle Pole et Mlle Matty m'écrivirent par le même courrier. Une nouvelle comme la visite de Lord Mauleverer ne pouvait être négligée par les épistolières de Cranford. Elles l'exploitèrent autant qu'il est possible. Mlle Matty s'excusa humblement d'écrire en même temps que sa sœur, qui était tellement plus capable qu'elle de représenter l'honneur fait à sa ville. Pourtant, malgré quelques fautes d'orthographe, ce fut son compte rendu qui me donna la meilleure idée de l'agitation créée par la visite de Sa Seigneurie, je veux dire une fois la visite faite car, à l'exception des gens de l'auberge, des Brown, de Mme Jamieson et d'un petit garçon contre lequel Sa Seigneurie avait juré pour avoir lancé un cerceau malpropre dans ses jambes d'aristocrate, je n'entendis parler d'aucune personne avec laquelle Sa Seigneurie eût tenu une conversation.

Ma visite suivante eut lieu l'été. Il ne s'était produit ni naissances, ni décès, ni mariages depuis ma dernière apparition. Chacun habitait la même maison et portait à peu près les mêmes vêtements démodés et maintenus soigneusement propres. L'événement le plus important était que Mlle Jenkyns avait acheté

1. Référence à Spenser, *La Reine des fées*, IV, 2, 32.

un tapis neuf pour son salon. Que de peine nous eûmes, Mlle Matty et moi, à faire la chasse aux rayons du soleil, une après-midi qu'ils tombaient en plein sur ce tapis par la fenêtre sans store ! Nous étalâmes des journaux là où se situait le mal avant de nous asseoir à lire ou à coudre mais, hélas, un quart d'heure plus tard, le soleil avait bougé et inondait de sa lumière un autre endroit. Il nous fallut à nouveau nous mettre à genoux pour modifier la position des journaux. Nous fûmes très occupées aussi toute une matinée, avant que Mlle Jenkyns donnât sa réception, à suivre ses directives, à découper et à coudre ensemble des morceaux de journal pour former de petites allées menant à toutes les chaises devant accueillir les visiteurs attendus, de crainte que leurs chaussures ne salissent ou ne souillent la pureté du tapis. Faites-vous des allées en papier journal à Londres pour les pas de vos invités ?

Le capitaine Brown et Mlle Jenkyns manquaient de chaleur dans leurs relations. Le différend littéraire dont j'avais vu le commencement restait un point névralgique. La moindre allusion à ce sujet les faisait grimacer. Ils ne s'étaient jamais opposés sur autre chose, mais ce dissentiment-là suffisait. Mlle Jenkyns ne pouvait s'empêcher en parlant de viser le capitaine Brown. Il ne répondait rien. Il se contentait de tambouriner avec ses doigts. Cela la rendait nerveuse. Elle trouvait que c'était désobligeant envers le docteur Johnson. Lui n'éprouvait aucune réticence à manifester son penchant pour les écrits de M. Boz. Il arpentait les rues, si occupé de leur lecture qu'il faillit se heurter à Mlle Jenkyns.

Ses excuses étaient sérieuses et sincères. En réalité, il ne faisait rien de plus que la surprendre et se surprendre lui-même. Pourtant elle m'avoua qu'elle aurait mieux aimé être renversée s'il avait seulement lu quelque chose de plus distingué. Le pauvre cher capitaine ! Il paraissait vieillir, semblait plus fatigué. Ses vêtements étaient râpés. Mais il gardait l'œil vif et plus d'entrain que jamais, sauf si on le questionnait sur la santé de sa fille.

« Elle souffre beaucoup, disait-il, et sera amenée à souffrir davantage encore. Nous faisons tout notre possible pour diminuer ses tourments. La volonté de Dieu soit faite ! » Il ôtait son chapeau en prononçant ces mots-là. Je sus par Mlle Matty qu'en réalité rien n'avait été épargné. On avait obtenu la visite d'un médecin, très estimé dans la contrée, suivi ses instructions à la lettre, sans tenir compte de la dépense. Mlle Matty était sûre qu'ils se privaient de bien des choses pour le confort de la malade mais n'en parlaient jamais. Quant à Mlle Jessie ! « Je crois vraiment que c'est un ange, disait la pauvre Mlle Matty, tout émue. C'est merveille de voir comment elle supporte la mauvaise humeur de Mlle Brown et fait bonne figure quand elle a veillé toute une nuit et dû entendre des reproches la moitié du temps. Elle a l'air aussi dispos et paraît aussi prête à accueillir le capitaine à l'heure du petit-déjeuner que si elle avait passé cette nuit-là dans le lit de la reine d'Angleterre. Vous ne pourriez plus rire de ses frisettes et de ses rubans roses si vous l'aviez vue comme moi. »

Impossible de ne pas me sentir coupable et de ne pas redoubler de respect à l'égard de Mlle Jessie lors de notre rencontre suivante. La fatigue se lisait sur son visage. Ses lèvres se mettaient à trembler comme si elle était très faible quand elle parlait de sa sœur. Cependant ce visage s'éclaira et elle refoula les larmes qui brillaient dans ses jolis yeux lorsqu'elle dit :

« Pas de doute là-dessus, on ne voit nulle part autant de bonté qu'à Cranford ! Je ne pense pas que notre dîner sorte de l'ordinaire, mais l'essentiel nous arrive pour notre sœur dans un plat conservé au chaud. Les pauvres laissent à notre porte à son intention leurs premiers légumes de la saison. Ils ne font pas de commentaire, ils parlent d'une voix bourrue, comme s'ils avaient honte. Mais je vous assure que souvent cela me bouleverse de les voir aussi attentionnés. » C'étaient à nouveau des pleurs. Son cœur débordait. Mais, au bout d'une minute ou deux, elle s'en faisait le reproche, et finalement c'était une Mlle Jessie toujours semblable à elle-même dans sa bonne humeur qui prenait congé de nous.

« Pourquoi donc ce Lord Mauleverer ne vient-il pas à l'aide de l'homme qui lui a sauvé la vie ? demandai-je.

— C'est que, voyez-vous, à moins qu'il n'ait une raison particulière pour le faire, le capitaine Brown ne parle jamais de sa pauvreté. Il marchait aux côtés de Sa Seigneurie avec la mine ravie et la belle humeur d'un prince. Comme il n'attirait jamais l'attention sur leur dîner par des paroles gênées, comme ce jour-là Mlle Brown allait mieux, que tout apparemment était satisfaisant, je crois que

Sa Seigneurie ne soupçonna jamais l'étendue des soucis qui échappaient aux regards. Il envoyait du gibier l'hiver assez souvent, mais maintenant il est parti à l'étranger. »

J'avais souvent l'occasion de noter l'usage qu'on faisait à Cranford de petits riens et de menus services, comme ces pétales de rose qu'on récoltait avant qu'ils tombent pour confectionner des fleurs séchées au bénéfice d'une personne qui n'avait pas de jardin, ou ces petits bouquets de lavande destinés à être dispersés dans les tiroirs de quelque citadin ou à se consumer dans la chambre d'un malade. De petites choses que beaucoup auraient jugées indignes d'attention, des gestes qui semblaient à peine mériter d'être faits gardaient à Cranford leur importance. Mlle Jenkyns piquait des clous de girofle dans une pomme qui serait chauffée et répandrait une bonne odeur dans la chambre de Mlle Brown. À chaque clou elle prononçait une phrase du docteur Johnson. En fait, elle ne pouvait jamais penser aux Brown sans placer un mot tiré de ses écrits et, comme en ce temps-là ils étaient rarement absents de ses pensées, j'entendais ronfler plus d'une belle phrase en trois parties.

Le capitaine Brown passa un jour remercier Mlle Jenkyns de beaucoup de petites attentions dont jusque-là j'avais ignoré l'existence. Brusquement, il donnait l'impression d'avoir vieilli. Sa voix de basse aux sonorités profondes laissait paraître un chevrotement. Le regard semblait voilé. Sur le visage, les rides s'étaient creusées. Il ne parlait pas bravement de l'état de sa fille ou ne le pouvait pas.

Il se contentait de manifester une pieuse et virile résignation, sans s'étendre. Par deux fois, il dit : « Ce que Jessie a fait pour nous, Dieu seul le sait ! » À la seconde fois, il se leva en hâte, serra les mains à la ronde sans un mot et quitta la pièce.

Cette après-midi-là, nous aperçûmes que s'étaient formés dans la rue de petits groupes et qu'avec des mines atterrées on écoutait raconter une histoire quelconque. Mlle Jenkyns se demanda bien ce dont il s'agissait pendant quelque temps avant d'envoyer Jenny aux renseignements, procédé indigne d'elle.

Jenny revint, blanche de terreur. « Oh ! madame ! Oh ! mademoiselle Jenkyns, madame ! Le capitaine Brown a été tué par ces maudits, ces méchants chemins de fer ! » Là-dessus elle éclata en sanglots. Comme beaucoup d'autres, elle avait eu l'occasion de bénéficier de la bonté du malheureux capitaine.

Mlle Matty aussitôt se précipita dans la rue et saisit au collet l'homme d'où venait l'information.

« Entrez, venez voir ma sœur tout de suite, mademoiselle Jenkyns, la fille du recteur. Oh ! mon ami, mon ami, dites-nous que ce n'est pas vrai », s'écria-t-elle en amenant après elle un charretier apeuré se lissant les cheveux dans un salon où il se tenait debout avec des bottes humides sur le tapis neuf sans que personne y prêtât attention.

« Croyez-moi, madame, c'est la vérité. Je l'ai vu de mes yeux. »

Il eut un frisson à cette évocation.

« Le capitaine lisait, un nouveau livre ou un autre. Il était plongé dans sa lecture. Il attendait le train de Drumble. Il y avait là une petite gosse qui voulait rejoindre sa maman. Elle a échappé à sa grande sœur et s'est mise à traverser les voies en trottinant. Le capitaine brusquement a levé les yeux en entendant le train qui arrivait. Il a vu l'enfant. Il a couru sur la voie, il a attrapé la petite. Son pied a glissé, et le train lui est passé dessus tout de suite. Ah ! Seigneur ! m'dame, c'est la pure vérité. Ils sont venus le dire à ses filles. L'enfant n'a rien pourtant, juste un choc à l'épaule quand il l'a jeté à sa maman. Le pauvre homme serait content de le savoir, m'dame, n'est-ce pas ? Dieu le bénisse ! »

Une grimace contracta les traits virils de ce grand roulier aux manières frustes, et il se détourna pour cacher ses larmes. Je regardai Mlle Jenkyns. Elle avait pâli, comme si elle allait se trouver mal. Elle me fit signe d'ouvrir la fenêtre.

« Matilda, apporte-moi mon bonnet. Il faut que j'aille voir ces jeunes filles. Dieu me pardonne si jamais j'ai parlé au capitaine de manière méprisante. »

Mlle Jenkyns s'habilla pour sortir, après avoir dit à Mlle Matilda de donner à l'homme un verre de vin. Pendant son absence, sa sœur et moi restâmes blotties près du feu, échangeant des propos à voix basse. L'horreur nous empêchait de hausser le ton. Je sais que pendant tout ce temps nous ne cessâmes de pleurer.

Mlle Jenkyns revint, peu disposée aux confidences. Nous n'osâmes pas lui poser beaucoup de questions. Elle nous raconta que Mlle Jessie avait perdu connaissance et que Mlle Pole et elle avaient eu du mal à la ramener à elle. Mais, sitôt rétablie, elle avait demandé à l'une de ses visiteuses d'aller tenir compagnie à sa sœur.

« M. Hoggins dit qu'elle n'a plus que quelques jours à vivre, et il faut lui épargner un choc comme celui-là. »

Mlle Jessie tremblait, sous le coup d'une émotion à laquelle elle n'osait pas céder.

« Mais comment allez-vous faire, ma chère enfant ? lui demanda Mlle Jenkyns. Vous ne pourrez pas vous en empêcher, elle verra vos larmes.

— Le bon Dieu m'aidera. Je ne me laisserai pas aller. Elle dormait quand on nous a mises au courant. Il se peut qu'elle dorme encore. Elle serait si affligée, non seulement d'apprendre le décès de mon père, mais de s'interroger sur mon avenir. Elle est si bonne avec moi. »

Elle leur adressa un long regard de ses yeux candides et pleins de douceur. Mlle Pole dit plus tard à Mlle Jenkyns qu'elle avait eu du mal à le supporter, sachant comment Mlle Brown se conduisait avec sa sœur.

Pourtant tout fut réglé conformément aux souhaits de Mlle Jessie. On devait dire à Mlle Brown que son père avait été appelé à faire un court voyage pour une affaire concernant les chemins de fer. Elles avaient arrangé cela d'une manière ou d'une autre. Mlle Pole devait rester auprès de Mlle Jessie. Mme Jamieson avait fait prendre des nouvelles. Ce fut à cela que se limitèrent nos informations ce soir-là, et ce fut une bien triste soirée.

Le lendemain, le journal régional que nous apporta Mlle Jenkyns contenait un rapport détaillé sur le fatal accident. Comme sa vue, me dit-elle, était très faible, elle me demanda de lui lire cet article. Quand j'en arrivai au « monsieur au grand courage absorbé par la lecture d'un numéro de *Pickwick* qu'il venait de recevoir », elle hocha la tête, longuement et gravement. Puis elle soupira et dit : « Le pauvre cher homme, égaré par sa passion ! »

On devait transporter le corps de la gare à l'église de la paroisse, où auraient lieu les obsèques. Mlle Jessie était résolue à l'accompagner à sa dernière demeure. Il n'y eut pas moyen de l'en dissuader. L'empire qu'elle conservait sur elle-même la rendait presque obstinée. Elle resta sourde aux objurgations de Mlle Pole et aux conseils de Mlle Jenkyns. Finalement, celle-ci se soumit. Après une pause, dont je craignis qu'elle ne signifiât un grave mécontentement à l'égard de Mlle Jessie, elle lui dit qu'elle irait avec elle à l'inhumation.

« Vous ne devez pas y aller seule. Ce serait manquer à la décence et à l'humanité si je le permettais. »

Mlle Jessie parut ne guère trouver cet arrangement à son goût, mais son obstination, si tant est qu'elle en eût, s'était épuisée à vouloir à tout prix assister à la cérémonie. Elle aspirait, la pauvre, je n'en doute pas, à pleurer seule sur la tombe du père chéri pour qui elle avait tout représenté et de se laisser aller, quand ce ne serait qu'une petite demi-heure, sans l'interruption de la sympathie et le regard scrutateur de l'amitié. Mais cela devait lui être refusé. Cette après-midi-là, Mlle Jenkyns envoya chercher un mètre de crêpe noir et consacra son temps à mettre au point le petit bonnet de soie noire dont j'ai déjà parlé. Quand ce fut fini, elle le posa et se tourna vers nous pour quêter notre approbation (l'admiration ne l'intéressait pas).

J'étais toute à mon chagrin mais, sous l'effet d'une de ces pensées saugrenues qui vous viennent sans avoir été conviées dans des moments de profonde détresse, je ne vis pas plus tôt ce bonnet qu'il évoqua pour moi l'idée d'un casque. Ce fut sous ce bonnet hybride, moitié casque, moitié casquette de jockey, que Mlle Jenkyns assista aux obsèques du capitaine Brown et, je crois, soutint Mlle Jessie d'une tendre et indulgente fermeté des plus précieuses, lui permettant de pleurer tout son saoul avant leur départ.

Mlle Pole, Mlle Matty et moi pendant ce temps veillâmes sur Mlle Brown, et ce ne fut pas une mince affaire, nous dûmes le constater, que de faire droit à ses doléances plaintives et incessantes. Si nous trouvâmes cela lassant et accablant, quel n'avait pas dû être le fardeau de Mlle Jessie ! Pourtant celle-ci nous revint presque calme, comme si elle avait gagné de nouvelles forces. Elle ôta sa robe noire et entra, pâle mais douce, en nous remerciant chacune à notre tour d'une aimable et longue pression de la main. Elle eut même assez d'énergie pour nous sourire, un sourire léger, gracieux, sans chaleur, comme pour nous rassurer sur sa capacité à tenir, mais cet air-là fit que nos yeux soudain se remplirent de larmes, plus efficacement que si elle avait éclaté en sanglots.

Il fut décidé que Mlle Pole ne la quitterait pas pendant une longue nuit passée à veiller et que Mlle Matty et moi reviendrions le lendemain matin pour prendre le relais et donner à Mlle Jessie la possibilité de quelques heures de repos. Mais, le matin suivant, Mlle Jenkyns fit son apparition à la table du petit-déjeuner équipée de son bonnet aux allures de casque et ordonna à Mlle Matty de rester à la maison, comme son intention était d'aller aider à soigner la malade. Mlle Jenkyns à l'évidence était en proie à une surexcitation causée par la sympathie qu'elle démontra en prenant son repas debout et en n'épargnant de reproche à personne.

Cependant, ni des soins ni l'énergie d'une femme résolue ne pouvaient maintenant venir en aide à Mlle Brown. Il y avait dans cette chambre quand nous entrâmes quelque chose de plus fort que nous toutes qui nous réduisit à une impuissance grave et déférente. Mlle Brown se mourait. Nous eûmes du mal à reconnaître sa voix, tant elle était dépourvue du geignement auquel nous l'avions toujours associée. Mlle Jessie me confia par la suite que cette voix, ainsi que ce visage, étaient précisément semblables à ce qu'ils avaient été autrefois, lorsque la mort de sa mère avait fait de sa sœur le chef de la famille, un chef de famille jeune et angoissé. De cette famille à présent il ne restait plus que Mlle Jessie.

Mlle Brown était consciente de la présence de sa sœur si, je crois, la nôtre lui échappait. Nous nous tenions un peu en retrait, derrière le rideau. Mlle Jessie, à genoux, rapprochait sa tête de celle de la malade, afin de ne rien perdre de ses derniers murmures, à peine audibles.

« Oh ! Jessie ! Jessie ! Comme je me suis montrée égoïste ! Dieu me pardonne de t'avoir laissée te sacrifier pour moi comme tu l'as fait ! Je t'aimais tant – et cependant je n'ai pensé qu'à moi. Dieu me pardonne !

— Tais-toi, ma chère sœur, tais-toi, disait Mlle Jessie en sanglotant.

— Et mon père, mon cher, mon bien cher père ! Je ne vais pas me plaindre maintenant, si Dieu me donne la force d'être patiente. Mais oh ! Jessie ! dis bien à mon père combien je voulais, combien j'aurais désiré le voir une dernière fois pour lui demander son pardon. Jamais à présent il ne pourra savoir combien je l'aimais. Ah ! si je pouvais seulement le lui dire avant de mourir ! Comme sa vie aura été marquée par le chagrin, et moi, j'ai si peu fait pour le réconforter ! »

Le visage de Mlle Jessie s'éclaira.

« Est-ce que cela te ferait du bien, ma chérie, de penser que maintenant il sait ? Trouverais-tu une consolation à être assurée que ses soucis, ses peines… »

Sa voix se brisa, mais elle réussit à la rendre calme.

« Mary, il est parti avant toi pour un pays où les plus las goûtent le repos. Il sait à présent combien tu l'aimais. »

Le visage de Mlle Brown fut alors marqué par une expression bizarre qui n'était pas du désarroi. Pendant quelque temps, elle ne dit rien, puis nous vîmes ses lèvres former des mots davantage que les donner à entendre : « Père, Mère, Harry, Archy ». Ensuite, comme si c'était une idée neuve ouvrant une ombre légère dans un esprit ténébreux :

« Mais tu vas rester seule, Jessie ! »

Mlle Jessie, pendant ce silence, avait été consciente de tout, je crois, car à ces mots les larmes coulèrent en abondance sur ses joues, et il lui fut d'abord impossible de parler. Puis elle pressa ses mains l'une contre l'autre et dit (mais elle ne s'adressait pas à nous) :

« Même s'Il met fin à mes jours, je Lui garderai ma confiance. »

Quelques instants de plus, et Mlle Brown devint calme et immobile. Jamais plus elle ne serait dans la peine, jamais plus ne murmurerait.

Après ce deuxième enterrement, Mlle Jenkyns insista pour que Mlle Jessie vînt loger chez elle plutôt que de retourner dans une maison désolée qu'en fait (nous l'apprîmes de sa bouche) elle devait maintenant abandonner, comme elle n'avait pas de quoi en acquitter le loyer. Elle disposait d'un peu plus de vingt livres par an, à quoi s'ajouterait l'intérêt de l'argent qu'elle obtiendrait de la vente du mobilier. Il lui serait impossible de vivre avec cela. Nous discutâmes en conséquence de ses qualifications pour gagner sa vie.

« Je sais bien coudre, dit-elle, et j'aime soigner les malades. Je crois aussi pouvoir tenir une maison, si on veut bien m'essayer comme femme de charge. Ou encore je pourrais être vendeuse dans un magasin, si on était patient avec moi dans les commencements. »

Mlle Jenkyns d'une voix indignée déclara qu'il n'en était pas question et, pendant près d'une heure, monologua sur « les gens qui n'ont pas la moindre idée de la place qu'on occupe dans la société quand on est fille de capitaine ». Cela dura jusqu'au moment où elle apporta à Mlle Jessie une assiettée de fécule préparée avec soin et resta à veiller sur elle comme un dragon jusqu'à ce que tout fût avalé. Alors elle disparut.

Mlle Jessie se mit à me détailler davantage les idées qui lui étaient venues. Peu à peu, cela la conduisit à me parler du passé, et elle me captiva tant que je perdis conscience du présent et cessai de m'y intéresser. Le retour de Mlle Jenkyns nous fit sursauter toutes les deux et nous surprit en larmes. Je craignais qu'elle n'en fût mécontente, comme elle disait souvent que pareil épanchement était nuisible à la digestion, et comme je savais qu'elle voulait voir Mlle Jessie reprendre des forces. Mais, au lieu de cela, elle nous parut étrangement surexcitée. Elle se mit à tourner autour de nous nerveusement sans un mot. Enfin :

« J'ai été très étonnée, dit-elle – non, pas étonnée du tout – ne faites pas attention à moi, ma chère mademoiselle Jessie – j'ai été très surprise – en réalité quelqu'un est venu me voir que vous connaissiez autrefois, ma chère mademoiselle Jessie. »

Mlle Jessie perdit ses couleurs, puis devint écarlate et regarda attentivement Mlle Jenkyns.

« Un monsieur, ma chère enfant, qui veut savoir si vous consentez à le recevoir.

— Serait-ce ? Non, bien sûr, bredouilla Mlle Jessie, et elle en resta là.

— Voici sa carte », dit Mlle Jenkyns en la lui donnant et, tandis que Mlle Jessie se penchait pour la voir, elle se lança à mon intention dans une série de clins d'œil et de grimaces, puis ses lèvres dessinèrent les contours d'une longue phrase dont, bien entendu, je ne pus comprendre un seul mot.

— Peut-il monter ? demanda-t-elle finalement.

— Mais oui, certainement, répondit Mlle Jessie, comme pour dire : « C'est votre maison, vous êtes libre d'y inviter n'importe quel visiteur où cela vous plaît. » Elle se saisit d'un tricot de Mlle Matty et se mit à s'employer avec ardeur, bien que, je le voyais, elle tremblât de tous ses membres.

Mlle Jenkyns sonna et dit à la domestique qui répondit de faire monter le commandant Gordon. Peu après entra un homme de haute taille, bien fait de sa personne, donnant une impression de franchise, et qui pouvait avoir quarante ans ou plus. Il serra la main de Mlle Jessie, mais ne put voir ses yeux, qu'elle gardait obstinément baissés. Mlle Jenkyns me demanda de venir l'aider à mettre en pots des confitures dans la dépense et, bien que Mlle Jessie tirât sur ma robe et même à un moment levât les yeux vers moi pour me supplier, je n'osai pas refuser d'aller où Mlle Jenkyns m'invitait à me rendre.

Au lieu de mettre en pots des confitures dans la dépense, nous optâmes pour la salle à manger où il était plus commode de bavarder, et là Mlle Jenkyns me raconta ce que le commandant Gordon lui avait confié, comment il avait servi dans le même régiment que le capitaine Brown, avait fait la connaissance de Mlle Jessie, alors une belle jeune fille de dix-huit ans dans tout l'éclat de sa beauté, comment la familiarité s'était de son côté transformée en amour, bien qu'il ne se fût déclaré que quelques années plus tard, comment, se retrouvant en possession, par le testament d'un oncle, d'un bon domaine en Écosse, il avait fait sa demande et été refusé, encore que ce fût avec tant de trouble et d'évident désarroi qu'il avait été certain de ne pas la laisser indifférente, comment il avait découvert que l'obstacle était la cruelle maladie qui déjà mettait assurément sa sœur en danger. Mlle Jessie avait signalé que les médecins prévoyaient de grandes souffrances, et il n'y avait qu'elle pour soigner sa pauvre Mary ou tirer de sa tristesse et réconforter son père, le temps que durerait cette maladie.

Ils avaient tenu de longues discussions. Quand elle avait refusé de s'engager à l'épouser lorsque tout serait fini, il s'était fâché. Il avait complètement rompu, était parti à l'étranger, dans la conviction qu'elle était quelqu'un de froid qu'il ferait mieux d'oublier. Il avait voyagé en Orient et rentrait chez lui lorsqu'à Rome il avait lu le compte rendu de la mort du capitaine Brown dans le journal de *Galignani*[1].

À ce moment précis, Mlle Matty, qui était restée dehors toute la matinée et n'avait que depuis peu regagné la maison, fit irruption dans la pièce, l'air confondue et blessée d'un manquement à la bienséance.

« Mon Dieu, mon Dieu ! dit-elle, Déborah, il y a un monsieur assis au salon, le bras passé autour de la taille de Mlle Jessie ! »

Les yeux de Mlle Matty étaient agrandis d'horreur. Mlle Jenkyns eut tôt fait de lui remettre les idées en place.

1. Ce journal, depuis 1814, était publié à Paris pour le bénéfice des touristes anglais.

« Son bras ne pourrait pas être mieux placé. Va-t'en, Matilda, et occupe-toi de tes affaires. »

Cette sortie, de la part d'une sœur qui jusque-là avait constitué pour elle un exemple dans le domaine de la bonne conduite féminine, fut un choc pour la pauvre Mlle Matty. Doublement affectée, elle quitta la pièce.

La dernière fois que je vis Mlle Jenkyns, ce fut bien des années plus tard. Mme Gordon avait maintenu avec tous les habitants de Cranford des relations chaleureuses et affectueuses.

Mlle Jenkyns, Mlle Matty et Mlle Pole étaient toutes allées lui rendre visite, et elles étaient revenues ne sachant quel bien dire de sa maison, de son mari, de ses toilettes et de sa bonne mine. Le bonheur, en effet, lui avait rendu quelque chose de l'éclat de la jeunesse. Elle se révélait d'un an ou deux plus jeune que nous ne le pensions. Elle avait toujours d'aussi beaux yeux et, maintenant qu'elle était une Mme Gordon, des fossettes qui n'étaient pas déplacées. À l'époque dont je viens de parler, lorsque je vis pour la dernière fois Mlle Jenkyns, cette dame était devenue vieille et débile, et elle avait perdu quelque chose de son autorité. La petite Flora Gordon passait quelque temps chez les demoiselles Jenkyns et, quand j'entrai, faisait la lecture à haute voix à une Mlle Jenkyns allongée, faible et méconnaissable, sur le sofa. Flora posa le *Rambler* à mon entrée.

« Ah ! dit Mlle Jenkyns, vous me trouvez changée, ma chère. Je ne vois plus aussi bien qu'autrefois. Si Flora n'était pas là pour me faire la lecture, je ne sais pas trop comment je passerais mes journées.

Avez-vous jamais lu le *Rambler* ? C'est un livre admirable, absolument admirable, et ce qu'il y a de plus utile à lire pour Flora (sans doute eût-ce été vrai, si elle avait été capable de donner la moitié des mots sans ânonner et si elle en avait compris le tiers). Cela vaut mieux que ce vieux livre bizarre, avec un nom hors du commun, dont le pauvre capitaine Brown a payé de sa vie la lecture – vous savez, un livre écrit par un certain M. Boz – *le vieux Poz*[1]. Quand j'étais enfant – mais cela remonte loin – j'ai joué le personnage de Lucy dans *Le Vieux Poz*. Elle divagua ainsi assez longtemps pour permettre à Flora de se plonger longuement dans le *Christmas Carol* que Mlle Jenkyns avait laissé sur la table.

1. Mlle Jenkyns confond *Boz* et *Poz*. *Le Vieux Poz* était le nom d'une histoire pour enfants datant de 1795.

## 3

## Une histoire d'amour du temps passé

Je m'imaginais que sans doute mes liens avec Cranford allaient se briser après le décès de Mlle Jenkyns, qu'à tout le moins il me faudrait les maintenir par le biais d'une correspondance dont le rapport avec une relation personnelle est à peu près le même que celui qu'ont les plantes desséchées des herbiers avec les fleurs épanouies qu'on voit au bord des chemins et dans les prés. Je fus donc agréablement surprise de recevoir une lettre de Mlle Pole (qui avait toujours eu droit à un séjour d'une semaine prolongeant ma visite annuelle à Mlle Jenkyns) me proposant de me rendre chez elle. Ensuite, quelques jours après mon acceptation, il me vint un petit mot de Mlle Matty. En usant de circonlocutions, très humblement, elle me disait tout le plaisir que je lui causerais si je pouvais passer une semaine ou deux avec elle, soit avant, soit après mon séjour chez Mlle Pole car, écrivait-elle, « depuis le décès de ma chère sœur, je me rends bien compte que je n'ai rien à proposer qui puisse tenter et que c'est seulement à la bonté de mes amies que je dois de bénéficier de leur compagnie ».

Bien sûr, je promis de venir à cette chère Mlle Matty, aussitôt que j'aurais fini ma visite à Mlle Pole et, le lendemain de mon arrivée à Cranford, j'allai la voir, me demandant bien à quoi ressemblerait la maison en l'absence de Mlle Jenkyns et nourrissant quelque appréhension quant aux changements que je pourrais y trouver. Mlle Matty se mit à pleurer dès qu'elle me vit. D'avoir anticipé ma visite l'avait à l'évidence rendue nerveuse. Je la réconfortai du mieux que je pus et découvris que la consolation la plus efficace en mon pouvoir était dans le sincère éloge venu du cœur que je fis en parlant de la défunte. Mlle Matty lentement hochait la tête à chaque vertu nommée et attribuée à sa sœur. Finalement, elle ne put retenir les larmes qui depuis longtemps coulaient en silence. Elle se cacha le visage dans son mouchoir et sanglota de manière audible.

« Chère mademoiselle Matty », lui dis-je en lui prenant la main.

Effectivement, je ne savais pas comment lui exprimer l'étendue de ma compassion, maintenant qu'elle était seule au monde. Elle posa son mouchoir.

« Ma chère enfant, dit-elle, je préférerais que vous ne m'appeliez pas Matty. Elle n'aimait pas ça. Mais il y avait bien des choses que je faisais et qu'elle n'aimait pas, hélas – et maintenant elle est partie ! S'il vous plaît, ma chérie, appelez-moi Matilda. »

Je promis bien volontiers et commençai, le jour même, à utiliser la nouvelle appellation avec Mlle Pole. Peu à peu, les sentiments de Mlle Matilda sur le sujet furent connus de tout Cranford, et nous tâchâmes toutes de ne plus nous servir de l'autre nom, plus familier, mais ce fut avec si peu de succès que bientôt il nous fallut y renoncer.

Ma visite à Mlle Pole se déroula dans le plus grand calme. Mlle Jenkyns avait si longtemps donné le *la* à Cranford qu'à présent qu'elle avait disparu, c'est à peine si l'on savait organiser une soirée. L'honorable Mme Jamieson, derrière laquelle Mlle Jenkyns elle-même s'était toujours effacée, était grasse et inerte. Ses vieux domestiques faisaient d'elle à peu près ce qu'ils voulaient. S'ils pensaient qu'elle devait donner une soirée, ils lui en rappelaient la nécessité. Sinon elle ne s'occupait de rien. Je n'en avais que plus de temps pour écouter les histoires du temps passé que me racontait Mlle Pole pendant qu'elle tricotait et que je faisais des chemises pour mon père. J'emportais toujours beaucoup de couture à Cranford car, comme nous ne lisions guère et ne marchions pas davantage, il se découvrait que c'était un moment idéal pour avancer mon travail. L'un des récits de Mlle Pole se rapportait à une mystérieuse histoire de cœur que bien des années plus tôt on avait cru percevoir ou soupçonner.

Bientôt vint le jour de mon départ pour la maison de Mlle Matilda. Elle m'apparut timorée et anxieuse pour ce qui concernait mon confort. Souvent, pendant que je déballais mes affaires, elle multiplia les allées et venues, s'occupant de tisonner un feu qui brûlait plus mal d'être remué trop fréquemment.

« Avez-vous assez de tiroirs, ma chère enfant ? demanda-t-elle. Je ne sais pas exactement comment ma sœur s'y prenait. Elle avait d'excellentes méthodes. Je suis sûre qu'en huit jours elle aurait appris à une domestique à faire un feu meilleur que celui-ci, et j'ai Fanny depuis quatre mois. »

Ce sujet des domestiques était l'occasion d'une doléance perpétuelle, et je ne pouvais guère m'en étonner car, si les respectables messieurs étaient une denrée rare et presque inconnue dans la bonne société de Cranford, ils abondaient – eux ou leurs équivalents – sous la forme de beaux jeunes gens dans les classes inférieures. Les jolies servantes coquettement mises avaient l'embarras du choix en matière d'admirateurs désirables, et leurs maîtresses, même dépourvues de la peur mystérieuse des hommes et du mariage dont témoignait Mlle Matilda, avaient de bonnes raisons de craindre quelque peu que la tête de leurs jolies domestiques ne fût tournée par le menuisier, le boucher ou le jardinier qui, par leurs professions, avaient leurs entrées dans la maison et qui, malheureusement, étaient en général de beaux garçons célibataires.

Les amoureux de Fanny, si tant est qu'elle en eût (et Mlle Matty la soupçonnait d'un si grand nombre de flirts que, si elle n'avait pas été très charmante, j'aurais douté de l'existence d'un seul), mettaient constamment sa patronne sur le qui-vive. Défense lui était faite, dans les articles de son contrat, d'avoir des « admirateurs » et, bien qu'elle eût répondu, assez innocemment, en tordant l'ourlet de son tablier tout en parlant : « Mais, madame, je n'en ai jamais eu qu'un seul à la fois », Mlle Matty avait jeté l'interdit sur celui-là.

Le fantôme d'un homme, cependant, semblait hanter la cuisine. Fanny m'assura que c'était pure imagination, autrement j'aurais juré avoir vu des basques masculines se glisser un jour dans l'office, alors qu'à la nuit tombée je venais chercher quelque chose dans la réserve. Un autre soir, nos montres s'étant arrêtées, j'allai consulter l'horloge, et j'eus affaire à une étrange vision. Quelque chose qui ressemblait singulièrement à un jeune homme était coincé entre cette horloge et la porte restée ouverte de la cuisine. Il me sembla que Fanny faisait vite à s'emparer de la chandelle, de manière à projeter l'ombre sur le cadran, pendant qu'avec aplomb elle me donnait une heure en avance de trente minutes, comme nous pûmes le vérifier ensuite en écoutant sonner l'horloge de l'église. Mais je n'ajoutai pas aux inquiétudes de Mlle Matty en donnant corps à mes soupçons, surtout étant donné que le lendemain, Fanny m'informa que la cuisine était d'une remarquable bizarrerie de par les ombres étranges qui s'y promenaient, au point que véritablement elle avait presque peur de n'en plus bouger, car « vous savez, mademoiselle, je ne vois absolument personne depuis le thé, à six heures, jusqu'à ce que madame sonne à dix heures pour les prières. »

Cependant, il arriva que Fanny dût nous quitter. Mlle Matilda me pria de prolonger ma visite pour l'« habituer » à la nouvelle bonne. J'y consentis, après avoir appris de mon père qu'il n'avait pas besoin de moi à la maison. La nouvelle domestique était une fille de la campagne, fruste, l'air honnête, qui jusque-là n'avait servi que dans une ferme. Mais elle me fit bonne impression quand elle vint se faire engager, et je promis à Mlle Matilda de la mettre au courant des particularités de la maison. Lesdites façons de faire étaient rigoureusement identiques à celles qui dans l'esprit de Mlle Matilda auraient reçu l'approbation de sa sœur. Plus d'un principe et d'une règle dans la vie domestique avaient, durant la vie de Mlle Jenkyns, donné lieu à de sourdes récriminations mais, maintenant qu'elle n'était plus là, je ne crois pas que même moi, qui étais dans les petits papiers de Mlle Matilda, j'eusse osé suggérer un changement quelconque.

À titre d'exemple : nous restions obstinément fidèles au protocole en vigueur « dans la maison de mon père, le recteur de la paroisse ». En conséquence, nous avions toujours du vin et un dessert, mais les carafes n'étaient remplies que lorsqu'il y avait du monde, et on ne touchait que rarement à ce qui n'était pas alors consommé – en dépit du fait que nous disposions de deux verres à vin par personne après le dîner – jusqu'à la venue du prochain événement festif. Un conseil de famille examinait l'état de ce qui restait. La lie était souvent donnée aux pauvres mais, à l'occasion, quand le dernier dîner offert avait laissé beaucoup du précieux liquide (cela pouvait dater de cinq mois), on l'ajoutait à une petite quantité de vin tiré d'une nouvelle bouteille remontée du cellier.

J'imagine que le pauvre capitaine Brown n'aimait pas beaucoup le vin, car je remarquai qu'il ne finissait jamais son premier verre, et la plupart des militaires en boivent plusieurs. En ce qui concerne notre dessert, Mlle Jenkyns cueillait elle-même des groseilles et des groseilles à maquereau pour le confectionner, des fruits dont il m'arrivait de penser qu'ils auraient été meilleurs sous l'arbre. Mais alors, comme Mlle Jenkyns le faisait remarquer, il n'y aurait rien eu de disponible en été pour le dessert. Dans ces conditions, nous nous sentions appartenir au meilleur monde avec nos deux verres chacune, une assiette de groseilles à maquereau à un bout de la table, des groseilles et des biscuits sur les côtés et deux carafes à l'autre extrémité.

Quand les oranges étaient de saison, on se livrait à une curieuse opération. Mlle Jenkyns n'aimait pas les couper car, faisait-elle remarquer, le jus s'écoulait alors on ne sait où. Pour elle, sucer une orange (je crois qu'elle se servait d'un mot plus recherché) était en réalité la seule façon d'en tirer plaisir. Mais dans ce cas on associait cela de manière déplaisante à une cérémonie fréquemment en usage chez les bébés, si bien que, après le dessert, à la saison des oranges, Mlle Jenkyns et Mlle Matty avaient pour habitude de quitter la table, de chacune prendre une orange en silence et de se retirer dans leurs chambres respectives où personne ne les dérangerait, afin d'avoir le privilège de sucer une orange.

En de telles circonstances, une ou deux fois j'avais tenté de persuader Mlle Matty de ne pas bouger et, quand sa sœur était encore en vie, j'y avais réussi. Je prenais un écran et m'abstenais de regarder. De son côté, comme elle disait, elle essayait de ne pas trop incommoder avec le bruit. Pourtant, à présent qu'elle était laissée seule, elle parut horrifiée lorsque je la pressai de rester avec moi dans la chaleur de la petite salle à manger et de faire de son orange ce qui lui conviendrait le mieux. Il en allait de même pour tout. Les règles établies par Mlle Jenkyns étaient plus rigoureusement suivies que jamais, parce que celle qui les avait formulées était partie où personne ne pouvait plus plaider contre leur application.

Pour tout le reste, Mlle Matilda se montrait douce et hésitante au-delà du raisonnable. J'ai entendu Fanny la retourner vingt fois un matin dans le choix de ce qu'il y aurait à dîner, en conformité avec les souhaits de la petite coquine, et il m'arriva d'imaginer qu'elle jouait de la faiblesse de Mlle Matilda pour lui faire peur et afin qu'elle se sentît davantage au pouvoir de son habile domestique. Je résolus de ne pas quitter mon amie avant d'avoir compris quel genre de femme était Martha. Si je constatais qu'on pouvait lui faire confiance, mon intention était de lui dire de ne pas importuner sa maîtresse avec un tas de décisions sans grande importance.

Martha était franche et spontanée à l'excès. Sinon, c'était quelqu'un d'alerte, de bien intentionné, s'il fallait lui reconnaître beaucoup d'ignorance. Elle n'était pas à notre service depuis huit jours que nous eûmes, Mlle Matilda et moi, la surprise un matin de recevoir une lettre d'un cousin qui avait passé de vingt à trente ans aux Indes et qui, récemment, comme nous l'avions appris par l'Annuaire de l'armée de terre, était rentré en Angleterre, amenant avec lui une épouse infirme qui n'avait jamais été présentée à sa famille anglaise. Le commandant Jenkyns écrivait pour proposer que sa femme et lui passent une nuit à Cranford, sur le chemin qui les conduirait vers l'Écosse. Ce serait à l'auberge s'il était gênant pour

Mlle Matilda de les recevoir dans sa maison. En ce cas, ils espéraient être avec elle aussi souvent que possible pendant la journée. Bien sûr, cela ne me gênerait en aucune façon, me dit-elle, car tout Cranford sait que je dispose de la chambre de ma sœur. Mais je suis certaine qu'elle aurait voulu que le commandant fût resté aux Indes et eût tout oublié du cousinage.

« Ah ! demandait-elle désespérément, comment vais-je m'en sortir ? Si Déborah était encore en vie, elle aurait su comment recevoir un monsieur. Dois-je mettre des rasoirs dans son cabinet de toilette ? Ah là là ! je n'en ai pas. Déborah en aurait eu. Et des pantoufles, des brosses à habits ? » Je suggérai que sans doute il aurait tout cela dans ses bagages. « Et après dîner, poursuivait-elle, comment saurai-je qu'il est temps pour moi de quitter la table et de le laisser boire son vin ? Déborah s'en serait tirée à merveille. Elle aurait été tout à fait dans son élément. Voudra-t-il du café, à votre avis ? » J'entrepris de m'occuper du café et lui dis que j'enseignerais à Martha l'art de servir à table (dans lequel, il faut l'avouer, elle présentait d'affreuses lacunes) et que sans aucun doute le commandant et Mme Jenkyns comprendraient la manière tranquille dont une dame vivait dans un bourg de province. Mais Mlle Matty était terriblement inquiète. Je lui fis vider ses carafes et monter deux bouteilles de vin non entamées. J'aurais voulu l'empêcher d'assister à mes séances d'instruction de Martha, car elle mettait souvent son grain de sel et donnait une directive inattendue qui avait pour effet de brouiller les idées de la pauvre fille, bouche bée à nous écouter toutes les deux.

« Présentez les légumes à chacun des convives », dis-je (sottement, je le vois maintenant, car c'était ambitionner davantage que ce que nous pouvions faire avec calme et simplicité). Puis, m'apercevant qu'elle avait l'air de ne plus savoir où elle en était, j'ajoutai : « Donnez les légumes à chacun tour à tour, et laissez-les se servir.

– Et attention à bien commencer par les dames, coupa Mlle Matilda. Toujours penser aux dames avant les messieurs quand vous servez à table.

– Je ferai comme vous dites, madame, dit Martha, mais je préfère les garçons. »

Cette réponse de Martha nous troubla et nous choqua considérablement. Pourtant, je ne crois pas qu'elle pensait à mal et, à tout prendre, elle respecta fort bien nos consignes, si ce n'est qu'elle poussa du coude le commandant quand il ne se servit pas en pommes de terre aussi vite qu'elle s'y attendait, alors qu'elle faisait le tour de la table.

Le commandant et sa femme, quand ils se présentèrent enfin, se révélèrent des personnes paisibles et sans prétention, manquant de vitalité comme tous les Indiens, je suppose. Nous fûmes assez désagréablement surprises de les voir amener avec eux deux domestiques, un valet de pied hindou pour le commandant et une femme de chambre posée d'un certain âge pour son épouse. Mais ils logèrent à l'auberge et nous ôtèrent beaucoup de responsabilités en prenant un soin attentif du bien-être de leurs maître et maîtresse. Martha, c'est vrai, n'en finit pas de dévisager l'Indien avec son turban blanc et sa peau brune, et je vis que Mlle Matilda prenait ses distances avec lui quand il servit au dîner. Elle me demanda même après leur départ s'il ne me faisait pas penser à Barbe-Bleue. Dans l'ensemble, la visite fut des plus satisfaisantes et demeure encore aujourd'hui un sujet de conversation avec Mlle Matilda. À l'époque, cela excita beaucoup de curiosité dans Cranford et réussit même à susciter chez l'apathique et honorable Mme Jamieson une expression d'intérêt lorsque j'allai chez elle la remercier pour les aimables réponses qu'elle avait daigné apporter aux interrogations de Mlle Matilda concernant l'arrangement du cabinet de toilette d'un monsieur, réponses qui, je dois l'avouer, avaient été données du ton lassé de la prophétesse scandinave :

Laissez-moi, laissez-moi à mon repos[1].

Et maintenant j'en arrive à l'histoire de cœur.

Il semble que Mlle Pole avait un cousin, au deuxième ou au troisième degré, qui avait demandé en mariage Mlle Matty, il y avait longtemps de cela. À présent, ce cousin vivait à une ou deux lieues de Cranford dans son propre domaine, mais sa propriété n'était pas assez vaste pour lui donner le droit à un titre plus élevé que celui de franc tenancier, ou plutôt, avec quelque chose de l'orgueil qui prend modèle sur l'humilité, il avait refusé d'imiter beaucoup des gens de sa classe et de chercher à se faire une place parmi

1. Référence à l'ode de Thomas Gray, *La Descente d'Odin*, 1768.

les châtelains. Il ne voulait pas être appelé Thomas Holbrook, esquire. Il renvoyait même les lettres qui lui étaient ainsi adressées en disant à la receveuse de Cranford que son nom était M. Thomas Holbrook, franc tenancier. Il dédaignait toutes les innovations concernant la maison. Sa porte restait ouverte l'été et fermée l'hiver, sans le secours d'un marteau ou d'une sonnette pour appeler un domestique. S'il découvrait qu'on avait fermé à clef, son poing ou le pommeau de sa canne lui rendait le même service. Il méprisait les façons qui n'avaient pas au fond leur origine dans un sentiment d'humanité. Si les gens n'étaient pas malades, il ne voyait pas pourquoi il aurait baissé la voix. Il maîtrisait le dialecte de la région à la perfection et dans la conversation en faisait constamment usage, même si Mlle Pole (à qui je devais tous ces détails) ajoutait qu'il lisait tout haut avec plus d'effet et plus de sentiment qu'elle n'avait jamais eu occasion de l'entendre, exception faite du défunt recteur.

« Et comment se fait-il que Mlle Matty ne l'ait pas épousé ? demandai-je.

— Ah ça, je l'ignore. Elle y était suffisamment prête, je crois. Mais, vous savez, mon cousin Thomas n'aurait pas été assez distingué pour le recteur et Mlle Jenkyns.

— Mais ce n'était pas eux qui devaient se marier, dis-je impatiemment.

— Non, mais ils n'auraient pas aimé voir Mlle Matty choisir au-dessous d'elle. Vous savez, c'était la fille du recteur et, d'une certaine façon, ils ont un lien de parenté avec Sir Peter Arley. Mlle Jenkyns en faisait tout un plat.

— Pauvre Mlle Matty !

— Maintenant, je ne sais rien de plus que ce que je vous ai dit. Il a fait sa demande, et il a été refusé. Il se peut qu'il n'ait pas plu à Mlle Matty et que Mlle Jenkyns ne s'en soit jamais mêlée. Ce n'est qu'une supposition de ma part.

— L'a-t-elle jamais rencontré depuis ?

— Non, je ne crois pas. Vous voyez, Woodley, la propriété de mon cousin Thomas, se situe à mi-chemin entre Cranford et Misselton, et je sais que peu après sa demande à Mlle Matty, il a commencé à faire son marché à Misselton. Je ne crois pas que depuis il ait mis les pieds à Cranford plus d'une fois ou deux. Un jour que je marchais dans la grand-rue avec Mlle Matty, brusquement elle m'a quittée, et elle a remonté Shire Lane. Quelques instants plus tard, j'ai eu la surprise de croiser mon cousin Thomas.

— Quel âge a-t-il ? demandai-je après un silence où j'avais laissé travailler mon imagination.

— Il doit avoir dans les soixante-dix ans, je crois, ma chère », dit Mlle Pole, faisant ainsi exploser, comme avec de la poudre, mes belles constructions.

Très peu de temps après – du moins, ce fut pendant ma longue visite à Mlle Matty – il me fut donné de voir M. Holbrook et d'assister par la même occasion, trente ou quarante ans après leur séparation, à sa première rencontre avec son amour de jeunesse. J'aidais à décider si, dans le nouvel assortiment de soies de couleur qu'ils venaient de recevoir à la boutique, se trouverait de quoi s'accorder à une robe de laine et de coton grise et noire qui nécessitait un remplacement, quand un homme âgé, grand, maigre, l'air d'un don Quichotte, entra dans la boutique pour y acheter des gants. Je n'avais jamais vu cette personne (dont l'aspect était assez frappant), et je l'observai avec attention tandis que Mlle Matty écoutait parler le commis. L'inconnu portait un habit bleu avec des boutons de cuivre, des culottes brunes, des guêtres, et il tambourina avec ses doigts sur le comptoir jusqu'à ce qu'on s'occupât de lui. Lorsqu'il répondit à la question du vendeur (« Que puis-je avoir le plaisir de vous montrer aujourd'hui, monsieur ? »), je vis Mlle Matilda sursauter et puis brusquement s'asseoir. Aussitôt je devinai de qui il s'agissait. Elle avait demandé quelque chose qui devait être transmis à l'autre commis.

« Mlle Jenkyns veut le taffetas noir à deux shillings et deux pence le mètre. »

M. Holbrook saisit le nom. En deux enjambées il traversa la boutique.

« Matty – mademoiselle Matilda – mademoiselle Jenkyns ! Dieu me bénisse ! Je ne vous aurais pas reconnue. Comment allez-vous ? Comment allez-vous ? »

Il ne cessait de lui agiter la main avec une chaleur qui prouvait le degré de son amitié, mais il répétait si souvent, comme pour lui-même, « Je ne vous aurais pas reconnue » que son attitude mit définitivement fin à toutes les belles histoires d'amour que j'aurais pu être tentée d'imaginer. Pourtant il continua à nous parler tout le temps que nous restâmes dans la boutique et, éloignant le vendeur avec un « une autre fois, monsieur, une autre fois ! », il nous accompagna jusqu'à la maison. L'autre cliente, Mlle Matilda, j'ai plaisir à le dire, elle aussi quitta l'établissement dans un pareil état de confusion, sans avoir acheté de soie rouge ou verte. M. Holbrook à l'évidence débordait d'une joie sincère et non dissimulée d'avoir rencontré de nouveau celle qu'il avait aimée autrefois. Il mentionna les changements qui s'étaient produits. Il parla même de Mlle Jenkyns comme de « votre pauvre sœur » – « Oui, c'est vrai, nous avons tous nos défauts » – pour nous dire au revoir en répétant son espoir de bientôt retrouver Mlle Matty. Elle gagna directement sa chambre et n'en ressortit qu'à l'heure du thé, que nous prenions tôt. Je pensai alors qu'elle avait l'air d'avoir pleuré.

## 4

## Une visite à un vieux garçon

Quelques jours plus tard, il nous vint un billet de M. Holbrook, nous proposant (impartialement, il s'adressait à l'une comme à l'autre) dans un style apprêté et désuet de passer une journée dans sa maison. Ce serait une longue journée de juin, car nous étions maintenant en ce mois-là. Il mentionnait qu'il avait également invité sa cousine, Mlle Pole, de façon que nous puissions ensemble prendre une petite voiture de louage, facile à garer chez lui.

Je m'attendais à voir Mlle Matty sauter de joie à l'idée de cette invitation, mais non, Mlle Pole et moi eûmes les plus grandes difficultés à la persuader d'accepter. Elle considérait que ce n'était pas convenable et ne put cacher de la contrariété quand nous ne vîmes pas la moindre entorse aux bienséances dans le fait d'aller avec deux autres dames rendre visite à un vieil amoureux. Et puis se présenta un obstacle plus sérieux. Elle pensa que Déborah n'aurait pas aimé qu'elle y allât. Il nous fallut argumenter une bonne demi-journée pour surmonter cette difficulté. Cependant, au premier signe de fléchissement, je ne laissai pas passer l'occasion. J'écrivis et j'expédiai la lettre en son nom pour dire oui. Je fixai le jour et l'heure, de manière qu'on n'y revînt plus.

Le lendemain matin, elle me demanda de bien vouloir l'accompagner à la boutique et là, après de longues hésitations, nous fîmes choix de trois bonnets à livrer chez nous pour y être essayés. Le plus seyant nous suivrait le jeudi.

Tant que dura notre voyage, elle fut dans un état de muette agitation. À l'évidence, elle n'était jamais allée à Woodley et, bien qu'elle fût loin d'imaginer que je connusse quelque chose de son histoire d'autrefois, elle tremblait de voir la maison qui aurait pu être la sienne et qui sans doute était la réalisation de ses rêves innocents de jeune fille. La route était longue, passant par des chemins pavés et cahoteux. Mlle Matty se tenait bien droite sur son siège et jetait par les vitres des regards nostalgiques, tandis que nous approchions du terme de notre petite expédition. La campagne alentour était tranquille, le paysage agreste. Woodley se situait au milieu des prés et des champs. Il y avait un jardin à l'ancienne où rosiers et groseilliers se côtoyaient et où les asparagus duveteux formaient une toile de fond charmante pour les œillets et les giroflées. On ne gagnait pas la porte par une avenue. Nous descendîmes devant une petite barrière pour suivre à pied une allée rectiligne bordée de buis.

« Mon cousin devrait aménager une avenue, je pense, dit Mlle Pole, qui craignait pour ses oreilles et n'avait mis qu'un simple bonnet.

— Je trouve que c'est très joli, dit Mlle Matty, d'une voix douce et plaintive, presque dans un murmure, car à ce moment précis M. Holbrook parut sur le seuil de sa porte en se frottant les mains, saisi par la fièvre de l'hospitalité. Plus que jamais, il incarnait ma conception de don Quichotte, et pourtant la ressemblance n'allait pas plus loin que l'aspect. Sa respectable femme de charge se tenait modestement à l'entrée pour nous souhaiter la bienvenue. Tandis qu'elle conduisait mes aînées dans une chambre à l'étage, je demandai à jeter un coup d'œil au jardin. Ma requête à l'évidence plut au vieux monsieur qui me fit faire le tour du propriétaire et me montra ses vingt-six vaches, nommées d'après les différentes lettres de l'alphabet.

Chemin faisant, il me surprit en répétant de temps à autre des citations de poètes belles et appropriées, allant sans difficulté de Shakespeare et George Herbert à nos auteurs contemporains. Il citait aussi naturellement que s'il avait pensé tout haut, et les mots justes et admirables qui lui venaient traduisaient comme rien d'autre n'eût pu le faire ce qu'il éprouvait et ce qui lui traversait l'esprit. Bien sûr, il appelait Byron *milord Byron* et prononçait le nom de Goethe exactement selon les lois d'une prononciation anglaise : « comme le dit Goethe, ô vous palais toujours verdoyants etc. » À tout prendre, jamais avant ou après cela, je n'ai rencontré d'homme qui ait passé tant d'années dans une campagne reculée sans charme particulier et pris un plaisir toujours plus grand à contempler les changements apportés par chaque jour et chaque saison à la beauté des choses.

Quand lui et moi, nous entrâmes, il nous apparut que le dîner serait bientôt servi dans la cuisine – car je suppose qu'il fallait donner ce nom à la pièce, comme il y avait des buffets de chêne et des placards tout autour de la cheminée, et seulement un petit tapis persan au milieu du dallage. Cette pièce aurait aisément pu être transformée en une belle petite salle à manger de chêne en enlevant le four et quelques autres éléments d'un mobilier de cuisine qui, à l'évidence, n'étaient jamais utilisés, la préparation des plats s'effectuant en réalité à quelque distance. Là où nous devions en principe nous mettre, les meubles étaient incommodes et laids, mais là où nous fûmes en définitive placées, nous eûmes affaire à ce que M. Holbrook appelait son bureau, où il payait ses ouvriers chaque semaine à un grand pupitre près de la porte. Le reste de ce joli salon, avec vue sur le verger et tout couvert d'ombres dansantes projetées par les arbres, était un fouillis de livres. Il y en avait sur le sol, ils tapissaient les murs, la table en était jonchée. M. Holbrook était clairement à moitié honteux et à moitié fier de son extravagance sous ce rapport. Ses livres appartenaient à tous les genres, si prévalaient la poésie et le fantastique. On voyait bien qu'il choisissait en fonction de ses goûts, et non parce que tel ou tel ouvrage était un classique ou depuis longtemps rencontrait la faveur du public.

« Ah ! dit-il, nous autres fermiers, normalement, nous ne devrions pas avoir beaucoup de temps pour lire. Mais on n'y peut rien, c'est comme ça.

— Comme cette pièce est jolie ! dit Mlle Matty à mi-voix.

— Que cet endroit est charmant ! m'écriai-je, presque au même instant.

— Tant mieux s'il vous plaît, répondit-il, mais arriverez-vous à tenir sur ces grandes chaises de cuir noir à trois coins ? Pour ma part, je préfère cette pièce au meilleur de mes salons, mais je pensais que les dames trouveraient l'autre plus élégant. »

Il l'était effectivement mais, comme la plupart des pièces de ce genre, dénué d'agrément, de charme et incommode. C'est pourquoi, tandis que nous dînions, la domestique épousseta et frotta les chaises du bureau, et c'est là que nous nous installâmes pour le restant de la journée.

Le pudding fut servi avant la viande. Je crus que M. Holbrook allait s'excuser d'une manière ou d'une autre de ses façons d'un autre âge, car il commença ainsi :

« Je ne sais pas si vous avez du goût pour le moderne.

— Non, pas du tout, dit Mlle Matty.

— Moi non plus, dit-il. Ma femme de charge, elle, voudrait présenter cela selon la mode actuelle, mais je lui oppose que, quand j'étais jeune homme, nous nous en tenions strictement à la règle énoncée par mon père : "Pas de bouillon, pas de pudding ; pas de pudding, pas de bœuf", et nous commencions toujours notre dîner par le bouillon. Après quoi, nous mangions un pudding à la graisse de bœuf, cuit dans le bouillon avec de la viande. Enfin la viande elle-même. Si nous refusions le potage, nous n'avions pas de dessert – ce qui avait notre préférence. Le bœuf était servi en dernier, et seuls ceux qui avaient rendu justice au bouillon et au pudding y avaient droit. Aujourd'hui, ils commencent par le sucré et leur dîner est tout chamboulé. »

Quand vinrent les canards aux petits pois, nous nous regardâmes avec effroi : nous ne disposions que de fourchettes à manche noir à deux dents. Il est vrai que l'acier brillait comme de l'argent, mais que faire ? Mlle Matty piqua ses pois un à un du bout de sa fourchette, tout comme Amine[1] mangeait ses grains de riz après le festin qu'elle avait partagé avec la Goule. Mlle Pole soupira devant ses petits pois frais et délicats en les laissant sans y goûter d'un côté de son assiette, car il n'y avait pas moyen de les empêcher de tomber entre les dents de la fourchette. Je regardai notre hôte : les pois disparaissaient tous dans son vaste gosier, une fois pelletés par son grand couteau à bout rond. J'observai, imitai et passai le cap. Mes amies, en dépit du précédent que j'avais donné, n'eurent pas le courage de faire quelque chose d'aussi peu distingué et, si M. Holbrook n'avait pas eu pareil appétit, il se serait sans doute aperçu que ses bons petits pois étaient enlevés sans qu'on y eût touché ou presque.

Après le dîner, on apporta une pipe en terre et un crachoir. Après nous avoir demandé de nous retirer dans une autre pièce où il nous rejoindrait bientôt si nous étions incommodées par la fumée du tabac, M. Holbrook tendit sa pipe à Mlle Matty et la pria d'en remplir le fourneau. Ç'avait été dans sa jeunesse un compliment fait à une dame, mais il était

---

1. Personnage des *Mille et Une Nuits* qui préfère au riz la chair humaine.

plutôt malvenu de le proposer à Mlle Matty comme un honneur, car elle avait été habituée par sa sœur à considérer le tabac sous tous ses aspects comme absolument choquant. Cependant, si sa délicatesse en souffrit, d'être ainsi choisie plut à son cœur. Elle bourra la pipe de tabac fort avec grâce, et nous quittâmes la pièce.

« Il est bien agréable de dîner avec un célibataire, dit Mlle Matty d'une voix douce, tandis que nous nous installions dans le bureau. J'espère seulement que c'est convenable. Tant de choses agréables ne le sont pas.

— Que de livres ! dit Mlle Pole après un regard circulaire. Et comme ils sont couverts de poussière !

— Je crois que cela ressemble à l'un des appartements du grand docteur Johnson, reprit Mlle Matty. Quel homme supérieur doit être votre cousin !

— Oui, dit Mlle Pole, il lit beaucoup. Mais je crains qu'il n'ait pris des habitudes bizarres à force de vivre seul.

— Oh ! "bizarre" est trop sévère. Je dirais qu'il est excentrique. Les gens doués d'une grande intelligence le sont toujours », répliqua Mlle Matty.
Quand M. Holbrook fut de retour, il proposa une promenade à pied dans la campagne, mais les deux dames les plus âgées avaient peur de l'humidité et de la boue et n'avaient pour protéger leurs bonnets que des capuchons très peu seyants. Elles déclinèrent donc l'invitation, et je l'accompagnai dans un petit tour qu'il se dit obligé de faire pour surveiller ses ouvriers. Il marchait à grands pas, oubliant complètement mon existence ou amené par sa pipe à

maintenir un silence apaisé. Pourtant, ce n'était pas exactement du silence. Il me précédait, marchant courbé, les mains jointes dans le dos. Si un arbre, un nuage, des prairies soudain aperçues montant dans le lointain frappaient son imagination, il citait des vers pour lui-même, déclamant à voix haute et sonore avec l'emphase que donnent une authentique sensibilité et un goût sans affectation. Nous tombâmes sur un vieux cèdre, à un angle de la maison.

« Le cèdre étend ses épaisseurs d'ombre verte[1] » Quel mot remarquable ! Ses "épaisseurs" ! Quel homme merveilleux ! »

Je ne savais pas s'il me parlait ou non, mais je plaçai un « merveilleux » en guise d'assentiment, bien qu'ignorante de tout cela, seulement parce que j'en avais assez d'être négligée et par suite de me taire.

Il fit rapidement volte-face.

« Ah oui ! Vous pouvez bien dire "merveilleux" ! Figurez-vous que, lorsque j'ai vu dans *Blackwood*[2] un compte rendu de ses poèmes, il ne me fallut pas une heure pour me mettre en chemin. J'ai fait à pied les trois lieues qui me séparaient de Misselton (car les chevaux n'étaient pas disponibles) et je les ai commandés. À ce propos, de quelle couleur sont les bourgeons de frêne en mars ? »

Est-ce qu'il perd la tête ? me demandai-je. Il a tout d'un don Quichotte.

---

1. Référence à *La Fille du jardinier* d'Alfred Tennyson (1842).

2. Périodique influent. Il rendit compte en réalité des poèmes de Tennyson sept ans après leur publication.

« Oui, de quelle couleur sont-ils ? répéta-t-il avec véhémence.

— Je vous garantis que je n'en sais rien, monsieur, dis-je avec toute l'aménité de l'ignorance.

— Je savais que vous l'ignoriez. Moi aussi, je l'ignorais, vieux sot que je suis, jusqu'à ce que ce jeune homme vienne me le dire. Ils sont noirs, "noirs comme les bourgeons de frêne en mars". Et j'ai passé toute ma vie à la campagne. C'est d'autant plus honteux de ma part de l'ignorer. Noirs, ils sont d'un noir de jais, madame. »

Sur ce, il repartit d'un pas chaloupé, au gré d'une chansonnette qui lui revenait en mémoire.

À notre retour, pas moyen de le contenter avant qu'il nous ait lu les poèmes dont il m'avait parlé. Mlle Pole l'encourageait dans cette voie, à mon sens parce qu'elle voulait me faire entendre la belle diction dont elle s'était vantée. Cependant, ensuite, elle prétendit que c'était parce qu'elle était arrivée à une partie difficile de son crochet et voulait compter ses mailles sans avoir à ouvrir la bouche. Tout ce qu'il aurait pu proposer aurait satisfait Mlle Matty, bien qu'elle s'endormît profondément, cinq minutes après qu'il eut commencé un long poème, appelé *Locksley Hall*[1], et fît un bon petit somme sans attirer l'attention, jusqu'à ce qu'il eût fini. De ne plus entendre le son de sa voix l'éveilla, et elle dit, sentant qu'il lui fallait dire quelque chose, et que Mlle Pole comptait ses mailles :

1. Autre poème de Tennyson qui s'élève contre les obstacles apportés à l'amour par les conventions sociales.

« Quel livre charmant !

— Charmant, madame ! Mais c'est beau ! Charmant, vraiment !

— Je voulais dire "beau", dit-elle, troublée de sa désapprobation. Cela ressemble tellement à ce beau poème du docteur Johnson que lisait ma sœur. J'ai oublié son titre – qu'est-ce que c'était, ma chère ? continua-t-elle en se tournant vers moi.

— Duquel parlez-vous ? De quoi était-il question ?

— Je ne me rappelle pas le sujet, et le titre m'est complètement sorti de l'esprit, mais je sais que l'auteur en était le docteur Johnson, que c'était très beau, et ressemblait beaucoup à ce que M. Holbrook vient de nous lire.

— Je n'en ai aucun souvenir, dit-il après réflexion. Mais je ne connais pas bien les poèmes du docteur Johnson. Il faudra que je les lise. »

Alors que nous montions en voiture pour rentrer chez nous, j'entendis M. Holbrook dire qu'il rendrait bientôt visite aux dames pour leur demander comment s'était effectué leur retour. Ces mots évidemment firent plaisir à Mlle Matty lorsqu'ils furent dits et la troublèrent mais, quand la vieille maison eut disparu parmi les arbres, les sentiments qu'elle portait à son maître peu à peu cédèrent la place à une incertitude fâcheuse : Martha avait-elle tenu parole, et n'avait-elle pas mis à profit l'absence de sa maîtresse pour ouvrir à un « admirateur » ? Martha avait l'air sage, posée et suffisamment tranquille lorsqu'elle vint nous aider à descendre. Elle prenait toujours grand soin de Mlle Matty. Mais, ce soir-là, elle eut des paroles malheureuses.

« Ah ! chère madame, quand je pense que vous êtes sortie par un soir comme celui-ci avec un châle aussi léger ! Il n'est pas plus épais que de la mousseline. À votre âge, madame, vous devriez faire attention.

— Mon âge ! dit Mlle Matty avec une certaine aigreur, aigreur pour elle car d'ordinaire elle était douce. Mon âge ! Quel âge me donnez-vous donc pour me parler de mon âge ? `

— Eh bien, madame, je dirais que vous n'avez pas loin de soixante ans. Mais les gens sont souvent victimes de l'air qu'ils ont. – Je suis sûre que c'était dit sans méchanceté.

— Martha, je n'ai pas encore cinquante-deux ans », dit Mlle Matty avec une gravité marquée. Sans doute le souvenir de sa jeunesse lui était apparu ce jour-là avec beaucoup de clarté, et était-elle contrariée de découvrir que ces temps heureux appartenaient à un passé aussi lointain.

Elle n'évoquait pourtant jamais une relation passée plus intime avec M. Holbrook. Elle avait sans doute rencontré si peu de sympathie pour son premier attachement qu'elle l'avait caché au plus profond de son cœur, et c'était seulement en l'observant en quelque sorte, ce que je pouvais difficilement m'empêcher de faire après les confidences de Mlle Pole, que je voyais à quel point ce pauvre cœur était resté fidèle dans le chagrin et le silence.

Elle me donna une bonne raison ou une autre pour chaque jour mettre son plus beau bonnet et resta assise près de la fenêtre, malgré ses rhumatismes, pour pouvoir sans être vue distinguer ce qui passait dans la rue.

Il vint. Il plaça la paume de ses mains sur ses genoux largement écartés. Il restait tête baissée et en sifflant, après que nous ayons répondu à ses questions sur l'absence de difficultés de notre retour. Tout à coup il bondit.

« Dites-moi, madame, puis-je faire quelque chose pour vous à Paris ? J'y vais dans une semaine ou deux.

— À Paris ? »

Toutes les deux, nous étions estomaquées.

« Mais oui, madame. Je n'y suis jamais allé, et j'ai toujours eu envie de le faire. Je crois que si ce n'est pas bientôt, cela risque de n'être jamais. Aussi, dès que le foin sera rentré, je pars, avant la moisson. »

Nous étions tellement sidérées que nous ne lui confiâmes aucune commission.

Au moment précis où il sortait, il revint sur ses pas, avec son exclamation favorite.

« Dieu me bénisse, madame, j'allais oublier la moitié du but de ma visite. Voici les poèmes que vous avez tant admirés l'autre jour chez moi. »

Il tira un petit paquet de la poche de son habit.

« Au revoir, mademoiselle, dit-il, au revoir, Matty, prenez soin de vous. »

Et il s'en alla. Mais il lui avait donné un livre et l'avait appelée Matty, comme trente ans auparavant.

« J'aimerais bien qu'il n'aille pas à Paris, dit anxieusement Mlle Matilda. Je ne crois pas qu'il supporte les grenouilles. Il faisait très attention à ce qu'il mangeait, ce qui surprenait chez un jeune homme apparemment aussi robuste. »

Je ne tardai guère à prendre congé, après avoir adjuré mille fois Martha de veiller sur sa maîtresse et de ne pas manquer de me prévenir si elle pensait que Mlle Matilda n'était pas très bien portante. En ce cas, je déciderais de rendre visite à ma vieille amie, sans lui parler des renseignements communiqués par sa domestique.

En conséquence, de temps en temps, j'eus un mot de Martha et, vers le mois de novembre, un billet pour me dire que sa maîtresse était « très bas, avec un appétit de misère ». Son rapport m'inquiéta au point que, même si Martha ne m'invitait pas clairement à venir, je fis mes bagages et partis.

Je fus fort bien accueillie, en dépit de la petite commotion produite par ma visite inopinée, car je n'avais pu prévenir qu'un jour à l'avance. Mlle Matilda avait l'air très mal en point. Je me préparai à la réconforter et à la gâter.

Je descendis m'entretenir en privé avec Martha.

« Depuis combien de temps votre maîtresse a-t-elle aussi mauvaise mine ? demandai-je, debout près du feu dans la cuisine.

— Eh bien, je dirai que c'est depuis plus de deux semaines. Oui, j'en suis sûre. Ça a commencé un mardi après la visite de Mlle Pole. Elle s'est mise à broyer du noir. J'ai pensé que c'était la fatigue et que cela disparaîtrait après une bonne nuit de sommeil. Mais non ! Elle a continué dans le même état, jusqu'à ce que je pense de mon devoir de vous écrire.

— Vous avez très bien fait, Martha. C'est rassurant de savoir qu'elle a une domestique aussi fidèle à ses côtés. J'espère que la place vous paraît bonne ?

— Eh bien, madame, madame est très gentille, on peut manger et boire comme on veut, pas plus de travail qu'on n'en peut faire sans se fatiguer, mais... »

Martha hésita.

« Mais quoi, Martha ?

— C'est que cela semble si dur de la part de madame de ne pas me permettre d'avoir des "admirateurs". Il y a des tas de jeunes gens dans la ville, et plus d'un a pour ainsi dire offert de me tenir compagnie. Il se peut que jamais plus j'aie des occasions pareilles, et c'est comme si je les gâchais. Plus d'une fille que je connais les encouragerait sans que la patronne s'en doute le moins du monde. Mais j'ai donné ma parole, et je la tiendrai. Pourtant, c'est exactement le genre de maison où la patronne, s'ils venaient, n'en saurait rien du tout. La cuisine s'y prête au mieux, il y a des coins sombres, je vous garantis que j'y cacherais n'importe qui. Je les ai comptés dimanche soir, et je mentirais si je vous disais que je n'ai pas pleuré, car j'ai été obligée de fermer la porte au nez de Jem Hearn, et c'est un jeune homme comme il faut. Il ferait l'affaire de n'importe quelle fille. Mais j'avais donné ma parole à madame. »

Martha était à deux doigts de se remettre à pleurer, et je n'avais guère de quoi la consoler, car je savais d'expérience l'horreur suscitée chez les demoiselles Jenkyns par les « admirateurs » et, dans l'état de nerfs où Mlle Matty se trouvait à présent, c'était une peur qui ne risquait pas de s'estomper.

J'allai voir Mlle Pole le lendemain, et elle en fut totalement surprise, car cela faisait deux jours qu'elle n'avait pas rendu visite à Mlle Matilda.

« Et maintenant, dit-elle, il va falloir que je vous accompagne, ma chère, car je lui ai promis de la tenir au courant de l'état de santé de Thomas Holbrook et, c'est triste à dire, mais sa femme de charge m'a fait savoir aujourd'hui qu'il n'en avait plus pour longtemps. Pauvre Thomas ! Ce voyage à Paris aura été sa fin. Sa femme de charge me rapporte que c'est à peine si depuis il a fait un tour dans ses champs. Il reste dans son bureau, les mains sur les genoux, sans lire, sans rien pour l'occuper, se contentant de répéter que Paris est une ville merveilleuse. Paris est bien coupable si elle a tué mon cousin Thomas, car on n'a jamais vu meilleur garçon.

— Est-ce que Mlle Matilda sait pour sa maladie ? demandai-je (une nouvelle idée me venant sur l'origine de son indisposition).

— Mon Dieu, oui, assurément. Ne vous en a-t-elle rien dit ? Je l'ai mise au courant il y a quinze jours ou plus, dès que je l'ai su. Comme c'est curieux qu'elle ne vous en ait pas parlé ! »

Ce n'est pas curieux du tout, pensai-je, mais je tins ma langue. Je me sentais presque coupable d'avoir épié avec une curiosité excessive ce qui se passait dans ce tendre cœur, et je n'étais pas prête à trahir ses secrets, cachés, croyait-elle, aux yeux du monde. J'introduisis Mlle Pole dans le petit salon de Mlle Matilda et les laissai seules. Mais je ne fus pas surprise quand Martha vint frapper à la porte de ma chambre pour me demander de descendre dîner seule, car madame était reprise de l'un de ses mauvais maux de tête. Elle entra dans le salon à l'heure du thé, mais il était clair que cela représentait pour elle un effort. Comme pour expier un grief à l'égard de sa sœur défunte qui l'avait obsédée tout l'après-midi et dont elle se faisait maintenant le reproche, elle ne cessa de me répéter combien Déborah avait été bonne et intelligente dans sa jeunesse, comment elle décidait des robes qu'elles porteraient dans toutes les soirées (soirées vaguement remémorées, fantomatiques, sinistres, lointaines, quand Mlle Matty et Mlle Pole étaient jeunes), comment Déborah et sa mère avaient fondé une société de secours mutuel pour les pauvres et enseigné la cuisine et la couture aux jeunes filles, comment Déborah avait jadis dansé avec un noble, comment elle allait visiter Sir Peter Arley et essayait de rectifier le mode de vie du simple presbytère en se fondant sur les arrangements du château d'Arley, où l'on comptait trente domestiques, enfin comment Déborah avait soigné Mlle Matty pendant une longue, très longue maladie dont je n'avais encore jamais entendu parler, mais qui dans mon esprit s'inscrivait après le rejet des prétentions de M. Holbrook. C'est ainsi que nous meublâmes les longues soirées de novembre, en évoquant doucement et paisiblement le temps passé.

Le lendemain, Mlle Pole vint nous apprendre que M. Holbrook n'était plus. Mlle Matty entendit la nouvelle sans dire un mot. En réalité, après le rapport qui nous avait été fait de la journée précédente, c'était tout ce à quoi nous pouvions nous attendre. Mlle Pole persista à vouloir nous faire exprimer du regret en nous demandant s'il n'était pas désolant qu'il fût décédé : « Dire qu'en juin dernier nous avions vécu cette belle journée où il paraissait si bien se porter ! Il aurait pu vivre encore une douzaine d'années s'il n'était pas allé dans ce Paris abominable, où éclatent toujours des révolutions. »

Elle s'interrompit, dans l'attente d'une manifestation quelconque de notre part. Je vis que Mlle Matty était incapable de parler. Elle tremblait d'émotion. Je dis donc ce que je ressentais vraiment et, après une visite assez longue, pendant laquelle je suis persuadée que Mlle Pole trouva que son amie accueillait la nouvelle avec beaucoup de sérénité, notre visiteuse prit congé.

Mlle Matty fit de grands efforts pour dissimuler ses sentiments, dissimulation qu'elle observa même avec moi, car jamais plus elle ne fit allusion à M. Holbrook, bien que le livre qu'il lui avait donné reposât avec sa bible sur sa petite table de chevet. Elle crut que je ne l'entendais pas lorsqu'elle demanda à la modiste de Cranford de lui faire des bonnets un peu semblables à ceux de l'honorable Mme Jamieson. Elle crut aussi que je ne remarquai pas la réponse de la modiste.

« Mais, madame, Mme Jamieson porte des bonnets de veuve.

— Oh ! je voulais dire quelque chose de ce genre, pas des bonnets de veuve, bien sûr, mais dans le goût de ceux de Mme Jamieson. »

Ces efforts pour ne rien laisser paraître furent à l'origine de ce tremblement de la tête et des mains que depuis j'ai toujours observé chez Mlle Matty.

Le soir du jour où nous apprîmes le décès de M. Holbrook, Mlle Matilda ne dit pas grand-chose et parut absorbée dans ses réflexions. Après les prières, elle rappela Martha et hésita avant de s'exprimer.

« Martha, dit-elle enfin, vous êtes jeune. »

Là-dessus elle marqua un temps d'arrêt si long que Martha, pour lui rappeler qu'elle n'avait pas fini sa phrase, lui fit une révérence et dit :

« Oui, madame, c'est vrai, vingt-deux ans le trois octobre, madame, c'est bien vrai.

— Peut-être, Martha, un jour rencontrerez-vous un jeune homme qui vous plaira et à qui vous plairez. J'ai dit assurément que vous ne deviez pas avoir d'admirateurs. Mais, si vous rencontrez un jeune homme comme cela et m'en parlez, si je trouve qu'il est honorable, je n'ai pas d'objection à ce qu'il vienne vous voir une fois la semaine.

Dieu me garde, reprit-elle à mi-voix, d'affliger de jeunes cœurs. »

Elle s'était exprimée comme en faveur d'une lointaine éventualité et fut assez surprise quand Martha eut une réponse toute prête.

« S'il vous plaît, madame, il y a Jem Hearn, c'est un menuisier, il gagne trois shillings et six pence par jour, il fait un mètre quatre-vingt en chaussettes, s'il vous plaît, madame et, si vous prenez vos renseignements sur lui demain matin, tout le monde vous dira qu'il a une bonne conduite. Et il ne verra pas d'inconvénient à venir demain soir, je vous le promets. »

Mlle Matty fut prise de court mais dut se soumettre au destin et à l'amour.

# 5

# De vieilles lettres

J'ai souvent remarqué que chacun de nous ou presque a sa manière à lui de faire de petites économies, l'habitude bien ancrée d'épargner un penny sur un détail particulier. Si l'on y porte atteinte, cela l'importune davantage que de perdre des shillings ou des livres sterling dans une dépense réellement excessive. Un vieux monsieur de ma connaissance qui avait accueilli avec une placidité stoïque la faillite d'une banque à capitaux multiples où il avait investi une partie de son argent ne cessa de tourmenter sa famille toute une journée d'été parce que l'un d'entre eux avait (au lieu de couper) arraché les feuillets utilisés de son carnet de chèques maintenant rendu inutile. Naturellement, les feuillets correspondants à l'autre bout du carnet se détachèrent aussi, et ce petit gâchis d'un papier sans utilité aucune, mais qui représentait un bien à ses yeux, l'agaça plus que la perte de son argent.

Quand elles firent leur apparition, les enveloppes ne le laissèrent pas en repos. La seule façon pour lui de se réconcilier à pareil gaspillage d'un bien qui lui était cher fut de patiemment retourner toutes celles qui lui étaient adressées pour en faire un deuxième usage. Même maintenant, alors que le temps l'a assagi, je le vois jeter des coups d'œil mélancoliques à ses filles quand elles expédient en réponse à une invitation tout un feuillet avec trois lignes d'acceptation qui ne sont portées que sur un côté seulement.

Pourquoi ne pas avouer que moi-même je souffre de cette faiblesse humaine ? La ficelle est ce qui peut me navrer. Mes poches sont pleines de petits rouleaux où la ficelle en question, après avoir été détachée, a été mise en spirales pour des usages qui ne viennent jamais. Cela m'agace profondément de voir quelqu'un couper la ficelle d'un paquet au lieu de patiemment et soigneusement en défaire tous les nœuds. Impossible d'imaginer comment les gens peuvent utiliser les bracelets de caoutchouc, qui sont en quelque sorte la déification de la ficelle, avec la légèreté qui est la leur. Pour moi pareil bracelet est un trésor. J'en possède un qui n'est pas neuf : je l'ai ramassé à terre il y a près de six ans. J'avais vraiment décidé de m'en servir, mais je n'en ai pas eu le courage. Je n'ai pu tomber dans cet excès.

Pour d'autres, ce sont de petits morceaux de beurre qui les désolent. Il leur est impossible de faire attention à ce qui se dit en raison de l'agacement qui résulte de l'habitude qu'ont certaines gens de prendre toujours plus de beurre qu'il ne leur en faut. Rappelez-vous le regard anxieux (presque magnétique) fixé alors sur la denrée en question. Les malheureux se sentiraient soulagés s'ils pouvaient la soustraire à leur vue en la précipitant dans leur bouche et en l'avalant. Ce qui les satisfait vraiment est de voir la personne sur l'assiette de laquelle le beurre reste inutilisé brusquement briser un morceau de pain grillé (dont elle n'a nul besoin) pour beurrer sa tartine. Ce n'est pas alors, pensent-ils, gâcher la marchandise.

Mlle Matty, elle, était avare de bougies. Nous usions de différents moyens pour en consommer le moins possible. Les après-midis d'hiver, elle tricotait pendant deux ou trois heures (elle pouvait le faire dans l'obscurité ou à la lueur d'un feu) et, quand je lui demandais si elle me permettait de sonner pour avoir des bougies afin de terminer la couture de mes poignets de chemise, elle me disait de « prendre les vacances de l'aveugle ». En général, on apportait les bougies avec le thé, mais on n'en allumait qu'une à la fois. Comme nous vivions constamment dans l'attente d'une amie susceptible de passer dans la soirée (mais qui ne venait jamais), il nous fallait faire preuve d'ingéniosité pour maintenir nos deux bougies de la même longueur, prêtes à servir, et avoir l'air de toujours utiliser l'une et l'autre. Elles éclairaient chacune à leur tour. Quelle que fût notre occupation, que nous parlions d'une chose ou d'une autre, Mlle Matty gardait les yeux fixés sur la bougie allumée, prête à bondir pour l'éteindre et passer à la suivante avant qu'elles fussent devenues d'une longueur trop inégale pour que la parité pût être rétablie dans le cours de la soirée.

Je me souviens qu'un soir, cette économie de bouts de chandelle me prit particulièrement sur les nerfs. J'en avais plus qu'assez de mes « vacances d'aveugle » obligatoires, surtout étant donné que Mlle Matty s'était assoupie et que je n'aimais pas prendre le risque de la réveiller en tisonnant le feu. Je ne pouvais même pas m'asseoir devant sur le tapis et me rôtir en cousant à la lueur des flammes, comme à mon habitude. J'imaginai que Mlle Matty devait rêver des premières années de son existence car, dans un sommeil troublé, elle prononçait un ou deux mots qui se rapportaient à des personnes depuis longtemps disparues. Lorsque Martha apporta la bougie allumée et le thé, Mlle Matty revint à la réalité en jetant autour d'elle des regards insolites et effarés, comme si nous n'étions pas les gens qu'elle s'attendait à voir là. Son visage s'attrista légèrement lorsqu'elle me reconnut si, aussitôt après, elle se mit en devoir de m'accorder son habituel sourire.

Pendant toute la durée du thé, ses propos n'eurent trait qu'aux jours de son enfance et de sa jeunesse. Peut-être cela lui remit-il en mémoire l'utilité de relire toutes les vieilles lettres de la famille et de détruire celles qui ne devaient pas tomber entre des mains étrangères. Elle avait souvent parlé de la nécessité de cette tâche mais avait toujours hésité à l'accomplir, rebutée par la crainte de devoir faire quelque chose de pénible. Ce soir-là, toutefois, elle se leva après le thé et alla les chercher – dans l'obscurité, car elle mettait sa fierté à faire régner un ordre précis dans sa maison et me regardait de travers quand j'allais de l'une à l'autre pièce en me servant d'une bougie pour chercher un objet quelconque. À son retour, la pièce où nous étions s'emplit d'une vague odeur de parfum. J'avais toujours remarqué que ce parfum-là s'attachait à tout ce qui avait appartenu à sa mère. Beaucoup des lettres lui étaient adressées. C'étaient des paquets de lettres d'amour jaunies, datant de soixante à soixante-dix ans.

Mlle Matty défit ces paquets dans un soupir qu'elle étouffa tout de suite, comme s'il était difficilement admissible de regretter la fuite du temps, ou même la précarité de la vie. Nous tombâmes d'accord pour lire séparément, chacune prenant une lettre différente dans le même paquet et en décrivant le contenu à l'autre avant de la détruire. Jamais avant ce soir-là je n'avais su combien il était pénible de lire de vieilles lettres, bien que la raison ne m'en apparût guère. Ces lettres avaient autant de gaieté qu'il est possible d'en espérer d'une lettre, du moins c'était le cas pour les premières qui me tombèrent sous la main. On y trouvait un sentiment très aigu et très fort de la valeur du temps présent, qui paraissait si riche et si solide qu'on aurait cru ce trésor devoir durer toujours. Il semblait que les cœurs chaleureux qui s'exprimaient jamais ne pourraient cesser d'être et ne rien représenter au regard d'une terre abreuvée de soleil. Je me serais sentie moins mélancolique, je crois, si les lettres l'avaient été davantage. Je voyais les larmes discrètement couler le long des joues profondément ridées de Mlle Matty, et ses lunettes avaient souvent besoin d'être essuyées. J'étais persuadée qu'elle finirait par allumer la seconde bougie : mes propres yeux n'y voyaient pas très clair, et il m'aurait fallu plus de lumière pour bien distinguer l'encre pâlie. Mais non, malgré ses larmes, elle parvenait à lire et n'oubliait pas ses petites économies.

Les lettres les plus anciennes constituaient deux paquets liés ensemble et étiquetés (de la main de Mlle Jenkyns) « lettres échangées entre mon très honoré père et ma mère chérie avant leur mariage en juillet 1774 ». Le recteur de Cranford devait avoir dans les vingt-sept ans quand il avait écrit ces lettres, et Mlle Matty me dit que sa mère en avait juste dix-huit quand elle s'était mariée. Avec l'idée que je me faisais du recteur d'après un tableau dans la salle à manger où il se tenait raide et digne avec une énorme perruque, une toge, une soutane, des rabats, la main posée sur un exemplaire du seul sermon qu'il eût jamais publié, il était curieux de lire ces missives. Elles respiraient une ardeur passionnée. Les phrases étaient courtes et simples, les mots venaient droit du cœur (rien de commun avec le style ampoulé, l'anglais latinisé, johnsonien du sermon imprimé, prêché devant quelque juge en période d'assises). Ces lettres offraient un contraste singulier avec celles de sa future jeune épouse. À l'évidence, elle était assez embarrassée de ces mots d'amour qu'il la pressait de lui donner et avait peine à comprendre pourquoi il répétait la même chose de mille façons différentes. Par contre, ce qui apparaissait clairement était son désir d'un « pou de soie » blanc, quel que fût ce qu'elle entendait par là. Six ou sept de ses lettres avaient pour principal objet de demander à son prétendant d'user de son influence auprès de ses parents (qui sûrement ne lui passaient rien) pour l'obtention de tel ou tel article de vêtement, en particulier du « pou de soie » blanc.

Lui ne se souciait pas de la manière dont elle était vêtue. À ses yeux, elle était toujours jolie, comme il prenait la peine de le lui assurer lorsqu'elle le priait de dire dans sa réponse sa préférence pour tel ou tel colifichet afin qu'elle montre son sentiment à ses parents. Il semblait avoir fini par comprendre qu'elle n'accepterait pas de se marier avant d'avoir le « trousseau » de son choix. Il lui avait alors envoyé une lettre, accompagnant sans aucun doute une caisse pleine de fanfreluches, dans laquelle il lui demandait de s'habiller avec tout ce qui plairait à son cœur. C'était la première lettre marquée d'une écriture délicate et légère comme étant « de mon très cher John ». Peu après, je le suppose, ils s'étaient mariés, à en juger par l'interruption de leur correspondance.

« Il faut les brûler, je pense, dit Mlle Matty en me jetant un regard de doute. Personne ne s'y intéressera quand je ne serai plus là. » Une à une, elle les fit tomber au milieu des flammes en les regardant s'allumer, s'éteindre et disparaître dans la cheminée sous un aspect léger, blanchâtre, fantomatique, avant de livrer encore un autre feuillet au même sort. La pièce à présent était suffisamment éclairée mais, comme elle, j'étais fascinée par le spectacle de la destruction de ces lettres où un cœur d'homme s'était épanché dans la passion et la sincérité.

La lettre suivante, elle aussi étiquetée par Mlle Jenkyns, avait pour rubrique « lettre de pieuses félicitations et exhortations adressée par mon vénérable grand-père à ma mère bien-aimée à l'occasion de ma naissance. Il s'y ajoute quelques observations pratiques sur l'utilité de maintenir au chaud les mains et les pieds des tout-petits dues à mon excellente grand-mère ».

La première partie contenait en effet un tableau impressionnant et sans concession des responsabilités d'une mère, ainsi qu'une mise en garde contre les embûches de ce monde menaçant un bébé de deux jours. Son épouse, disait le vieux monsieur, n'écrivait pas parce qu'il le lui avait défendu, comme elle souffrait d'une entorse à la cheville qui (selon lui) l'empêchait de tenir une plume. Cependant, au bas de la page, on lisait en petits caractères : « t. s. v. p. » et, quand on avait tourné, eh oui, on se trouvait en présence d'une lettre à « ma chère, ma très chère Molly » la priant, lorsqu'elle quitterait sa chambre, quelles que soient ses occupations, de ne pas manquer de monter un escalier avant d'en descendre un. On lui disait aussi d'envelopper les pieds de son bébé dans de la flanelle et de le maintenir au chaud près du feu, bien qu'on fût en été, parce que les bébés étaient très fragiles.

Il était charmant de voir ces lettres, évidemment échangées assez souvent entre la jeune mère et la grand-maman, comment la vanité de la jeune fille cédait la place dans son cœur à son amour pour son enfant. Le « pou de soie » blanc figurait encore dans la correspondance avec une insistance presque égale à ce qu'elle avait été. Dans une lettre, il devenait une cape enveloppant le bébé à son baptême. On le retrouvait qui le couvrait lorsque avec ses parents il passait un jour ou deux à Arley Hall. Il ajoutait à ses charmes quand il était « le plus joli bébé qu'on eût jamais vu. Chère mère, je voudrais que vous la voyiez ! Ce n'est pas parce qu'elle est à moi, mais j'ai de bonnes raisons de penser qu'elle sera une grande beauté. » J'évoquais une Mlle Jenkyns grisonnante, flétrie, ridée, et je me demandais si sa mère l'avait reconnue dans les palais célestes. Et puis j'étais sûre que si et qu'elles s'y tenaient sous une apparence angélique.

Une grande lacune se découvrait avant le retour des lettres du recteur. Sa femme avait alors changé sa manière de les répertorier. Ce n'étaient plus celles de « mon très cher John » mais de « mon mari honoré ». Il s'agissait de lettres occasionnées par la publication du sermon représenté sur la toile. De l'avoir prêché devant « monseigneur le juge » et « publié sur demande » constituait à l'évidence un sommet – le grand événement de la vie du recteur. Il lui avait fallu se rendre à Londres pour s'occuper de la publication. Il avait dû visiter de nombreux amis et les consulter avant de choisir l'imprimeur correspondant à une opération aussi coûteuse. Enfin il avait été décidé que J. et J. Rivington seraient chargés d'une responsabilité aussi honorifique.

Le digne recteur semblait avoir été porté par l'événement à des hauteurs littéraires, car il lui était difficile d'écrire une lettre à sa femme sans que revînt son latin. Je me souviens que l'une de ces lettres se terminait ainsi : « Toujours je garderai en mémoire les vertus de ma chère Molly, *dum memor ipse mei, dum spiritus regit artus*[1] », ce qui, compte tenu du fait que l'anglais de sa correspondante souffrait

1. Citation de l'*Énéide* de Virgile, IV, 336. « Tant que je me souviendrai de moi, et tant que mon souffle aura la maîtrise de mes membres. »

parfois de fautes de grammaire et souvent d'erreurs orthographiques, peut montrer à quel point il « idéalisait » sa Molly. Comme le disait Mlle Jenkyns : « Les gens de nos jours ont souvent "idéaliser" à la bouche, reste à savoir ce qu'ils entendent par là. »

Cela, pourtant, n'était rien en comparaison d'un désir subit d'écrire de la poésie classique qui s'emparait bientôt de lui, poésie dans laquelle sa Molly se transformait en une Marie. La lettre contenant le poème fut étiquetée « Vers hébreux qui m'ont été envoyés par mon époux honoré. Je croyais recevoir une lettre touchant l'abattage du porc mais c'est remis à plus tard. Prendre soin d'envoyer cela à Sir Peter Arley, comme le désire mon époux. » Dans un post-scriptum de la main de ce dernier, il était dit que l'ode avait paru dans le *Gentleman's Magazine* de décembre 1782.

Les lettres que Molly écrivait en réponse à son mari (conservées par les soins du recteur aussi pieusement que s'il s'était agi des œuvres de Cicéron) étaient plus susceptibles de plaire à un père ou à un mari absent que celles du recteur de convenir à sa femme. Elle racontait comment Déborah chaque jour faisait ses points de couture et lui lisait les livres dont il avait prescrit la lecture ; comment l'enfant était en avance pour son âge, donnait satisfaction mais posait des questions auxquelles sa mère ne pouvait pas répondre. Elle ne perdait pas la face en avouant qu'elle ne savait pas. Elle se mettait à tisonner le feu, ou bien elle envoyait l'enfant précoce en commissions. Matty maintenant faisait le bonheur de sa mère et promettait (comme sa sœur au même âge) d'être particulièrement belle. Je lisais cela à haute voix à Mlle Matty qui souriait et soupirait un peu devant l'espoir, tendrement exprimé, que « la petite Matty ne soit pas trop imbue de sa personne, même devenue une beauté ».

« J'avais de très jolis cheveux, ma chère, dit Mlle Matty, et la bouche n'était pas mal non plus. » Peu après, je la vis ajuster son bonnet et se redresser.

Mais revenons-en aux lettres de Mme Jenkyns. Elle parlait à son mari des pauvres de la paroisse, lui énumérait les simples remèdes en honneur dans les familles qu'elle avait administrés, le renseignait sur les médicaments élaborés au presbytère qu'elle avait envoyés. Elle avait évidemment fait de son mécontentement une menace constante brandie au-dessus des têtes de tous les bons à rien. Elle lui demandait ses instructions au sujet des vaches et des porcs, sans toujours les obtenir, comme je l'ai indiqué.

La bonne vieille grand-mère n'était plus là quand était né un petit garçon, peu après la publication du sermon, mais il y avait, de la main du grand-père, une nouvelle lettre de recommandations, plus pressantes et plus sérieuses que jamais, maintenant qu'il existait un garçon à préserver des pièges de ce monde. Il décrivait tous les péchés dans lesquels un homme peut tomber, si nombreux que j'en arrivais à me demander comment on mourait jamais d'une mort naturelle. On aurait cru que la potence avait vu la fin de la plupart des amis et connaissances du grand-père, et je n'étais nullement surprise de la façon dont il faisait de cette vie « une vallée de larmes ».

Il était étonnant que je n'eusse jamais entendu parler de ce frère, mais j'en concluais qu'il était mort jeune, sans quoi son nom aurait été mentionné par l'une ou l'autre de ses sœurs.

Nous en vînmes bientôt aux paquets des lettres de Mlle Jenkyns. Mlle Matty regrettait beaucoup de devoir brûler ces lettres-là. Toutes les autres, à l'entendre, n'avaient éveillé l'intérêt que de ceux qui avaient aimé leurs auteurs, et on l'aurait crue blessée de devoir permettre à des étrangers de les manipuler qui n'avaient pas connu sa mère ni l'étendue de sa bonté – s'il était vrai que son orthographe n'était pas toujours celle d'aujourd'hui. Mais les lettres de Déborah étaient d'un autre ordre. On gagnait toujours à les lire. Cela faisait longtemps que Mlle Matty n'avait pas mis le nez dans les ouvrages de Mme Chapone, mais elle se souvenait d'avoir pensé que Déborah aurait pu dire les mêmes choses tout aussi bien. Quant à Mme Carter[1] ! On plaçait ses lettres très haut, simplement parce qu'elle avait écrit un *Épictète*, mais elle n'hésitait pas à dire que Déborah n'aurait jamais utilisé une expression aussi triviale que « impossible d'arriver à me fâcher » !

Mlle Matty, c'était clair, n'avait pas le cœur à brûler ces lettres-là. Il lui en coûtait de me laisser les parcourir dans l'indifférence, tranquillement, en sautant certains passages. Elle me les prit des mains et alluma même la deuxième bougie pour pouvoir les lire à haute voix, en mettant en relief ce qui méritait d'être souligné, et sans trébucher sur les

1. Des bas-bleus, amies de Johnson.

mots difficiles. Ah là là ! que je regrettais l'absence de faits au lieu de réflexions avant que la lettre fût finie ! Ces lettres nous firent deux soirées. Je ne nierai pas que je mis à profit ce temps pour penser à bien d'autres choses, et pourtant la fin de chaque phrase me retrouvait toujours fidèle à mon poste.

Les lettres du recteur, ainsi que celles de sa femme et de sa belle-mère, avaient toutes été courtes et denses, d'une écriture sobre, avec des lignes rapprochées. Parfois la totalité trouvait place sur un simple morceau de papier. Ce papier était jauni, l'encre avait pris une couleur brune. Certains des feuillets (comme Mlle Matty me le fit remarquer) dataient des premiers temps de la poste. Le timbre dans le coin représentait un postillon crevant son cheval et tirant des sons aigus de son cor. Les lettres de Mlle Jenkyns et de sa mère étaient fermées par un grand cachet de cire rouge, car c'était avant que leur usage parmi les gens de la bonne société eût été banni par le roman *Patronage* de Mlle Edgeworth[1]. On devinait que l'affranchissement gratuit dont bénéficiaient les membres du Parlement était très recherché et même utilisé comme un moyen de régler des dettes par des députés nécessiteux. Le recteur scellait ses épîtres avec un immense blason et montrait par le soin apporté à cette cérémonie qu'il attendait du destinataire qu'il ouvrît en coupant et non en brisant le sceau d'une main étourdie ou impatiente.

1. « Je me demande, disait un personnage, comment un homme peut avoir l'impertinence de m'envoyer de sa salive. »

Les lettres de Mlle Jenkyns étaient postérieures par l'écriture et le format. Elle se servait d'un feuillet carré que nous avons appris à considérer comme désuet. Sa façon de former ses lettres était admirablement calculée, s'ajoutant à son usage de mots polysyllabiques, pour remplir la page entière. Puis venaient la fierté et le plaisir d'écrire en travers, une fois la feuille couverte. La pauvre Mlle Matty y perdait son latin, car les mots grossissaient comme des boules de neige et, vers la fin de la lettre, Mlle Jenkyns devenait une adepte convaincue de leur longueur. Dans une missive adressée à son père dont le ton était proche de celui de la théologie et de la controverse et où elle parlait d'Hérode, de Tétrarque et d'Idumée, Mlle Matty lut : « Hérode Pétrarque d'Étrurie » en arborant une satisfaction égale à celle qu'elle aurait montrée si elle avait vu juste.

Impossible de me rappeler exactement la date, mais je crois que c'est en 1805 que Mlle Jenkyns écrivit la suite de lettres la plus longue. Ce fut à l'occasion d'une absence due à une visite à des amis près de Newcastle. Ces amis étaient très liés avec le commandant de la garnison en cette ville et par lui tenus au courant de tous les préparatifs pour repousser l'invasion de Bonaparte, dont certains pensaient qu'elle pourrait avoir lieu à l'embouchure de la Tyne. Mlle Jenkyns à l'évidence avait très peur, et la première partie de sa lettre était souvent écrite dans un anglais assez facile à comprendre. Elle y détaillait les mesures prises dans la famille qui l'hébergeait en fonction de l'événement redouté, comme les ballots de linge confectionnés en prévision d'une fuite à Iston Moor (pays sauvage et vallonné entre le Northumberland et le Cumberland) ou le signal qui serait donné d'avoir à se sauver et pour les volontaires par la même occasion de se rassembler (signal qui, si mes souvenirs sont bons, consistait à sonner les cloches de l'église d'une manière particulièrement alarmante). Un jour, alors que Mlle Jenkyns et ses hôtes dînaient à Newcastle, l'alarme fut effectivement donnée (procédé manquant de sagesse, s'il y a quelque vérité dans la morale de la fable du petit garçon et du loup), et Mlle Jenkyns, à peine remise de son émoi, écrivit le lendemain pour décrire le bruit, l'angoisse, la précipitation, la peur. Puis, reprenant son souffle, elle ajoutait : « Comme apparaissent maintenant ridicules, mon cher père, à des esprits sereins et soucieux de vérité, toutes les appréhensions que nous avons nourries hier soir ! »

À cet instant, Mlle Matty intervint.

« Mais, à vrai dire, ma chère, à cette époque elles n'étaient nullement ridicules ni futiles. Je suis sûre que plus d'une fois la nuit je m'éveillais en croyant entendre les Français marteler le pavé de Cranford. Souvent on parlait de se cacher dans les mines de sel. La viande là-dedans se serait très bien conservée, mais peut-être aurions-nous eu soif. Mon père en ces circonstances prononça toute une suite de sermons. Il y en eut une série le matin, où il n'était question que de David et de Goliath, pour inciter les gens à combattre, avec des briques et des pioches si besoin était, et une autre l'après-midi pour démontrer que Napoléon (un autre nom pour Bony, comme nous l'appelions) était le diable en personne. Je me souviens que mon père s'attendait à ce qu'on lui demande d'imprimer la deuxième série, mais la paroisse était peut-être satisfaite de les avoir entendus. »

Peter Marmaduke Arley Jenkyns (« ce pauvre Peter », comme Mlle Matty commençait à le nommer) était alors en pension à Shrewsbury. Le recteur reprenait la plume et une fois encore époussetait son latin pour correspondre avec l'enfant. Très évidemment, les lettres du jeune garçon répondaient à ce que nous entendons par de la poudre aux yeux. Elles étaient aux antipodes des préoccupations de la chair. Elles rendaient compte de ses études, de ses espoirs divers dans le domaine intellectuel avec, à l'occasion, une citation des classiques. De temps à autre, cependant, la nature animale reprenait le dessus par le biais d'une petite phrase comme celle-ci, écrite visiblement à la va-vite et d'une main tremblante, après l'inspection de la lettre : « Ma chère maman, n'oublie pas de m'envoyer un gâteau et mets-y beaucoup de citron. »

La « chère maman » répondait probablement à son petit garçon sous la forme de gâteaux et autres bonnes choses, car dans ce paquet il n'y avait pas trace de ses lettres. Par contre, des lettres, il y en avait beaucoup de la main du recteur, à qui le latin dans les envois de son fils faisait le même effet que le son d'un clairon aux oreilles d'un vieux destrier. Je ne suis pas experte dans cette langue, mais je ne la crois pas très utile – du moins à en juger par les bribes qui me sont restées des lettres du recteur. Ainsi : « Tu n'as pas cette ville sur ta carte d'Irlande, mais *Bonus Bernardus non videt omnia*[1], comme disent les Proverbes. »

Bientôt il devenait évident que le « pauvre Peter » se fourrait dans plus d'un guêpier. Il y avait des lettres à son père où il exprimait pompeusement des regrets pour sa mauvaise conduite, dans le nombre ce billet, mal écrit, mal fermé, taché d'encre, avec une adresse erronée : « Ma chère, ma très chère maman, je me corrigerai. Je te le jure. Mais, s'il te plaît, ne te rends pas malade à cause de moi. Je n'en vaux pas la peine. Mais je serai sage, maman chérie. »

Après lecture de ce billet, les sanglots empêchèrent Mlle Matty de parler. Elle me le montra sans un mot, puis se leva et l'emporta pour le mettre dans un tiroir secret de sa chambre, de crainte que par hasard il n'échappât point à la fureur des flammes. « Pauvre Peter ! dit-elle. Il se mettait toujours dans de mauvais pas. Il était sans méfiance. On le faisait sortir du droit chemin, puis on le laissait se débrouiller seul. Mais il aimait trop la polissonnerie. Il ne résistait pas à l'idée d'une bonne farce. Pauvre Peter ! »

1. « Le bon Bernard ne voit pas tout. »

# 6

# Le pauvre Peter

La carrière qui s'ouvrait devant le pauvre Peter avait été assez agréablement conçue par de bons amis, mais *Bonus Bernardus non videt omnia,* et cela s'appliquait aussi au plan en question. Il devait glaner des honneurs à l'école de Shrewsbury pour ensuite en porter la gerbe à Cambridge, enfin recueillir le bénéfice ecclésiastique prévu pour lui, le don de son parrain, Sir Peter Arley. Pauvre Peter ! Son lot fut sensiblement différent de ce que ses amis avaient espéré et projeté. Mlle Matty me dit tout, et je crois que cette confidence la soulagea.

Il était l'enfant chéri de sa mère, qui semblait raffoler de chacun de ses enfants, bien qu'elle fût peut-être un peu intimidée par la valeur des connaissances de Déborah. Déborah était la préférée de son père et, quand Peter le déçut, elle devint sa fierté. La seule distinction que Peter ramena de Shrewsbury fut la réputation qu'il s'acquit d'être le plus brave garçon que la terre eût porté et le meilleur de l'école pour ce qui était de réussir une bonne farce. Son père en fut navré mais se mit en devoir d'y porter remède par la manière forte. Il ne pouvait s'offrir le luxe de confier son fils aux soins d'un tuteur, mais il était capable de s'occuper de lui personnellement, et Mlle Matty me raconta tout ce qui fut prévu en matière de dictionnaires et de lexiques dans le bureau paternel pour le jour où Peter commencerait à y travailler.

« Ma pauvre mère ! me dit-elle. Je me la rappelle debout dans le couloir, assez près de la porte du bureau pour pouvoir saisir les intonations de la voix de mon père. Un moment à la regarder me suffisait pour savoir si tout allait bien. Et pendant longtemps ce fut le cas.

— Qu'est-ce qui finit par aller de travers ? Sans doute ce fichu latin.

— Non, pas le latin. Peter était dans les petits papiers de mon père, car avec lui il travaillait bien. Mais il paraissait croire qu'on pouvait s'amuser des habitants de Cranford et les tourner en ridicule. Cela ne leur plaisait pas. Cela ne plaît à personne. Il leur faisait sans cesse des blagues. "Blagues" n'est pas un joli mot, ma chère enfant, et j'espère que vous ne direz pas à votre père que je m'en suis servie. Je n'aimerais pas qu'il allât croire que je ne suis pas délicate dans le choix de mon vocabulaire après avoir eu la chance de partager la vie d'une femme comme Déborah. Faites attention vous-même à ne pas l'utiliser. Je ne sais pas comment cela a pu m'échapper, sinon parce que je pensais à ce pauvre Peter qui n'avait que ce mot à la bouche. Mais à bien des égards c'était quelqu'un de très comme il faut. Il ressemblait à ce cher capitaine Brown en ce qu'il était toujours prêt à porter secours à une vieille personne ou à un enfant. Malgré tout, il aimait plaisanter et rire, et il semblait penser que les vieilles dames de Cranford étaient prêtes à croire n'importe quoi. Il y avait beaucoup de vieilles dames dans la ville en ce temps-là. Je sais bien qu'aujourd'hui les habitants sont principalement des dames, mais nous ne sommes pas aussi âgées qu'autrefois quand j'étais petite.

J'ai envie de rire quand je pense à certaines des plaisanteries de Peter. Non, ma chère enfant, je ne vous en dirai rien, parce qu'elles pourraient ne pas vous scandaliser comme elles le devraient, alors qu'elles étaient très choquantes. » Il piégea même mon père en une occasion. Il se donna pour une dame de passage dans la ville et désireuse de rencontrer le recteur de Cranford qui avait publié « cet admirable sermon pour les assises ». Peter racontait que lui-même avait pris peur en voyant comment mon père se laissait abuser et offrait même de copier tous ses sermons sur Napoléon Bonaparte à son intention – à l'intention de Peter, veux-je dire – non, pour elle, car Peter à ce moment était une dame. Il me dit qu'il n'avait jamais été aussi terrorisé qu'en écoutant parler mon père. Il ne pensait pas qu'il l'aurait cru, et pourtant, dans le cas contraire, il n'en aurait pas mené large. En l'espèce, il n'eut pas beaucoup l'occasion de se réjouir, car mon père le fit travailler d'arrache-pied à copier les douze sermons sur Bonaparte pour servir cette dame – je veux dire pour servir Peter – c'était lui, la dame. Un jour qu'il voulait aller à la pêche, Peter dit : « La peste soit de cette femme ! » C'était très mal parler, ma petite, mais Peter n'était pas toujours sur ses gardes autant qu'il aurait dû l'être. Mon père fut si furieux que je faillis en devenir folle, et pourtant j'avais du mal à m'empêcher de rire devant les petites révérences que Peter ne cessait de faire en cachette à chaque fois que mon père parlait de l'excellent goût de la dame et de la sûreté de ses choix.

— Est-ce que Mlle Jenkyns était au courant de ces tours ? demandai-je.

— Oh non ! Déborah en aurait été trop horrifiée. Non, non, personne n'était dans la confidence que moi. Il est dommage que je n'aie pas toujours été dans le secret des projets de Peter, mais il lui arrivait de ne rien me confier. Il disait que les vieilles dames de Cranford avaient besoin d'un sujet de conversation. Mais je n'en crois rien. Elles avaient à leur disposition la *St James's Chronicle* trois fois par semaine, tout comme maintenant, et nous savons quoi dire. Je me rappelle bien comme ça jacassait continuellement quand deux de ces dames se rencontraient. Il est probable toutefois que les écoliers soient plus bavards que les dames. Finalement, il se produisit quelque chose de terrible et de lamentable. »

Mlle Matty se leva. Elle alla jusqu'à la porte, l'ouvrit. Il n'y avait personne. Elle sonna Martha et, quand elle vint, sa maîtresse l'envoya chercher des œufs dans une ferme à l'autre bout de la ville.

« Je fermerai derrière vous, Martha. Vous n'avez pas peur d'y aller ?

— Non, madame, pas du tout. Jim Hearn ne sera que trop fier de m'accompagner. »

Mlle Matty se raidit. Dès que nous fûmes seules, elle regretta que Martha ne fît pas preuve de plus de pudeur féminine.

« Nous allons éteindre la bougie, ma chère. Nous serons aussi à l'aise pour parler à la lueur du feu, n'est-ce pas ? Parfait. Eh bien, vous voyez, Déborah s'était absentée pour une quinzaine de jours. C'était une journée calme et paisible, je m'en souviens. Les lilas étaient tout fleuris, donc je suppose que c'était le printemps. Mon père était parti visiter des malades dans la paroisse. Je le vois encore quitter la maison avec sa perruque, son grand chapeau et sa canne. Ce qui prit à notre pauvre Peter, je l'ignore. Il était on ne peut plus gentil, et pourtant il semblait toujours trouver plaisir à taquiner Déborah. Elle ne riait jamais de ses plaisanteries, le trouvait grossier et ne s'intéressant pas suffisamment à ses progrès. Cela le contrariait.

Quoi qu'il en soit, il monta dans la chambre de Déborah, à ce qu'il semble, et s'habilla avec sa vieille robe, son châle, son bonnet, ce qu'elle portait d'ordinaire à Cranford et à quoi on la reconnaissait partout. De l'oreiller, il fit un petit – êtes-vous sûre d'avoir fermé la porte à clef, mon enfant ? Je n'aimerais pas qu'on puisse entendre – un petit bébé, tout emmailloté de blanc. C'était seulement – comme il me le dit plus tard – pour donner à la ville de quoi se délier la langue. Dans son esprit, cela ne devait pas affecter Déborah. Après cela, il est allé faire les cent pas dans l'allée de coudriers, à moitié caché seulement par la clôture, tout en câlinant son oreiller comme si c'était un bébé, lui racontant toutes les bêtises qu'on dit en pareil cas.

Mais ne voilà-t-il pas que mon père remonta la rue, dignement, comme à son habitude. Il vit un petit attroupement – je dirais vingt personnes – écarquillant les yeux à travers la clôture du jardin ! Il crut d'abord qu'ils regardaient seulement un nouveau rhododendron tout fleuri dont il était très fier. Il ralentit le pas pour leur laisser le temps d'admirer. Ne pouvait-il pas à cette occasion écrire un sermon ? N'y avait-il pas un lien entre les rhododendrons et les lis des champs dont parle la Bible ? Mon pauvre père ! En s'approchant, il se mit à se demander pourquoi ils ne le voyaient pas. C'est que leurs têtes étaient si rapprochées et si occupées à lorgner encore et encore !

Mon père se retrouva au milieu d'eux. Il songeait, à ce qu'il dit, à les inviter à entrer dans le jardin avec lui pour admirer les belles fleurs quand – ah là là ! je tremble, rien que d'y penser – il regarda lui-même à travers les lisses et vit... je ne sais pas ce qu'il crut voir, mais le vieux Clare me dit que son visage devint blanc de colère. Ses yeux flambèrent sous le froncement de ses sourcils. Il parla – il fulmina –, leur ordonna de rester tous là où ils étaient. Personne ne devait partir ni bouger. Rapide comme l'éclair, il poussa la porte du jardin, descendit l'allée de coudriers, saisit au collet le pauvre Peter, lui arracha ses vêtements, bonnet, châle, robe, tout y passa. Il jeta l'oreiller parmi les badauds par-dessus la clôture. Sa colère était immense. Devant tous ces gens réunis, il leva sa canne et infligea à Peter une volée de coups de bâton.

Ma chère enfant, ce tour de garnement, par un jour de grand soleil, alors que tout paraissait bien aller, brisa le cœur de ma mère et changea mon père pour la vie. À n'en pas douter. Le vieux Clare nous dit que Peter était aussi blanc que mon père et qu'il attendait les coups, immobile comme une statue. Mon père frappait comme un forcené. Quand il s'arrêta pour reprendre haleine, Peter dit : "Cela vous suffit-il, monsieur ?" d'une voix enrouée mais toujours sans bouger. Je ne sais pas ce que répondit mon père, ou s'il ouvrit la bouche pour lui répondre. Mais le vieux Clare nous rapporta que Peter se tourna vers les gens qui étaient dehors, les salua bien bas, avec la dignité et la gravité d'un homme respectable. Puis, lentement, il rentra dans la maison.

J'étais dans la réserve où j'aidais ma mère à faire de la liqueur de primevère. Je ne peux pas souffrir cette liqueur à présent, pas plus que l'odeur des fleurs. Elles me rendent malade, comme ce jour-là, quand Peter entra, avec autant de hauteur qu'un homme peut en avoir. Il avait l'air d'un monsieur, pas d'un enfant. "Maman, dit-il, je suis venu te dire : 'Dieu te bénisse jusqu'à la fin de tes jours !'" Je vis ses lèvres trembler pendant qu'il parlait. Je crois qu'il n'osa pas dire quelque chose de plus tendre, à cause de ce qu'il méditait de faire. Elle lui jeta un regard effaré, ahuri, et lui demanda ce qui se passait. Il ne sourit pas, ne dit rien mais l'entoura de ses bras et l'embrassa, comme s'il ne savait pas comment la quitter. Avant qu'elle pût lui parler, il était parti. Nous nous consultâmes sans rien comprendre. Elle me dit d'aller trouver mon père pour lui demander des explications. Il faisait les cent pas, l'air très mécontent.

"Dis à ta mère que j'ai corrigé Peter, et qu'il l'avait amplement mérité."

Je n'osai pas le questionner davantage. Lorsque je racontai cela à ma mère, elle s'assit, prise de faiblesse, un bref instant. Je me rappelle que, quelques jours plus tard, je vis les pauvres fleurs de primevère toutes fanées, jetées sur le tas de feuilles mortes pour s'y décomposer et périr. On ne fit pas de liqueur de primevère cette année-là au presbytère. À vrai dire, on n'en fit jamais plus.

Ma mère bientôt alla trouver mon père. Je sais que cela me fit penser à Esther devant le roi Ahasvérus, car ma mère était très jolie, offrait une apparence délicate, et mon père avait l'air aussi impressionnant que le roi Ahasvérus. Peu après, ils sortirent ensemble. Alors ma mère me mit au courant de ce qui s'était passé. Elle me dit que pour obéir à mon père elle montait à la chambre de Peter – elle lui cacherait qui l'y avait engagée – pour parler avec lui de la situation. Mais Peter n'y était pas. Nous cherchâmes partout dans la maison : pas trace de Peter. Même mon père, qui avait répugné d'abord à se joindre aux recherches, avant longtemps vint nous aider. Le presbytère était une très vieille demeure, avec partout des marches pour monter ou descendre d'une pièce à une autre. D'abord ma mère appela à voix basse, doucement, comme pour rassurer le pauvre garçon : "Peter ! mon cher Peter ! Ce n'est que moi !", mais bientôt, lorsque les domestiques revinrent des différentes directions où mon père les avait envoyés, lorsqu'il nous fallut constater qu'il n'était ni dans le jardin, ni dans le grenier à foin, ni nulle part ailleurs, ma mère se mit à crier plus fort et moins raisonnablement : "Peter ! Peter, mon chéri ! Où es-tu ?", car elle sentait et comprenait que ce long baiser signifiait une sorte d'au revoir plein de tristesse.

L'après-midi passa sans que ma mère cessât de bouger, de chercher encore et encore où l'on avait déjà cherché vingt fois, où elle-même avait déjà cherché vingt fois. Mon père restait assis, la tête dans les mains, sans dire un mot, sauf lorsque ceux qu'il avait mis en mouvement rentraient bredouilles. Alors il découvrait un visage où se lisait l'énergie, mais aussi la désolation, et il leur ordonnait de repartir dans une autre direction. Ma mère passait de pièce en pièce, sortait, rentrait, se déplaçait sans bruit, sans relâche. Ni mon père ni elle n'osaient quitter la maison, qui était le rendez-vous de tous les enquêteurs. Finalement (il faisait presque nuit) mon père se leva. Il prit le bras de ma mère, tandis que tristement, hagarde, elle entrait par une porte pour vite sortir par une autre. Elle frémit au contact de sa main, comme si dans le monde elle ne connaissait plus que Peter.

"Molly, dit-il. Je ne pensais pas que cela pût arriver."

Il la regarda pour chercher du réconfort dans ses traits, elle dont le visage était si pâle et si défait, car ni elle ni mon père n'avaient osé admettre (et moins encore, agir selon cette conviction) qu'en leurs cœurs ils redoutaient que Peter eût eu recours au suicide. Dans les yeux désolés et fiévreux de ma mère, mon père ne perçut aucune réaction, et lui fit défaut la sympathie qu'elle avait toujours été prête à lui donner. En dépit de sa force, devant le désespoir muet qu'elle découvrait, il se mit à verser des larmes. Cependant, quand elle le vit, son visage exprima un chagrin sans violence, et elle dit : "John, mon très cher John, ne pleurez pas. Venez avec moi. Nous le trouverons", et cela avec presque autant d'assurance que si elle avait su où il se cachait. Elle prit dans sa petite main la grosse main de mon père et le conduisit, toujours en larmes, tandis qu'il continuait cette marche épuisante de pièce en pièce, à travers la maison et dans le jardin.

Il faisait nuit maintenant, mais les portes étaient toutes grandes ouvertes, et mon père comme ma mère ne cessaient de déambuler. Il y avait plus d'une heure qu'il l'avait rejointe, et je ne crois pas que depuis ils eussent échangé une parole. Je fis allumer du feu au petit salon, l'une des domestiques prépara le thé, car je voulais qu'ils eussent quelque chose à manger et à boire, et qui les réchauffât, quand le vieux Clare demanda à me parler.

"J'ai emprunté les filets au barrage, mademoiselle Matty. Est-ce qu'on drague les étangs ce soir, ou attendons-nous demain matin ?"

Je me rappelle l'avoir regardé droit dans les yeux, pour comprendre ce qu'il avait en tête. Quand je compris, je me mis à rire tout haut. Comme était horrible cette nouvelle hypothèse, l'idée de notre cher Peter, si brillant, devenu froid, rigide, mort ! Encore aujourd'hui, j'entends résonner mon rire.

Le lendemain vit le retour de Déborah. Je n'avais pas encore retrouvé mes esprits. Elle n'aurait pas eu la faiblesse de s'effondrer comme je l'avais fait. Mais mes cris (mon rire affreux avait dégénéré en cris) avaient tiré ma mère de sa torpeur. Elle disposait de toute sa raison aussitôt qu'un de ses enfants avait besoin de ses soins. Déborah et elle ne quittèrent pas mon chevet. À les regarder, je savais qu'on n'avait rien appris de neuf sur Peter, qu'il n'y avait pas d'affreuses nouvelles, ce que j'avais craint le plus dans mon état comateux, entre sommeil et veille.

Ce même résultat des recherches entreprises avait apporté à ma mère quelque chose d'un même soulagement. La pensée que Peter pouvait fort bien être retrouvé pendu dans les alentours l'avait amenée le jour précédent à marcher sans cesse. Jamais plus ses yeux ne retrouvèrent la même douceur. Ils gardèrent la même inquiétude, le même regret, comme s'ils cherchaient ce qu'ils ne pouvaient atteindre. Oh ! ce fut une période épouvantable, venant comme un coup de tonnerre au milieu d'une journée ensoleillée et paisible où les lilas étaient en fleur.

— Mais où était passé M. Peter ? demandai-je.

— Il avait gagné Liverpool. Nous étions en guerre à cette époque. Des bateaux de la marine royale mouillaient au large de l'embouchure de la Mersey. Ils ne se firent pas prier pour engager un garçon comme lui, beau et fort (il faisait un mètre soixante-douze), venu se proposer. Le capitaine écrivit à mon père, et Peter écrivit à sa mère. Un moment. Les lettres doivent être quelque part par là. »

Nous allumâmes la bougie et trouvâmes la lettre du capitaine, ainsi que celle de Peter. Nous découvrîmes aussi une petite lettre de Mme Jenkyns à son fils où elle le suppliait. Elle avait été adressée à la maison d'un ancien camarade d'école où elle pensait qu'il avait pu se rendre. On l'avait retournée sans l'ouvrir, et depuis elle était demeurée dans le même état, rangée par inadvertance parmi les autres lettres de la même période. Voici ce qu'elle disait :

Mon très cher Peter,

Tu n'as pas dû croire que nous serions aussi désolés que nous le sommes, je n'en doute pas, ou tu ne serais jamais parti. Tu as trop bon cœur pour cela. Ton père reste à la même place et pousse des soupirs qui me fendent le cœur. Le chagrin l'empêche de lever la tête, et pourtant il n'a fait que ce qu'il pensait être de son devoir. Peut-être a-t-il été trop sévère, et peut-être n'ai-je pas été assez bonne, mais Dieu sait comme nous t'aimons, mon cher petit, notre seul garçon. Dor est tout triste de te savoir parti. Reviens, pour notre bonheur, à nous qui t'aimons tant. Je suis sûre que tu reviendras.

Mais Peter ne revint pas. Ce jour de printemps fut le dernier où il vit le visage de sa mère. L'auteur de la lettre, la dernière personne – la seule – à avoir jamais eu sous les yeux ce qu'elle contenait avait depuis longtemps disparu, tandis que moi, étrangère, qui n'étais pas née lors de cet événement, étais celle qui devait l'ouvrir.

La lettre du capitaine invitait le père et la mère à se rendre à Liverpool sans perdre de temps s'ils voulaient revoir leur fils. Par un de ces hasards qui jalonnent l'existence, cette lettre avait été retardée quelque part, mystérieusement.

Mlle Matty reprit : « C'était la saison des courses de chevaux. Tous les chevaux de poste y étaient allés. Mon père et ma mère pourtant décidèrent de partir dans leur cabriolet. Hélas, ma chère enfant, ils arrivèrent trop tard. Le bateau était loin. Maintenant, lisez la lettre de Peter à ma mère. »

Elle était pleine de tendresse, de désolation, de fierté dans sa nouvelle profession et d'un sentiment très vif de l'humiliation subie sous le regard des habitants de Cranford. Mais elle se terminait par un vibrant appel, la priant de venir le voir avant son départ de la Mersey.

« Maman, il se peut que nous nous battions. Je l'espère, et que nous flanquerons une raclée à ces Français. Mais il faut qu'avant je te voie. »

« Et elle arriva trop tard, dit Mlle Matty, trop tard. »

Nous gardâmes le silence, méditant le sens de ces mots chargés de tristesse. Finalement, je demandai à Mlle Matty de me dire comment sa mère avait supporté l'épreuve.

« Oh ! s'écria-t-elle, elle était la patience même. Elle n'avait jamais été forte, mais cela l'affaiblit considérablement. Mon père la regardait, beaucoup plus abattu qu'elle ne pouvait l'être. On aurait cru, quand elle était là, que rien d'autre ne pouvait capter son regard. Et il était devenu si humble – si doux. Il lui arrivait sans doute de parler comme avant, avec autorité pour ainsi dire, mais, l'instant d'après, il se reprenait. Il nous mettait la main sur l'épaule et, à voix basse, nous demandait s'il nous avait blessées. Je n'étais pas surprise de l'entendre parler ainsi à Déborah, parce qu'elle était si intelligente. Mais je n'acceptais pas de lui voir adopter le même ton avec moi.

C'est que, voyez-vous, il percevait ce qui nous échappait, que ma mère ne s'en remettrait pas. Oui, ce serait sa fin (éteignez cette bougie, ma chère enfant, je suis plus à l'aise pour parler dans l'obscurité), car en définitive elle était frêle et peu faite pour supporter la peur et le traumatisme qu'elle avait subis. Elle souriait à mon père et le réconfortait, non par des mots mais par des regards, des inflexions de la voix. Elle savait rester gaie quand il était là. Elle disait sa conviction que bientôt Peter aurait une bonne chance de devenir amiral, tant il était brave et intelligent. Elle envisageait de le voir dans son uniforme de marin, se demandait quelle coiffure portaient les amiraux. Peter était bien mieux fait pour entrer dans la marine que pour devenir pasteur, et ainsi de suite, pour que mon père puisse penser qu'elle était contente de ce qui était résulté des opérations de cette malheureuse matinée et de la correction qui lui était restée en l'esprit, comme nous le savions tous.

Mais ah là là, ma chère ! Comme elle pleurait amèrement quand elle était seule ! À la fin, plus faible, elle ne pouvait retenir ses larmes en présence de Déborah ou de moi quand nous passions par là et nous confiait pour Peter message après message (son bateau était parti pour la Méditerranée, ou quelque part par là, puis on les avait dirigés vers les Indes et, en ce temps-là, il n'y avait pas d'accès par terre).

Elle persistait à dire que nul ne sait où la mort l'attend et que nous ne devions pas penser que la sienne était proche. Nous ne le pensions pas, mais nous le savions, car sous nos yeux elle dépérissait.

Ma chère enfant, c'est stupide de ma part, je sais bien, alors que, selon toute vraisemblance, je la reverrai bientôt.

Et voyez-vous ça, ma chérie ! Le lendemain même de sa mort – car elle ne survit pas un an au départ de Peter –, le lendemain même, il vint pour elle un paquet des Indes de son pauvre garçon. C'était un grand châle de là-bas, blanc, très doux, avec juste une petite bordure tout autour, précisément ce qu'elle aurait aimé.

Nous pensions que cela pourrait aider à rendre vie à mon père, car toute la nuit il avait gardé sa main dans la sienne. Déborah donc lui porta le paquet, la lettre de Peter à sa mère, tout cela. Au début, il n'y fit pas attention. Nous essayâmes de traiter le sujet à la légère, de parler du châle, de le déployer, de l'admirer. Brusquement, il se leva et dit : "Nous l'enterrerons dans ce châle. Peter aura cette consolation, et cela lui aurait plu."

Peut-être n'était-ce pas raisonnable, mais que pouvions-nous dire ou faire ? Les gens qui souffrent, on les laisse agir à leur guise. Il prit le châle, en tâta l'étoffe. "C'est précisément le châle dont elle rêvait quand elle s'est mariée. Sa mère ne le lui a pas donné. Je ne l'ai su qu'après, sans quoi elle l'aurait eu. Mais elle l'aura maintenant."

Ma mère dans la mort avait l'air si jolie ! Elle l'avait toujours été, mais maintenant elle était belle, pâle, jeune, plus jeune que Déborah, frissonnante, tremblante à ses côtés. Nous l'avons couverte des longs plis soyeux. Elle souriait, comme heureuse. Les gens sont venus. Tout Cranford était là. Ils avaient demandé à la voir, car ils l'avaient tous beaucoup aimée, comme elle le méritait bien. De la campagne on apporta des bouquets de fleurs. La femme du vieux Clare amena des violettes blanches à mettre sur sa poitrine.

Déborah me dit, le jour des obsèques de ma mère, que si elle recevait une centaine de demandes, elle ne se marierait pas et ne quitterait pas mon père. Il n'était guère à envisager qu'elle en eût autant. Je ne sache pas qu'elle en ait eu une. Ce n'était pas moins à son honneur de le dire. Mon père eut une fille en elle comme à mon sens il n'y en eut jamais, et il n'y en aura jamais. Sa vue faiblit, et elle lut pour lui livre après livre, prit la plume, copia, se mit toujours à sa disposition pour le service de la paroisse. Elle pouvait faire bien davantage que ma pauvre mère. Un jour même elle écrivit pour lui une lettre à l'évêque. Mais ma mère lui manqua beaucoup. Tout le monde le remarqua dans la paroisse. Ce n'était pas qu'il ralentît son activité. Au contraire, je crois qu'il fut plus actif et plus patient dans l'aide qu'il apporta à chacun. Je faisais mon possible pour que Déborah eût tout loisir de le seconder, car je savais que je n'étais pas bonne à grand-chose et que ce que je pouvais faire de mieux au monde était sans bruit de m'acquitter de mes petites tâches pour libérer les autres. Mais mon père ne fut plus jamais le même.

— Est-ce que M. Peter revint jamais à la maison ?

— Oui, une fois. Il vint en lieutenant. Il ne devint jamais amiral. Mon père et lui étaient de tels amis ! Mon père l'emmena dans toutes les habitations de la paroisse, tant il en était fier. Il ne sortait jamais sans s'appuyer sur le bras de Peter. Déborah souriait (je ne crois pas que nous ayons jamais ri après la mort de ma mère) et disait qu'elle était mise au rancart. Mon père n'était pas moins désireux de ses services quand il fallait écrire une lettre ou lire, ou quand il y avait un problème à résoudre.

— Et ensuite ? dis-je, après un silence.

— Ensuite Peter retourna sur la mer et, avant longtemps, mon père mourut, nous donnant sa bénédiction à l'une et à l'autre et remerciant Déborah de toute l'aide qu'elle lui avait apportée. Bien sûr, nos conditions de vie ne furent plus les mêmes. Au lieu d'habiter le presbytère, d'avoir trois femmes à notre service et un valet, il nous fallut changer pour cette petite maison et nous contenter d'une bonne à tout faire. Mais, comme disait Déborah, nous avons toujours vécu en membres de la bonne société, même si les revers de fortune nous ont contraintes à la simplicité.

— Et M. Peter ? demandai-je.

— Eh bien, il y a eu une grande guerre aux Indes (j'oublie le nom qu'on lui donne) et depuis nous n'avons jamais eu de ses nouvelles. Personnellement, je crois qu'il est mort, et cela me trouble de penser que nous n'avons jamais porté son deuil. Et puis aussi, quand je suis toute seule et que le calme règne dans la maison, il me semble entendre son pas dans la rue, et mon cœur se met à battre fort et à palpiter. Mais le bruit s'éloigne, et Peter ne vient pas.

C'est Martha qui est de retour ? Non, j'y vais, ma chère enfant. Je parviens toujours à trouver mon chemin dans le noir, vous savez. Une bouffée d'air frais me fera du bien. J'ai tendance à souffrir de maux de tête. »

Elle partit en trottinant. J'avais allumé la bougie pour que la pièce quand elle reviendrait parût plus gaie.

« Était-ce Martha ? demandai-je.

— Oui. Et cela m'a retournée, car j'ai entendu un bruit bizarre au moment d'ouvrir la porte.

— Où cela ? »

De peur, ses yeux s'étaient arrondis.

« Dans la rue – dehors – on aurait dit…

— Des voix ? »

Elle hésita un peu.

« Non, des baisers. »

## 7

## Une visite

Un matin que Mlle Matty et moi étions occupées à nos différents ouvrages (c'était avant midi ; Mlle Matty avait gardé le bonnet aux rubans jaunes qui avait été le plus beau bonnet de Mlle Jenkyns ; Mlle Matty le portait en privé, le changeant pour celui qui avait été fait en imitation de celui de Mme Jamieson à chaque fois qu'elle s'attendait à être vue), Martha monta demander si Mlle Betty Barker pouvait parler à sa maîtresse. Mlle Matty donna son accord et s'éclipsa bien vite pour faire disparaître les rubans jaunes, tandis que Mlle Barker s'engageait dans l'escalier. Cependant, comme Mlle Matty avait oublié ses lunettes et qu'elle était troublée par une visite aussi intempestive, je ne fus pas surprise de la voir revenir avec un bonnet par-dessus l'autre. Elle n'en avait pas du tout conscience et nous regardait avec une satisfaction tranquille. Je ne crois pas non plus que Mlle Barker s'en aperçut car, compte non tenu de ce détail qu'elle n'était plus aussi jeune que par le passé, elle était obnubilée par sa commission, dont elle s'acquitta avec une pesante modestie qui ne trouva un exutoire que dans des excuses qui n'en finissaient pas.

Mlle Betty Barker était la fille du vieux sacristain de Cranford qui avait officié du temps de M. Jenkyns. Sa sœur et elle avaient trouvé des places assez lucratives comme caméristes dans la bonne société, et elles avaient mis de côté assez d'argent pour ouvrir une boutique de mode qui s'était acquis la clientèle des dames du voisinage. Lady Arley, par exemple, à l'occasion donnait aux demoiselles Barker le patron d'un de ses vieux bonnets. Elles le copiaient tout aussitôt et le montraient à l'élite de Cranford. Je dis bien *élite*, car les demoiselles Barker avaient fait leur la façon de parler de l'endroit et se vantaient de leurs « relations dans l'aristocratie ». Elles refusaient de vendre bonnets et rubans à qui ne pouvait faire valoir un arbre généalogique. Plus d'une fermière, ou d'une fille de fermier, prenait la porte froissée, après avoir été privée des confections distinguées des demoiselles Barker, pour se diriger vers le magasin où l'on vendait de tout. Là, les profits du savon noir et du sirop de sucre permettaient au propriétaire de se fournir directement à Londres (il avait dit Paris jusqu'au jour où il avait découvert des clientes trop patriotes et trop chauvines pour porter ce qui faisait le bonheur des mangeurs de grenouilles). À Londres, disait-il souvent à ses clientes, la reine Adélaïde est parue en public, seulement huit jours plus tôt, avec un bonnet exactement semblable à celui que je vous montre, avec des rubans bleus et jaunes, et elle a été complimentée par le roi William pour le caractère seyant de sa coiffure.

Les demoiselles Barker, qui se contentaient de dire la vérité et n'étaient pas favorables à une clientèle diversifiée, n'en prospéraient pas moins. C'étaient de braves personnes menant une vie frugale. Plus d'une fois j'ai vu l'aînée (celle qui avait servi chez Mme Jamieson) porter un mets délicat chez un pauvre. Elles ne faisaient que singer plus haut dans la hiérarchie en refusant tout contact avec la classe qui leur était immédiatement inférieure. Lorsque l'aînée mourut, bénéfices et revenus furent découverts suffisants pour que la cadette pût raisonnablement fermer sa boutique et se retirer des affaires. Elle décida aussi (je crois en avoir parlé) d'avoir une vache à elle, ce qui à Cranford était une marque de respectabilité presque aussi sûre que la possession d'un cabriolet chez d'autres. Elle s'habilla avec plus de soin que toutes les dames de la ville, et nous n'en fûmes pas surprises, car on crut y voir qu'elle usait de cette façon tous les bonnets, toutes les coiffes et tous les rubans extravagants qui autrefois avaient constitué son fonds de commerce. Cela faisait cinq à six ans qu'elle avait fermé boutique, aussi ailleurs qu'à Cranford sa manière de se vêtir eût été jugée désuète.

À présent, Mlle Betty Barker était venue inviter Mlle Matty à prendre le thé chez elle le mardi suivant. J'eus droit moi aussi à une invitation, au pied levé, comme il se trouvait que j'étais là en visite, bien qu'il me fût possible de voir qu'elle craignait un peu, puisque mon père était parti habiter Drumble, qu'il ne se fût engagé dans « l'abominable commerce du coton » et n'eût ainsi entraîné sa famille hors des limites de la « société aristocratique ». Elle préfaça son invitation de tant d'excuses que cela éveilla ma curiosité.

Il fallait lui pardonner sa « présomption ». Qu'avait-elle bien pu faire ? Elle en paraissait si bouleversée qu'on pouvait seulement l'imaginer avoir écrit à la reine Adélaïde pour lui demander une recette pour blanchir la dentelle. En réalité, pourtant, ce geste présomptueux n'était rien d'autre qu'une invitation faite à l'ancienne maîtresse de sa sœur, Mme Jamieson.

En considération du métier qu'elle avait précédemment exercé, Mlle Matty pouvait-elle excuser la liberté qu'elle prenait ? Ah ! pensai-je, elle a découvert le double bonnet et va rectifier la coiffure de Mlle Matty. Mais non ! Elle voulait seulement étendre son invitation à Mlle Matty et à moi. Mlle Matty s'inclina pour accepter, et je fus étonnée de voir que dans ce geste gracieux elle ne sentait pas le poids inhabituel et la hauteur extraordinaire de ce qu'elle portait sur le sommet du crâne. Pourtant je crois qu'elle n'en prit pas conscience, car elle retrouva son équilibre et continua à causer à Mlle Betty aimablement et avec condescendance, d'une manière bien différente de la nervosité qu'elle aurait manifestée si elle avait soupçonné l'étrangeté de l'apparence qu'elle offrait.

« Mme Jamieson vient, si je vous ai bien comprise ? demanda-t-elle.

— Oui. Mme Jamieson, très gentiment et avec beaucoup de bienveillance, m'a dit qu'elle serait heureuse de venir. Elle a seulement stipulé qu'elle amènerait Carlo. Je lui ai répondu que si j'avais un faible, c'était pour les chiens.

— Et Mlle Pole ? interrogea Mlle Matty, qui avait à l'esprit sa partie de préférence, où Carlo ne pouvait servir de partenaire.

— Je vais lui en parler. Bien sûr, je ne pouvais songer à le faire avant d'être passée vous voir, madame – la fille du recteur. Croyez-moi, je n'oublie pas la fonction qu'avait mon père au service du vôtre.

— Vous inviterez aussi Mme Forrester, bien sûr ?

— Oui, Mme Forrester. J'avais l'intention en fait d'y aller avant de rendre visite à Mlle Pole. Bien que sa situation de fortune ait changé, madame, elle est née Tyrrell, et il est impossible d'oublier le lien de parenté qu'elle a contracté avec les Bigg, de Bigelow Hall. »

Mlle Matty s'intéressait bien davantage au fait d'importance mineure qu'elle jouait très bien aux cartes.

« Mme Fitz-Adam, je suppose.

— Non, madame. Je dois marquer une limite quelque part. Mme Jamieson n'aimerait pas, je crois, côtoyer Mme Fitz-Adam. J'ai le plus grand respect pour Mme Fitz-Adam, mais je ne puis la considérer comme digne de tenir compagnie à des dames comme Mme Jamieson et Mlle Matilda Jenkyns. »

Mlle Betty Barker s'inclina profondément devant Mlle Matty et se pinça les lèvres. Elle me jeta un regard en coin empreint de dignité qui équivalait à dire que, bien qu'ancienne modiste, elle n'était pas démocrate et comprenait quelque chose de la hiérarchie sociale.

« Puis-je vous demander de venir dans mon humble demeure à une heure aussi proche que possible de six heures et demie, mademoiselle Matilda ?

Mme Jamieson dîne à cinq heures, mais elle a aimablement promis de ne pas retarder sa visite au-delà de ce que je vous ai dit – six heures et demie. »

Sur une profonde révérence, Mlle Betty Barker prit congé.

Je prophétisai une visite l'après-midi même de Mlle Pole, qui d'ordinaire passait voir Mlle Matilda après tout fait marquant – ou, à vrai dire l'attente de tout fait marquant – pour en discuter avec elle.

« Mlle Betty m'a dit que cela concernerait seulement quelques invitées de marque, avança Mlle Pole, tandis que Mlle Matty et elle comparaient ce qu'il leur avait été donné d'apprendre.

— Oui, c'est ce que j'ai compris. Il n'y aura pas même Mme Fitz-Adam. »

Or, cette Mme Fitz-Adam était une veuve, la sœur du médecin de Cranford, dont j'ai déjà eu l'occasion de citer le nom. Leurs parents étaient d'honorables fermiers, satisfaits de la place qu'ils occupaient dans la société. Ces braves gens avaient nom Hoggins. M. Hoggins à présent exerçait la médecine dans notre ville. Ce nom ne nous plaisait pas. Nous le trouvions grossier. Mais, comme disait Mlle Jenkyns, en le changeant pour Piggins, il n'y aurait pas vraiment gagné[1]. Nous avions espéré découvrir un lien de parenté entre lui et la marquise d'Exeter, qui se nommait Molly Hoggins, mais l'homme, ne sachant pas où était son intérêt, dédaignait et refusait une parenté de cette nature,

---

1. *Hog* et *pig* désignent un porc, mais le second mot paraît moins grossier.

en dépit du fait que, comme le disait cette chère Mlle Jenkyns, il avait une sœur nommée Mary et que les mêmes prénoms ont tendance à revenir dans les familles.

Peu après le mariage de Mlle Mary Hoggins avec M. Fitz-Adam, elle disparut de la contrée pendant de nombreuses années. Elle n'évoluait pas dans un cercle suffisamment distingué pour que nous eussions, l'une ou l'autre, le désir de savoir qui était ce M. Fitz-Adam. Il trépassa et rejoignit ses ancêtres sans avoir suscité de notre part la moindre curiosité. C'est alors que Mme Fitz-Adam réapparut à Cranford (fière comme Artaban, dit Mlle Pole) sous la forme d'une riche veuve, habillée de soie noire froufroutante, si tôt après le décès de son mari que la pauvre Mlle Jenkyns put remarquer à bon droit que « le bombasin aurait montré un regret plus sincère de la perte qu'elle avait subie ».

J'ai encore en mémoire l'assemblée des dames qui se réunirent pour décider si oui ou non les anciens habitants de Cranford au sang bleu visiteraient Mme Fitz-Adam. Elle avait fixé son choix sur une grande maison construite sans plan bien défini dont on pensait le plus souvent qu'elle conférait à son locataire un brevet d'appartenance à la bonne société du fait que, autrefois, soixante ou quatre-vingts ans plus tôt, la fille non mariée d'un comte y avait résidé. Je me demande si d'habiter cette maison n'entraînait pas aussi, pensait-on, la possession de capacités intellectuelles hors du commun. En effet, la fille du comte, Lady Jane, avait une sœur, Lady Anne, qui avait épousé un général au temps de la guerre d'Indépendance en Amérique, et ce général avait écrit une ou deux comédies qui étaient encore jouées dans les théâtres londoniens et qui, lorsque nous en vîmes la publicité, nous donnèrent un sentiment de fierté. Drury Lane[1], nous sembla-t-il, rendait un très bel hommage à Cranford.

Pourtant, lorsque cette chère Mlle Jenkyns mourut, il n'était nullement acquis que l'on dût visiter Mme Fitz-Adam. À son décès, quelque chose de la connaissance des principes définissant l'honorabilité disparut également. Comme le faisait remarquer Mlle Pole, puisque la majorité des dames de bonne famille étaient des célibataires d'un certain âge, ou des veuves sans enfant, si nous ne mettions pas un peu d'eau dans notre vin et ne devenions pas moins exigeantes, bientôt nous ne pourrions plus fréquenter personne.

Mme Forrester argumentait dans le même sens. Elle avait toujours compris que *Fitz* signifiait quelque chose d'aristocratique. Il y avait Fitz-Roy. Elle croyait que certains des enfants royaux avaient été appelés Fitz-Roy. Il y avait aussi Fitz-Clarence : c'étaient les descendants de ce bon roi William IV. *Fitz-Adam* ! c'était un joli nom ; très probablement cela voulait dire : *les enfants d'Adam*[2]. Impossible pour qui n'aurait pas du sang bleu dans ses veines de prétendre à *Fitz*. Un nom avait son importance. Elle avait eu un cousin qui orthographiait le sien avec

1. Drury Lane était une rue qui symbolisait le quartier des théâtres à Londres.

2. *Fitz* signifiait fils bâtard.

deux ff minuscules : *ffoulkes*. Il n'avait que mépris pour les majuscules. À l'entendre, cela désignait des familles de peu d'ancienneté. Elle avait craint qu'il ne mourût vieux garçon, tant il était pointilleux. Rencontrant une Mme ffaringdon dans une station balnéaire, il s'attacha aussitôt à elle. C'était quelqu'un de charmant et de distingué, une veuve avec une jolie fortune. Mon cousin, M. ffoulkes, dit-elle, l'épousa. Tout cela était dû à ses deux ff minuscules.

Mme Fitz-Adam n'avait pas la moindre chance de rencontrer à Cranford un M. Fitz-quelque chose, aussi n'était-ce certainement pas la raison pour laquelle elle avait choisi d'y résider. Mlle Matty pensait qu'elle avait pu caresser l'espoir d'être admise dans la bonne société de cette ville, ce qui aurait certainement signifié une élévation des plus agréables pour une ex-Mlle Hoggins. En ce cas, il était cruel de la décevoir.

En conséquence, tout le monde visita Mme Fitz-Adam, tout le monde à l'exception de Mme Jamieson, qui montra l'étendue de sa propre honorabilité en refusant toujours de voir Mme Fitz-Adam quand elles se trouvaient réunies dans une soirée à Cranford. Il n'y avait alors dans la pièce que huit ou dix dames, et Mme Fitz-Adam était la plus imposante. Invariablement, elle se levait à l'entrée de Mme Jamieson et s'inclinait profondément, à chaque fois que Mme Jamieson se tournait vers elle, si profondément en fait que Mme Jamieson était contrainte, je crois, de regarder le mur au-dessus d'elle, car son visage demeurait de marbre, comme si elle n'avait rien vu. Cela n'empêchait pas Mme Fitz-Adam de persévérer.

Lorsque trois ou quatre dames à grands capuchons se rassemblèrent devant la porte de Mlle Barker, les soirs de printemps gagnaient en longueur et en clarté. Savez-vous ce qu'étaient ces capuchons ? Il s'agissait de protections portées par-dessus les bonnets qui n'étaient pas sans évoquer les capotes fixées sur les cabriolets d'antan. Quelquefois elles n'étaient pas aussi surdimensionnées. Cette sorte de coiffure ne laissait pas d'impressionner les enfants de Cranford, et ce jour-là deux ou trois d'entre eux abandonnèrent leurs jeux dans la petite rue tranquille et ensoleillée pour faire cercle en silence autour de Mlle Pole, de Mlle Matty et de moi. Nous aussi, nous nous taisions, si bien que nous pouvions entendre à l'intérieur de la maison de Mlle Barker une voix haute qui se voulait un murmure : « Attendez, Peggy ! Attendez que j'aie fait un saut au premier pour me laver les mains. Lorsque je tousserai, vous ouvrirez. Je ne serai pas longue. »

Et c'était vrai, il ne s'était pas écoulé une minute que nous entendîmes un bruit, à mi-chemin entre un éternuement et un cocorico, qui détermina l'ouverture rapide de la porte. Derrière cette porte se tenait une jeune fille ouvrant des yeux ronds, effarée devant cette respectable assemblée de capuchons qui franchissait le seuil avec autorité, sans dire un mot. Elle retrouva suffisamment de présence d'esprit pour nous introduire dans une petite pièce qui avait été la boutique, mais était à présent convertie en vestiaire occasionnel. Là nous enlevâmes nos épingles, nous secouâmes pour nous défroisser et devant le miroir nous fîmes la tête de personnes aimables, bien disposées à l'égard de la compagnie. Ensuite, après un « après vous, madame », accompagné d'un mouvement de recul déférent, nous permîmes à Mme Forrester de nous précéder dans l'escalier étroit qui menait au salon de Mlle Barker.

Elle était là assise, aussi digne et tranquille que si nous n'avions jamais entendu cette toux étrange qui devait encore maintenant avoir laissé sa gorge irritée et sa voix rêche. Une Mme Forrester gentille, sans prétention, mal habillée fut aussitôt conduite à la deuxième place d'honneur, quelque chose de semblable au siège du prince Albert près de la reine, son épouse – une bonne place, mais non la meilleure. La meilleure était, bien sûr, réservée à l'honorable Mme Jamieson, qui bientôt arriva à bout de souffle en haut des marches, Carlo bondissant autour d'elle pendant son ascension, comme s'il s'était mis en tête de la faire tomber.

Mlle Barker était désormais quelqu'un de fier et de satisfait. Elle tisonna le feu, ferma la porte et s'assit près de cette porte, aussi près que possible, sur le rebord de sa chaise. Lorsque Peggy entra, trébuchant sous le poids de son plateau, je notai que Mlle Barker était en émoi de peur que sa domestique ne sût pas suffisamment garder ses distances. Dans leurs rapports quotidiens, sa maîtresse et elle ne faisaient pas de façons, et Peggy voulait à présent se livrer à de petites confidences à Mlle Barker, que celle-ci brûlait d'entendre, mais que, en tant que grande dame, elle jugeait indispensable de réprimer.

En conséquence, elle faisait semblant de ne rien comprendre à tous les signes et à tous les apartés de Peggy. Cela ne l'empêcha pas de répondre une ou deux fois de travers à ce qu'on lui disait. Finalement, une idée brillante lui vint. Elle s'écria : « Ce pauvre cher Carlo ! Je l'oublie. Viens en bas avec moi, mon petit chien-chien, et tu auras ton goûter, je te le promets. »

Quelques instants plus tard, elle était de retour, affable, aimable comme jamais. Malgré cela, j'eus l'impression qu'elle avait omis de donner au pauvre chien-chien quelque chose à manger, à en juger par son avidité à gober les morceaux de gâteau tombés que le hasard lui procurait. Le plateau était abondamment garni, et je m'en réjouis, car j'avais une faim de loup, mais je craignais que les dames là présentes ne considèrent comme vulgaire l'accumulation de bonnes choses. J'étais sûre que chez elles ç'aurait été le cas. Là, toutefois, les monceaux disparurent. Je vis que Mme Jamieson mangeait son gâteau au carvi lentement et sagement, comme elle le faisait pour tout. J'en fus relativement surprise, car je me souvenais qu'elle nous avait dit, lors de la dernière soirée qu'elle avait donnée, qu'il n'y en avait pas dans sa maison, tant l'odeur lui rappelait celle du savon parfumé. Elle nous proposait toujours du biscuit de Savoie. Néanmoins elle eut la bonté de pardonner à l'ignorance chez Mlle Barker des coutumes de la haute société et, pour éviter de la blesser, rendit justice à trois gros morceaux de gâteau au carvi avec un air placide, une rumination qui n'était pas sans rappeler celle d'un bovidé.

Après le thé, nous nous heurtâmes à quelques obstacles et difficultés. Nous étions six en tout. Quatre pouvaient jouer à la préférence ; pour les deux autres restait le cribbage. Mais toutes à part moi (les dames de Cranford aux cartes me causaient quelque inquiétude, car c'était l'occupation la plus sérieuse et la plus grave à laquelle elles se livraient) désiraient vivement faire la partie à quatre. Même Mlle Barker, tout en se disant incapable de distinguer une reine d'un valet, de toute évidence souhaitait en être. Le dilemme fut bientôt résolu par un bruit d'une nature singulière. Si une belle-fille de baron fut jamais supposée capable de ronfler, ce fut le cas alors pour Mme Jamieson. En effet, victime de la chaleur de la pièce, et par tempérament ayant tendance à somnoler, elle trouva trop forte la tentation d'un fauteuil confortable, et la tête lui tomba. Une ou deux fois, elle fit l'effort d'ouvrir les yeux. Calmement, mais sans se rendre compte de quoi que ce soit, elle nous sourit. Mais bientôt même sa bienveillance naturelle ne suffit pas à la maintenir éveillée, et elle sombra dans un profond sommeil.

« C'est un grand honneur pour moi, dit Mlle Barker à mi-voix à la table de jeu pour le bénéfice de ses trois partenaires – que, en dépit de son ignorance des règles elle battait à plate couture – c'est véritablement un grand honneur de voir comment Mme Jamieson se sent chez elle dans mon humble demeure. Elle n'aurait pas pu me complimenter davantage. »

Mlle Barker me pourvut en littérature sous la forme de trois ou quatre catalogues de mode vieux de dix à douze ans dotés d'une belle reliure en faisant observer, cependant qu'elle disposait à mon intention une petite table et une bougie, qu'elle savait bien l'intérêt que les jeunes personnes portent aux illustrations. Carlo, aux pieds de sa maîtresse, dormait d'un sommeil troublé par des grognements et des soubresauts. Lui aussi était parfaitement à l'aise.

La table de jeu constituait un spectacle d'une agréable animation avec ses quatre têtes féminines sous des bonnets mouvants se heurtant presque au-dessus du tapis dans leur désir de murmurer assez vite et assez fort. De temps à autre, on entendait Mlle Barker : « Chut, mesdames ! S'il vous plaît, taisons-nous. Mme Jamieson dort. »

Il n'était pas facile de bien mener sa barque, pris entre la surdité de Mme Forrester et la somnolence de Mme Jamieson, mais Mlle Barker s'en tirait à son avantage. Ce qui avait été chuchoté, elle le répétait à Mme Forrester en grimaçant considérablement, afin de montrer par le mouvement de ses lèvres ce qui avait été dit. Après quoi, elle nous gratifiait à la ronde d'un bon sourire et se murmurait : « Un honneur, vraiment ! Ah ! si ma sœur était encore là pour voir ce beau jour ! »

Peu de temps après, la porte s'ouvrit à toute volée. Carlo bondit en jappant avec force. Mme Jamieson se réveilla – à moins qu'elle ne dormît pas, car presque aussitôt elle affirma qu'il y avait eu tant de lumière dans la pièce qu'elle s'était réjouie de pouvoir fermer les yeux, mais qu'elle n'avait rien manqué de notre conversation, si amusante et si agréable. Peggy revenait une fois de plus, rouge de fierté. Un autre plateau ! Oh ! grandes dames, pensai-je, arriverez-vous à supporter cet ultime choc ? Mlle Barker en effet avait commandé – et, je n'en doute pas, préparé, bien qu'elle s'exclamât : « Peggy, que nous apportez-vous là ? » en prétendant à une aimable surprise devant un plaisir inattendu – toutes sortes de bonnes choses, des huîtres dans leurs coquilles, de la langouste de conserve, de la gelée, un plat nommé « petits cupidons » (très aimé des dames de Cranford, s'il était trop coûteux pour être proposé en dehors des grandes occasions, des macarons trempés dans de l'eau-de-vie, le nom que je leur aurais donné si je n'avais pas été au courant de cet autre, plus distingué et plus classique). Bref, nous devions à l'évidence être régalées de ce qu'il y avait de plus savoureux et de meilleur. Nous jugeâmes qu'il valait mieux nous incliner avec grâce, même s'il en coûtait quelque chose à nos bonnes manières qui en général se refusaient à ce genre de souper, ce qui ne nous empêchait pas, comme toutes les personnes hostiles à ces petits repas, d'avoir un appétit féroce dans toutes les circonstances exceptionnelles.

Mlle Barker, dans le monde qu'elle avait fréquenté, avait sans doute eu l'occasion de découvrir le breuvage qu'on nomme *cherry brandy*. Aucune d'entre nous ne le connaissait, et nous eûmes un mouvement de recul quand elle nous en offrit : « Un petit verre, un tout petit, mesdames. Après les huîtres et les langoustes, vous savez. Parfois on dit des coquillages qu'ils ne sont pas très bons pour la santé. » Nous fîmes non de la tête, comme si nous étions des mandarins, mais, finalement, Mme Jamieson céda à la persuasion et nous suivîmes son exemple. On ne peut pas dire que cela ne se laissait pas boire, mais c'était si brûlant et si fort qu'il nous parut indispensable de marquer que nous n'étions pas habituées à ces choses-là en toussant affreusement – des quintes de toux presque aussi étranges que celle de Mlle Barker avant que Peggy nous ouvrît sa porte.

« C'est très fort, dit Mlle Pole en reposant son verre vide. Je suis sûre qu'il y a de l'alcool dedans.

— Juste une petite goutte, dit Mlle Barker, ce qu'il faut pour que cela se garde. Comme vous savez, nous mettons de l'eau-de-vie sur nos conserves pour qu'elles ne se gâtent pas. Souvent la tête me tourne quand je mange de la tarte aux prunes. »

Je ne sais pas si la tarte aux prunes aurait ouvert le cœur de Mme Jamieson comme le fit le cherry brandy, mais elle nous informa d'un événement sur lequel jusqu'alors elle avait toujours maintenu le silence.

« Ma belle-sœur, Lady Glenmire, va me tenir compagnie quelque temps. »

Ce fut un chœur d'exclamations. « Vraiment ? » Puis il y eut un silence. Rapidement, chacune passait en revue le contenu de sa garde-robe pour savoir s'il permettait de paraître devant la veuve d'un baron car, bien sûr, nous organisions toujours une série de petites fêtes à Cranford lors de la venue d'un visiteur dans la maison d'une amie. En la circonstance, nous ressentions une agréable curiosité.

Peu de temps après, on annonça les femmes de chambre et les lanternes. La chaise à porteurs revint à Mme Jamieson. Cette chaise s'était faufilée non sans difficulté dans l'étroit couloir de Mlle Barker et littéralement bloquait le passage. Il fallut des manœuvres habiles de la part des vieux porteurs (cordonniers le jour mais, quand ils étaient requis, vêtus d'une étrange et vieille livrée : longues redingotes avec de petites capes du même âge que la chaise et semblables à ce qu'on voit dans les tableaux de Hogarth) pour se glisser, reculer, faire un nouvel essai et finalement réussir à faire passer leur charge par la porte de Mlle Barker. Après cela, nous entendîmes leur pas rapide dans la petite rue tranquille, pendant que nous mettions en place nos capuchons et ajustions nos robes à l'aide d'épingles. Mlle Barker papillonnait autour de nous, nous proposant son aide, propositions qui, si elle ne s'était pas souvenue de son ancien métier et n'avait pas voulu le faire oublier, auraient été beaucoup plus pressantes.

# 8

## « Votre Seigneurie »

De bonne heure le lendemain matin – juste après midi –, Mlle Pole fit son apparition chez Mlle Matty. Pour justifier la visite, on fit appel à une affaire sans importance, mais à l'évidence cela recouvrait autre chose. La vérité finit par se savoir.

« À propos, dit la visiteuse, vous allez me croire singulièrement ignorante mais, pour ne rien vous cacher, je me demande bien comment nous devrons nous adresser à Lady Glenmire. Dit-on "Votre Seigneurie" là où couramment vous diriez "vous" ? Devrons-nous, au lieu de "madame", lui donner des "madame la baronne" ? Vous avez fréquenté Lady Arley. Auriez-vous l'obligeance de me faire connaître la manière la plus appropriée de parler à la noblesse ? »

Pauvre Mlle Matty ! Elle ôta ses lunettes, les remit en place. Impossible de se rappeler comment on s'adressait à Lady Arley.

« C'est si loin ! dit-elle. Ah là là ! quelle sotte je fais ! Je ne crois pas l'avoir rencontrée plus de deux fois. Je sais que nous appelions Sir Peter Sir Peter, mais il venait nous voir beaucoup plus souvent que

Lady Arley. Déborah vous aurait renseignée dans l'instant. "Madame la baronne", "Votre Seigneurie", cela paraît bien étrange, comme si ce n'était pas naturel. Je n'y avais jamais réfléchi mais, maintenant que vous m'en parlez, cela me confond. »

Il était hors de doute que Mlle Pole n'obtiendrait pas de bonne réponse de la part de Mlle Matty. Son embarras ne faisait que croître ainsi que son incertitude quant à l'étiquette en matière de salutations.

« Voyez-vous, dit Mlle Pole, je crois que je ferais mieux d'aller faire part à Mme Forrester de notre petit problème. Quelquefois la nervosité vous gagne, et néanmoins je ne voudrais pas que Lady Glenmire allât penser qu'à Cranford nous n'avons aucune idée de ce qui se fait dans la haute société.

– Vous serait-il possible, chère mademoiselle Pole, quand vous reviendrez, de seulement faire un saut jusqu'ici et de me dire ce à quoi vous êtes arrivées ? Ce qui sera décidé par Mme Forrester et vous-même, j'en suis certaine, sera parfait. "Sir Peter", "Lady Arley", dit-elle tout bas en essayant de faire revivre les mots jadis utilisés.

– Mais qui est cette Lady Glenmire ? demandai-je.

– Oh ! c'est la veuve de M. Jamieson – je veux dire du mari que Mme Jamieson a perdu – la veuve de son frère aîné. Mme Jamieson était une demoiselle Walker, la fille du gouverneur Walker. "Votre Seigneurie"… Ma chère enfant, si elles se décident pour cette façon de parler, il faudra me laisser m'exercer un peu avec vous car, lorsque je le dirai pour la première fois à Lady Glenmire, je me mettrai à rougir comme une sotte. »

Ce fut un véritable soulagement pour Mlle Matty quand Mme Jamieson vint lui rendre visite, en poursuivant un but qui n'avait rien de courtois. J'ai toujours remarqué chez les personnes apathiques une impertinence tranquille qui dépasse ce qu'on trouve ailleurs. Mme Jamieson venait maintenant afin d'insinuer – de manière assez claire – qu'elle ne souhaitait pas particulièrement voir les dames de Cranford la visiter dans l'intention de rencontrer Lady Glenmire. Il m'est difficile de dire comment elle s'y prit pour éviter toute ambiguïté, car mon indignation grandit, je m'échauffai, tandis qu'avec lenteur et sans se troubler Mme Jamieson exposait ses souhaits à Mlle Matty. Celle-ci, elle-même une authentique grande dame, avait peine à comprendre ce qui poussait Mme Jamieson à vouloir paraître au regard de sa noble belle-sœur ne rendre visite qu'aux grandes familles du comté. Mlle Matty resta abasourdie longtemps après que j'eus découvert le but de la visite de Mme Jamieson.

Lorsqu'elle comprit enfin où l'honorable dame voulait en venir, ce fut un plaisir de voir avec quelle dignité tranquille elle accueillit la suggestion communiquée de manière aussi discourtoise. Elle n'en fut pas blessée le moins du monde – la douceur en sa nature ne le lui permettait pas – et l'idée ne lui vint pas de précisément blâmer la conduite de Mme Jamieson. Mais dans son esprit il y eut quelque chose de cela, j'en suis sûre, qui la fit passer de ce sujet à un autre plus paisiblement, avec plus de volonté de rester calme qu'à son habitude. Des deux, ce fut Mme Jamieson qui fut la plus troublée, et je vis sans peine qu'elle était contente de prendre congé.

Peu de temps après, Mlle Pole revint, rouge d'indignation. « Ah mais dites donc ! Ainsi vous avez eu la visite de Mme Jamieson, à ce que m'apprend Martha, et défense nous est faite de chercher à voir Lady Glenmire ! Mais oui ! J'ai rencontré Mme Jamieson, à mi-chemin entre votre maison et celle de Mme Forrester, et elle ne m'a rien laissé ignorer. Elle m'a tellement surprise que je n'ai rien trouvé à lui répondre. Je regrette de ne pas avoir eu de réplique un peu vive et sarcastique. Cela me viendra sans doute ce soir. Et cette Lady Glenmire qui n'est après tout que la veuve d'un baron écossais ! J'ai voulu jeter un coup d'œil à la *Liste des pairs* de Mme Forrester pour voir qui était cette dame qui doit être conservée sous verre. C'est la veuve d'un noble d'Écosse qui n'a jamais siégé à la Chambre des lords et qui était sans doute pauvre comme Job. Quant à elle, c'est la cinquième fille d'un quelconque M. Campbell. Vous, au moins, vous êtes la fille d'un recteur, et vous avez un lien de parenté avec les Arley. Sir Peter, à ce qu'on dit, aurait pu être un vicomte Arley. »

Mlle Matty tenta de calmer Mlle Pole, mais en vain. Cette dame, d'ordinaire si aimable et toujours de bonne humeur, était maintenant sous le coup d'une vive colère.

« Et dire que ce matin, je suis allée commander un bonnet pour être tout à fait prête, finit-elle par avouer, découvrant ainsi le secret qui rendait si intolérable la notification de Mme Jamieson.

Mme Jamieson verra s'il est facile d'obtenir de moi que je fasse la quatrième à sa partie quand elle n'aura plus la compagnie de ses grandes parentes écossaises ! »

Au sortir de l'église, le premier dimanche où Lady Glenmire parut à Cranford, nous eûmes soin de ne parler qu'entre nous et de tourner le dos à Mme Jamieson et à son invitée. S'il nous était interdit de la visiter, elle n'aurait pas même droit à notre regard, bien que nous mourions d'envie de savoir à quoi elle ressemblait. Nous nous consolâmes en interrogeant Martha l'après-midi. Martha n'appartenait pas à une sphère dont la curiosité pouvait être interprétée comme un hommage rendu à Lady Glenmire, et elle n'avait pas les yeux dans sa poche.

« Alors, madame, vous voulez parler de la petite dame qui accompagnait Mme Jamieson ? J'aurais cru que vous auriez mieux aimé savoir comment était habillée la jeune Mme Smith, qui vient de se marier (Mme Smith était la femme du boucher).

— Mon Dieu ! s'exclama Mlle Pole, comme si nous pouvions nous intéresser à une Mme Smith ! » Mais elle se tut quand Martha reprit :

« La petite dame qui était assise sur le banc réservé à Mme Jamieson portait une vieille robe de soie noire, madame, et une pèlerine de berger en plaid. Elle avait un regard très vif, des yeux noirs, un visage agréable et ouvert. Elle n'était plus très jeune, madame, et pourtant, à mon avis, elle est moins âgée que Mme Jamieson. Elle ne faisait que promener son regard dans l'église, par-ci, par-là, comme un oiseau et, quand elle est sortie, elle a relevé ses cotillons, il faut voir avec quelle légèreté. Je vais vous dire, madame, elle ressemble plus à Mme Deacon, de l'auberge, qu'à n'importe qui d'autre.

— Taisez-vous, Martha, dit Mlle Matty, c'est manquer de respect.

— Vraiment, madame ? Je vous demande bien pardon. Mais Jim Hearn a dit la même chose. Il a dit aussi que c'était une petite dame bien maligne et bien sémillante.

— Une dame, intervint Mlle Pole, pas une petite dame.

— Une dame, comme Mme Deacon. »

Un autre dimanche passa sans que nous cessions de détourner nos regards de Mme Jamieson et de son invitée, de faire aussi tout bas des remarques dont nous pensions qu'elles étaient très sévères, presque trop. Mlle Matty visiblement était incommodée par nos sarcasmes.

Peut-être dès lors Lady Glenmire avait-elle trouvé que la demeure de Mme Jamieson n'avait rien d'exagérément gai et animé. Peut-être Mme Jamieson avait-elle découvert que la plupart des grandes familles du comté étaient dans leur résidence à Londres et que celles qui restaient en province n'étaient pas aussi sensibles qu'elles auraient pu l'être au fait que Lady Glenmire était de passage dans leur proximité. À petites causes grands effets. Je ne prétendrai donc pas savoir ce qui amena Mme Jamieson à changer la décision qu'elle avait prise d'exclure les dames de Cranford pour envoyer à la ronde des cartons d'invitation à une petite soirée le mardi suivant. M. Mulliner en personne fut le messager. Il faisait toujours semblant d'ignorer l'existence d'une porte de service partout où il se rendait, et on l'entendit frapper à celle du devant plus fort que sa maîtresse, Mme Jamieson. Il avait mis ses trois petits cartons dans un grand panier afin qu'elle fût impressionnée par leur poids, alors qu'ils auraient pu aisément tenir dans la poche de son gilet.

Mlle Matty et moi sans bruit décidâmes que nous serions retenues chez nous par un empêchement. C'était le soir où d'habitude mon amie transformait en allume-bougies tous les billets et toutes les lettres de la semaine. Le lundi, en effet, elle mettait ses comptes en ordre : pas un penny ne restait dû de la semaine précédente. Ainsi, de manière logique, la confection de ces papiers tombait le mardi soir et nous fournissait une excuse valable pour décliner l'invitation de Mme Jamieson. Mais, avant que nous ayons eu le temps de rédiger une réponse, Mlle Pole entra, sa lettre ouverte à la main.

« Et voilà ! dit-elle. Ah ! mais je vois que vous aussi avez eu droit à votre billet. Mieux vaut tard que jamais. J'aurais pu dire à Lady Glenmire qu'elle ne ferait pas la fine bouche devant notre visite avant deux semaines de séjour.

— Oui, dit Mlle Matty, nous sommes invitées le mardi soir. Peut-être ce soir-là auriez-vous l'amabilité d'apporter votre ouvrage et de boire une tasse de thé avec nous. C'est le moment que je réserve d'ordinaire à un dernier examen des factures de la semaine précédente, des petites lettres et des grandes, avant d'en faire des bouts de papier pour allumer les bougies. Il est vrai que cela ne paraît pas suffisamment important pour me donner le droit de dire que j'ai un empêchement qui m'oblige à rester chez moi, même si mon intention était d'en faire un argument décisif. Maintenant, si vous veniez, ma conscience serait parfaitement en paix, et par chance je n'ai pas encore écrit quoi que ce soit. »

Je vis Mlle Pole changer de couleur pendant que Mlle Matty lui parlait.

« Vous ne voulez donc pas y aller ? demanda-t-elle.

— Oh non ! dit Mlle Matty d'une voix tranquille. Vous non plus, je suppose ?

— Je ne sais pas, répondit Mlle Pole. Oui, je crois que je vais y aller, poursuivit-elle, sur un ton assez désinvolte. Puis, voyant Mlle Matty assez surprise, elle ajouta : « Voyez-vous, mieux vaudrait éviter que Mme Jamieson s'imagine pouvoir faire ou dire quelque chose d'assez grave pour nous offenser. Ce serait en quelque sorte indigne de nous de le lui laisser croire. Pour ma part, cela ne me plairait pas. Ce serait trop flatteur pour Mme Jamieson de lui permettre de penser que huit jours après, dix jours même, nous souffrons encore de ce qu'elle nous a dit.

— Bien. J'imagine que c'est un tort d'aussi longtemps nous agacer et nous formaliser. Peut-être, après tout, ne voulait-elle pas nous fâcher. Mais tout de même je ne vois pas comment j'aurais pu dire ce que Mme Jamieson m'a dit pour m'empêcher de venir. Non, vraiment, je crois que je ne bougerai pas de chez moi.

— Oh là là ! mademoiselle Matty, il faut y aller. Vous savez bien que notre amie Mme Jamieson est d'un tempérament beaucoup plus flegmatique que la plupart des gens et n'a pas la sensibilité délicate qui vous caractérise si remarquablement.

— Je croyais qu'elle vous caractérisait aussi, ce jour où Mme Jamieson est venue nous dire de rester dans nos foyers », rétorqua innocemment Mlle Matty.

Mais Mlle Pole, en dehors d'une sensibilité délicate, possédait un bonnet très élégant qu'elle était désireuse d'offrir aux regards d'un public admiratif. C'est pourquoi elle semblait ne plus se souvenir de ces paroles rageuses proférées moins de quinze jours plus tôt et être disposée à agir en fonction de « Pardonne et oublie » dont elle faisait un grand principe chrétien. Elle sermonna cette chère Mlle Matty si longtemps sur le sujet qu'elle finit par l'assurer que c'était son devoir, en fille d'un défunt recteur, d'acheter un bonnet neuf et d'assister à la soirée de Mme Jamieson. Nous fûmes donc « enchantées d'accepter » au lieu d'être « au regret de devoir décliner » ladite invitation.

Les dépenses à Cranford en matière de toilette se résumaient principalement à l'article mentionné ci-dessus. Si leurs têtes étaient dissimulées sous de beaux bonnets neufs, les dames, telles des autruches, se désintéressaient du reste de leur corps. Vieilles robes, vénérables cols blancs, broches en quantité illimitée, en haut, en bas, partout, certaines peintes avec des yeux de chien, d'autres comme de petits médaillons avec des mausolées et des saules pleureurs au-dedans joliment exécutés à l'aide de cheveux, certaines encore avec des miniatures de messieurs et de dames souriant aimablement dans un nid de mousseline, vieilles broches pour orner en permanence et bonnets neufs pour suivre la mode, les dames de Cranford s'habillaient toujours avec une élégance et une modestie vertueuses, comme Mlle Barker l'exprima joliment un jour.

Ce fut avec trois bonnets fraîchement acquis, un déploiement de broches comme on n'en avait jamais vu depuis que Cranford était devenue une ville, que Mme Forrester, Mlle Matty et Mlle Pole firent leur apparition ce mardi soir resté dans les mémoires. Je comptai moi-même sept broches sur la robe de Mlle Pole. Deux étaient négligemment fixées à son bonnet (l'une était un papillon fait de galets écossais ; une riche imagination aurait pu croire que le papillon était vrai), une autre attachait son écharpe en filet, une autre son col, une autre ornait le devant de sa robe, entre la gorge et la taille, une autre encore l'extrémité de la pièce d'estomac. Où se trouvait la septième, je ne m'en souviens plus, mais elle était quelque part, j'en suis sûre.

Je vais trop vite en besogne en décrivant maintenant les robes de l'assistance. Il me faut d'abord parler de la rencontre sur le chemin de la maison de Mme Jamieson. Cette dame habitait une vaste demeure à la lisière de la ville. Une route qui avait su ce que c'était d'être une rue passait devant la maison, qui donnait directement sur la chaussée, sans cour ni jardin. Le soleil dans ses pérégrinations ne trouvait jamais le temps d'illuminer la façade. Il est vrai que les pièces de séjour se situaient à l'arrière. On y avait vue sur un charmant jardin. Les fenêtres de devant n'appartenaient qu'aux cuisines, aux chambres des femmes de charge et aux offices. On disait que M. Mulliner se tenait ordinairement à l'une de ces fenêtres. Effectivement, un regard en coulisse nous permettait souvent de voir un occiput couvert de poudre, poudre qui au-delà du col de son habit descendait jusqu'à sa taille.

Ce dos imposant était toujours engagé dans la lecture de la *St James's Chronicle*, grande ouverte, ce qui, dans une certaine mesure, expliquait le temps excessif que prenait le journal en question pour arriver jusqu'à nous. Nous étions pourtant abonnées au même titre que Mme Jamieson bien que, en raison de son honorabilité, elle eût toujours le droit de le lire en premier. Ce mardi-là, le retard dans l'arrivée du dernier numéro avait été particulièrement exaspérant, alors que Mlle Pole et Mlle Matty, la première surtout, désiraient le voir pour se tenir au courant des nouvelles de la Cour en prévision de la conversation du soir avec l'aristocratie. Mlle Pole nous confia qu'elle n'avait pas voulu laisser passer l'occasion. À cinq heures, elle était habillée, de façon à être prête si la *St James's Chronicle* arrivait au dernier moment. Or c'était précisément ce journal que lisait paisiblement et sans s'en faire la tête poudrée, lorsque le soir nous passâmes près de la fenêtre habituelle.

« Quelle impudence a cet homme ! s'indigna Mlle Pole à voix basse. J'aimerais pouvoir lui demander si sa maîtresse paie sa part de l'abonnement, uniquement pour son usage personnel. »

Le courage que manifestait cette réflexion lui valut nos regards admiratifs, car M. Mulliner nous inspirait à toutes un respect mêlé de crainte. Il paraissait n'avoir jamais oublié la condescendance dont il avait fait preuve en venant se fixer à Cranford. Mlle Jenkyns, parfois, l'avait bravé. Elle s'était faite l'indomptable champion de son sexe et lui avait parlé d'égale à égal. Mais même Mlle Jenkyns n'avait pu atteindre plus haut. Dans ses moments les plus aimables et les plus gracieux, il avait l'air d'un cacatoès boudeur. Il ne consentait que des monosyllabes bourrus. Il se maintenait à notre disposition dans le vestibule quand nous le priions de n'en rien faire, puis affichait un profond mécontentement parce que nous l'avions obligé à attendre, tandis que, les mains tremblantes, nous pressant, nous nous préparions à paraître au milieu de la société.

Quand nous montâmes l'escalier, Mlle Pole osa une petite plaisanterie destinée, bien qu'elle s'adressât à nous, à procurer à M. Mulliner matière à se dérider un peu. Nous essayâmes toutes de sourire pour donner l'impression d'être à l'aise et jetâmes un regard timide à M. Mulliner pour quêter sa sympathie. Pas un muscle de son visage n'avait bougé. Reprendre notre gravité fut l'affaire d'un instant.

Le grand salon de Mme Jamieson offrait un aspect engageant. Le soleil du soir y entrait à flots. En bordure, la grande baie carrée disparaissait sous des grappes de fleurs. Le mobilier était blanc et or, non de ce style récent – Louis XIV, je crois qu'on l'appelle – chargé en coquilles et en fioritures. Non, les chaises et les tables de Mme Jamieson n'avaient ni courbe ni voussure. Leurs pieds s'amincissaient à l'approche du sol, mais à tous les angles demeuraient droits et carrés. Les sièges étaient tous rangés le long des murs, à l'exception de quatre ou cinq formant cercle autour du feu ; les dossiers étaient pourvus de barreaux blancs. On y avait planté des clous dorés. Ni les barreaux ni les clous ne promettaient de confort. Une table laquée était consacrée aux ouvrages de littérature. Y trônaient une bible, une *Liste de la noblesse* et un livre de prières. Il y avait une autre table, petite, carrée elle aussi, dédiée aux beaux-arts, avec un kaléidoscope, des cartes devinettes (liées par un ruban de satin d'un rose fané étonnamment long) et une boîte peinte, peinte dans un vain effort pour imiter les dessins qui décorent les boîtes à thé.

Carlo dormait sur un tapis de grosse laine et discourtoisement se mit à aboyer contre nous quand nous entrâmes. Mme Jamieson se leva. Elle eut pour chacune, afin de nous souhaiter la bienvenue, un sourire éteint et au-delà de nous regarda désespérément M. Mulliner, comme si elle espérait son aide pour nous dire où nous asseoir car, s'il ne faisait rien, elle renoncerait. Je suppose qu'intérieurement il décida que nous pouvions seules parvenir au cercle de chaises autour du feu (qui me fit penser à Stonehenge pour une raison que j'ignore).

Lady Glenmire vint au secours de notre hôtesse et, je ne sais comment, pour la première fois nous nous trouvâmes assises agréablement, et sans protocole, dans la maison de Mme Jamieson. Maintenant que le temps nous était laissé de la regarder, Lady Glenmire se révélait être une petite femme très éveillée, entre deux âges, qui avait dû dans sa jeunesse être très jolie et dont le visage encore maintenant demeurait très agréable à voir. J'aperçus Mlle Pole dans les cinq premières minutes porter un jugement sur sa toilette, et rien n'était à reprendre quand elle dit le lendemain :

« Dix livres, ma chère, suffisaient pour acheter tout ce qu'elle avait sur le dos, y compris la dentelle. »

Il était consolant de soupçonner que la pauvreté pouvait atteindre une pairesse du royaume. Cela – jusqu'à un certain point – nous permit d'accepter que son mari n'eût jamais siégé à la Chambre des lords. Quand nous l'avions appris, nous en avions fait une sorte d'escroquerie qui nous privait de nos espoirs en nous trompant sur la réalité. En quelque sorte, ce lord n'en était pas un.

Nous commençâmes toutes par garder le silence. Nous réfléchissions à un sujet de conversation assez relevé pour intéresser Sa Seigneurie. Le prix du sucre avait grimpé, ce qui, à l'approche de la saison des confitures, était une nouvelle de nature à toucher le cœur des ménagères que nous étions toutes et aurait naturellement nourri nos propos en l'absence de Lady Glenmire. Mais nous n'étions pas sûres que la noblesse mangeait des confitures et encore moins qu'elle en connaissait la composition. Finalement, Mlle Pole, qui disposait toujours de beaucoup de courage et de savoir-faire, s'adressa à Lady Glenmire, qui de son côté semblait avoir été aussi embarrassée que nous sur la manière de rompre le silence.

« Votre Seigneurie est-elle récemment allée à la Cour ? » demanda-t-elle. Après quoi, elle promena sur nous un bref regard, où se lisaient à la fois un peu de timidité et un brin de triomphe, comme pour dire : « Voyez comme a été judicieux mon choix d'un sujet en accord avec le rang de l'étrangère. »

« Je n'y suis jamais allée de ma vie », répondit Lady Glenmire avec un fort accent écossais, mais aussi d'une voix charmante. Ensuite, comme pour s'excuser d'avoir été cassante, elle ajouta : « Nous allions très rarement à Londres – deux fois seulement, en fait, pendant toute ma vie conjugale. Avant mon mariage, mon père avait une famille beaucoup trop nombreuse (nous nous souvenions toutes fort bien qu'elle était la cinquième fille d'un M. Campbell) pour pouvoir nous emmener où que ce soit, même à Édimbourg. Peut-être avez-vous visité Édimbourg ? » lança-t-elle, son visage s'éclairant soudain à l'espoir d'un intérêt commun.

Aucune de nous n'avait fait le voyage. Mais Mlle Pole avait un oncle qui avait passé là une nuit dont il avait gardé un très bon souvenir.

Mme Jamieson, cependant, n'avait de pensée que pour le thé que M. Mulliner n'apportait toujours pas. Finalement, son étonnement franchit la barrière de ses lèvres.

« Je ferais mieux de sonner, ma chère, n'est-ce pas ? proposa Lady Glenmire avec vivacité.

— Non, je ne crois pas. Mulliner n'aime pas qu'on le presse. »

Nous aurions bien aimé avoir notre thé, car nous dînions plus tôt que Mme Jamieson. Je crains fort que M. Mulliner n'ait eu d'abord à en finir avec la *St James's Chronicle* avant de se préoccuper de notre collation. Sa maîtresse ne cessait de répéter : « Je me demande pourquoi Mulliner ne nous apporte pas le thé. Je ne vois pas ce qui le retient. » Lady Glenmire finit par perdre patience, elle aussi, mais sans que ce fût déplaisant. Permission lui étant à moitié donnée par sa belle-sœur, elle agita le cordon de sonnette sans ménagement. M. Mulliner parut, surpris mais digne. « Oh ! dit Mme Jamieson, Lady Glenmire a sonné. Je crois que c'était pour le thé. »

Quelques minutes après, il nous fut apporté. La porcelaine était très délicate, l'argenterie très vieille, les tartines de pain beurré étaient très minces et les morceaux de sucre très réduits. À l'évidence, c'était sur cette denrée que Mme Jamieson économisait le plus volontiers. Je me demande si les petites pinces en filigrane, faites un peu comme des ciseaux, auraient pu s'ouvrir assez largement pour saisir un bon gros morceau de sucre bien honnête. Lorsque je tentai d'en agripper deux à la fois, afin de ne pas être surprise à recourir trop souvent au sucrier, elles laissèrent choir l'un des deux avec un petit bruit clair, méchant, auquel on ne s'attendait pas.

Avant cela, nous avions souffert d'une petite déception. Le moins spacieux des deux pots contenait de la crème, le plus grand du lait. Aussitôt qu'entra M. Mulliner, Carlo se mit à quémander, ce que nos bonnes manières nous interdisaient de faire, bien qu'à coup sûr notre faim égalât la sienne. Mme Jamieson se dit assurée que nous l'excuserions si elle servait d'abord son thé à ce pauvre animal privé de la parole.

Elle lui fit donc un mélange dans une soucoupe qu'elle lui donna à laper. Ensuite elle nous fit remarquer à quel point cette chère petite bête était intelligente et maligne, car elle reconnaissait très bien la crème et refusait énergiquement un thé où il n'y avait que du lait. En conséquence, nous n'eûmes droit qu'à ce lait, tout en pensant sans en rien dire que nous n'étions pas moins intelligentes ni moins malignes que ce chien. Ce fut comme si au tort s'ajoutait l'insulte lorsqu'on nous invita à admirer la gratitude dont il faisait montre en remuant de la queue pour remercier d'une crème qui à bon droit aurait dû nous revenir.

Après le thé, la glace fondit. Nous tombâmes dans les menus propos. Nous fûmes reconnaissantes à Lady Glenmire d'avoir proposé un supplément de pain beurré, et de partager le même besoin nous permit de mieux la connaître que si nous avions parlé de la Cour, même si Mlle Pole avoua qu'elle avait espéré savoir quelque chose de notre chère reine de la part de quelqu'un qui l'avait vue.

L'amitié inaugurée devant les tartines de pain se poursuivit face aux cartes. Lady Glenmire jouait admirablement à la préférence, et elle était experte en matière d'hombre et de quadrille. Même Mlle Pole oublia les « Votre Seigneurie » et « Sa Seigneurie » au profit de « Baste ! madame, vous avez un as de trêfle, je présume », avec autant de placidité que si nous n'avions pas tenu une séance du Grand Parlement de Cranford pour décider de la bonne façon de s'adresser à une pairesse.

Preuve de l'oubli total où nous étions de la présence parmi nous d'une personne qui aurait pu prendre le thé avec un diadème pour couronner son front au lieu d'un simple bonnet, Mme Forrester rapporta à Lady Glenmire un curieux détail, une anecdote connue seulement de ses amies intimes, dont Mme Jamieson elle-même était ignorante. Cela avait trait à une belle dentelle comme on n'en faisait plus, seule relique d'un passé plus heureux, que Lady Glenmire admirait au col de Mme Forrester.

« Oui, dit cette dame, une dentelle de ce genre, on ne peut plus se la procurer aujourd'hui, même en y mettant le prix. Elle a été faite, à ce qu'on m'a dit, par des nonnes dans un pays étranger. On raconte qu'on n'en fabrique plus maintenant, même là-bas. Mais peut-être est-ce que cela a changé depuis qu'ils ont voté la loi sur la liberté du clergé. Je n'en serais pas étonnée. En attendant, j'attache une grande valeur à ma dentelle. Je n'oserais pas même en confier le nettoyage à ma camériste (la petite fille issue d'une école de charité dont j'ai parlé faisait bonne impression en camériste). Bien entendu, Votre Seigneurie n'ignore pas qu'une dentelle comme celle-ci ne doit jamais être amidonnée ni repassée. Il y a des gens qui la lavent dans de l'eau sucrée, d'autres dans le café pour lui donner sa belle couleur jaune. Pour ma part, j'ai une très bonne recette. Je la nettoie dans du lait. Cela la durcit suffisamment, et j'obtiens une jolie couleur crème.

« Un jour, madame, je l'avais faufilée (l'admirable, dans cette belle dentelle, est que, lorsqu'elle est humide, elle tient dans un très petit espace), et je l'avais mise à tremper dans du lait quand, par malheur, j'ai quitté la pièce. À mon retour, j'ai trouvé le chat sur la table. Il avait la tête d'un voleur, et il avalait avec beaucoup de difficulté, comme s'il était à moitié étouffé par quelque chose qu'il voulait faire descendre sans y parvenir. Vous allez avoir du mal à me croire, mais j'ai commencé par le plaindre. J'ai dit : "Pauvre Minet ! Pauvre Minet !" et puis, brusquement, j'ai vu que la tasse de lait était vide, complètement vide. Je me suis exclamée : "Vilain chat !" Je crois avoir été suffisamment agacée pour lui donner une tape, une tape qui n'arrangeait rien. Elle servit seulement à faire descendre la dentelle. C'est ce qui se passe quand un enfant s'étrangle et qu'on lui tape dans le dos.

« J'étais si fâchée que j'aurais pu en pleurer, mais je me promis de ne pas renoncer à ma dentelle sans avoir fait le maximum. J'espérais que pour le moins elle ne réussirait pas à mon chat, mais cela aurait lassé la patience de Job s'il l'avait vu moins d'un quart d'heure après entrer, placide et ronronnant, s'attendant presque à une caresse "Non, Minou, lui dis-je, s'il te reste un peu de conscience, c'est plus que tu ne peux espérer. »

« Une idée alors me vint. Je sonnai ma camériste et l'envoyai chez M. Hoggins avec mes compliments pour lui demander s'il aurait l'amabilité de me prêter pour une demi-heure une de ses bottes à revers. Pour moi, il n'y avait rien d'étrange à cette demande, mais Jenny me dit que dans le cabinet les jeunes gens rirent à se tenir les côtes à la pensée qu'il me fallait une botte à revers. Quand elle arriva, Jenny et moi mîmes le chat dedans, les pattes de devant bien enfoncées de manière qu'elles ne puissent pas bouger ni griffer, et nous lui donnâmes une cuillerée à café de gelée de groseille à laquelle (Votre Seigneurie m'excusera) j'avais mêlé un peu d'émétique. Je n'oublierai jamais l'angoisse dans laquelle je vécus la demi-heure suivante. J'emmenai le chat dans ma chambre, et j'étalai une serviette propre sur le parquet. J'aurais pu l'embrasser quand il rendit la dentelle dans un état proche de celui où elle se trouvait avant d'être ingurgitée. Jenny fit bouillir de l'eau. Nous trempâmes la dentelle dedans encore et encore, puis nous la mîmes à sécher sur une touffe de lavande en plein soleil avant de songer à y toucher et de la plonger dans du lait. À présent, je suis sûre que Votre Seigneurie ne se douterait jamais qu'elle a passé un peu de temps dans le ventre de mon chat. »

Dans le courant de la soirée, nous découvrîmes que Lady Glenmire allait faire à Mme Jamieson une longue visite, comme elle avait quitté ses appartements à Édimbourg et n'était tenue par aucun lien, familial ou autre, pour y retourner tout de suite. Nous en eûmes plutôt de la satisfaction, car l'impression qu'elle nous avait faite était favorable. Il était aussi très rassurant de nous apercevoir, à de petites choses qui apparurent pendant la durée de notre conversation, que, en sus de beaucoup d'autres qualités qui en faisaient quelqu'un de distingué, elle n'avait rien de la vulgarité des riches.

« Ne trouvez-vous pas désagréable d'avoir à marcher ? » demanda Mme Jamieson lorsqu'on annonça les domestiques des unes et des autres. C'était de sa part une question qui revenait souvent, elle qui avait sa propre voiture dans sa remise et utilisait toujours une chaise à porteurs, même pour les distances les plus courtes. Nos réponses étaient attendues, presque dans la même mesure.

« Oh là là ! non ! La nuit est si calme, si agréable, si rafraîchissante après les émotions de la soirée. Les étoiles sont si belles (cette dernière remarque venait de Mlle Matty).

– Aimez-vous l'astronomie ? demanda Lady Glenmire.

– Pas exagérément », répondit Mlle Matty – assez embarrassée en cet instant de ne plus se rappeler la différence entre astronomie et astrologie. La réponse cependant valait pour les deux, car elle lisait les prédictions astrologiques de Francis Moore, et cela l'inquiétait un tant soit peu. Quant à l'astronomie, elle m'avait confié au cours d'une conversation confidentielle qu'elle ne parvenait pas à croire que la terre bougeait constamment. Elle refusait d'y souscrire si cela se pouvait car, quand elle y pensait, elle ressentait une immense fatigue et la tête lui tournait.

À l'aide de nos patins, nous regagnâmes notre domicile ce soir-là avec beaucoup de précaution, nous sentant si délicates, si raffinées après avoir pris le thé avec *Sa Seigneurie.*

# 9

## Le *Signor Brunoni*

Peu après les événements dont j'ai rendu compte dans ma dernière livraison, je fus rappelée chez moi par la maladie de mon père et, pendant quelque temps, mon anxiété sur son état me fit négliger de me poser des questions sur Cranford, la façon dont se portaient mes chères amies ou la manière dont Lady Glenmire s'accommodait de l'ennui de la longue visite qu'elle n'avait cessé de faire à sa belle-sœur, Mme Jamieson. Lorsque mon père eut regagné des forces, je l'accompagnai au bord de la mer, si bien qu'en définitive j'eus l'impression d'avoir rompu les ponts avec Cranford et de me voir refuser toute chance d'entendre parler de la chère petite ville pendant la plus grande partie de cette année-là.

Vers la fin novembre, alors que nous avions rejoint notre domicile et que mon père avait retrouvé la santé, je reçus une lettre de Mlle Matty. C'était une lettre pleine de mystère. Mlle Matty commençait souvent ses phrases sans les finir et les télescopait, si bien qu'elles apparaissaient confondues, un peu comme sur du papier buvard. Tout ce que j'arrivai à comprendre était que si mon père allait mieux (ce qu'elle espérait), s'il faisait attention et portait une redingote de la Saint-Michel à l'Annonciation, si les turbans étaient à la mode, pouvais-je la tenir au courant ? Un divertissement s'annonçait, tel qu'on n'en avait ni vu ni connu depuis la visite des lions de Wombwell, quand une des bêtes avait mangé le bras d'un enfant. Mon amie était peut-être trop âgée pour penser à la toilette, mais il lui fallait se procurer un nouveau bonnet. Elle avait entendu dire qu'on portait des turbans, que certaines des grandes familles du comté étaient attendues, donc elle aurait bien aimé être décente. Est-ce que je pouvais lui apporter un bonnet de chez la modiste qui avait ma clientèle ? Et oh là là ! quelle tête de linotte ! Le but de sa lettre était de m'inviter à la visiter le mardi suivant. Elle espérait avoir quelque chose à me proposer pour me divertir, que maintenant elle ne voulait pas dévoiler plus clairement. Je devais seulement me rappeler que sa couleur préférée était le vert, celui de l'eau de mer.

Dans un post-scriptum, toutefois, elle ajoutait qu'elle ferait aussi bien de me dire tout de suite ce qui rendait Cranford en ce moment particulièrement attrayant : le *Signor Brunoni* allait faire la démonstration de son étonnante magie à la salle des fêtes, la semaine suivante, les mercredi et vendredi soir.

Je fus ravie d'accepter l'invitation de ma chère Mlle Matty, indépendamment de la venue du prestidigitateur, et surtout désireuse de l'empêcher de défigurer sa petite tête de souris par un grand turban turc. En conséquence, je lui achetai un joli bonnet de femme entre deux âges défiant la critique, mais qui pourtant se révéla beaucoup la décevoir lorsqu'à mon arrivée elle me suivit dans ma chambre, prétendument pour attiser le feu, mais en réalité, j'en suis sûre, pour voir si le turban vert n'était pas dans la boîte à chapeaux avec laquelle j'avais fait le voyage. Ce fut en vain que je fis pirouetter le bonnet dans ma main pour en montrer les différents aspects. Ce qu'elle voulait, c'était un turban, et tout ce qu'elle put dire, avec de la résignation dans son air et dans sa voix, ce fut :

« Je suis certaine que vous avez fait pour le mieux, ma chère enfant. C'est exactement ce que portent toutes les dames à Cranford, et elles ont le leur depuis un an sans doute. J'aurais aimé quelque chose de plus nouveau, je l'avoue, de plus proche de ces turbans dont Mlle Betty Barker me dit que porte la reine Adélaïde. Mais il est très joli, mon enfant, et je crois bien que le bleu lavande vieillira mieux que le vert dont je parlais. Et puis, après tout, qu'est-ce que la toilette, que nous nous donnions la peine de nous en soucier ? Vous me direz s'il vous manque quelque chose, ma petite. J'entends la sonnette. Je suppose qu'à Drumble on ne parle pas encore de turbans ? »

Sur ces mots, la chère vieille dame dans un soupir sortit de la chambre, me laissant m'habiller pour la soirée, durant laquelle elle attendait, me dit-elle, la visite de Mlle Pole et de Mme Forrester. Elle espérait que la fatigue ne m'empêcherait pas de me joindre à ses invitées. Bien entendu, je ne craignais rien de tel, et je fis vite à déballer et à arranger ma robe. Toutefois, j'eus beau me hâter, avant que je fusse prête, je perçus le bruit des arrivées et le bourdonnement des conversations dans la pièce voisine. Au moment où j'ouvrais la porte, je surpris ceci : « C'était sot de ma part de m'attendre à quelque chose de très distingué venant des boutiques de Drumble ! La pauvre enfant ! Elle a fait de son mieux, je n'en doute pas. » Malgré tout, je préférais nous voir blâmés, Drumble et moi, plutôt qu'elle fût défigurée par un turban.

Dans le trio de dames de Cranford maintenant réunies, Mlle Pole inévitablement était celle qui avait le plus de chances d'avoir vécu quelque chose d'extraordinaire. Elle avait l'habitude de passer la matinée à flâner de boutique en boutique, non pour faire des achats (à l'exception, de temps à autre, d'une bobine de coton ou d'un morceau de ruban) mais pour découvrir les articles nouveaux, en parler, et se mettre à l'écoute de ce que le hasard lui apprendrait dans les rues de Cranford. Elle avait aussi une façon bien à elle, sans avoir l'air d'y toucher, de jeter un coup d'œil ici et là, à toutes sortes d'endroits, pour satisfaire sa curiosité, procédé qui, si elle n'avait été sauvée par ses airs de grande dame collet monté, aurait pu passer pour de l'impertinence. Ce jour-là, à sa manière qui en disait long de s'éclaircir la gorge et d'attendre qu'on en ait fini avec toutes les fadaises (telles que bonnets et turbans), il nous apparut qu'elle avait quelque chose de bien particulier à nous révéler qu'elle nous dévoilerait quand un silence approprié le lui permettrait. Je mets au défi quiconque possède assez de banale modestie de maintenir longtemps une conversation quand quelqu'un dans la compagnie se tient raide et silencieux, considérant tout ce qui est dit comme de simples broutilles en comparaison de ce qu'il pourrait raconter si on l'en priait aimablement. Mlle Pole entra ainsi en matière :

« Alors que je sortais de chez Gordon aujourd'hui, j'entrai par hasard dans l'auberge – le George –, ma Betty a une cousine au second degré qui y travaille comme femme de chambre, et je me dis que Betty aimerait avoir des nouvelles de sa santé. Ne voyant personne, je pris l'escalier et me retrouvai dans le couloir qui mène à la salle de bal (vous et moi, mademoiselle Matty, n'avons pas oublié cette salle à coup sûr, et les *menuets de la Cour* !) Donc je poursuivais mon chemin sans réfléchir à ce que je faisais quand, tout à coup, je comprends que je suis au beau milieu des préparatifs de la séance du lendemain soir ! La pièce était cloisonnée par de grands valets de nuit sur lesquels le personnel de Crosby clouait de la flanelle rouge. C'était à la fois très sombre et très étrange. Je ne savais plus où j'en étais. Désorientée, je me glissais derrière les écrans quand un monsieur (tout à fait bien, je vous l'assure) s'avança pour me demander s'il pouvait me rendre service.

Il s'exprimait dans un anglais laborieux, mais non sans charme. Je ne pus m'empêcher de penser à *Thadée de Varsovie*, aux *Frères hongrois*, à *Santo Sebastiano*[1]. Le temps d'imaginer ce qu'avait pu être son passé, avec deux ronds de jambe il m'avait mise dehors. Mais ne concluez pas trop vite ! Vous n'avez

1. Il s'agit de romans du début du XIX^e^ siècle.

pas encore entendu la moitié de mon histoire. Donc je descends l'escalier, et qui vois-je ? La cousine au second degré de Betty. Alors, évidemment, je m'arrête pour lui parler à cause de Betty, et elle me dit que c'était le magicien que j'avais vu, en chair et en os ! Le monsieur qui parlait si mal l'anglais n'était autre que le *Signor Brunoni* !

À ce moment précis, il nous a croisées dans l'escalier en s'inclinant avec une de ces grâces ! Pour ne pas être en reste, je lui fais une révérence. Ces étrangers sont si polis que leur politesse vous gagne. Quand il fut arrivé au bas des marches, je me mis en tête que j'avais laissé tomber un de mes gants dans la salle de bal (en réalité, il était en sécurité dans mon manchon, mais je ne le compris que plus tard) et, alors que sur la pointe des pieds je me glissais dans le passage sur un côté du grand écran qui fait presque toute la largeur de la salle, voilà que je tombe sur le même monsieur qui était déjà venu vers moi et qui m'avait croisée dans l'escalier ! Il surgissait du fond de la pièce (auquel il n'y a pas d'accès, vous vous souvenez, mademoiselle Matty), et il réitère sa demande dans sa petite merveille d'anglais bancal : qu'est-ce donc qui m'amène ici ? Je ne veux pas dire qu'il était aussi brutal, mais il paraissait résolu à m'interdire d'aller au-delà de l'écran. Alors, bien sûr, je lui ai expliqué pour mon gant qu'étrangement je retrouvai au même instant. »

Mlle Pole donc avait vu le prestidigitateur, elle avait vu le vrai à n'en pas douter ! Elle eut à répondre à une avalanche de questions : « Avait-il une barbe ? Était-il jeune ou vieux ? Blond ou brun ? Avait-il l'air… (incapable de formuler prudemment ma question, je lui donnai une autre forme) de quoi avait-il l'air ? » Bref, Mlle Pole fut l'héroïne de la soirée, grâce à sa rencontre du matin. Si elle n'était pas la reine (majesté réservée au magicien), elle avait approché du trône.

Prestidigitation, magie, sorcellerie fournirent les sujets de notre conversation. Mlle Pole affichait un léger scepticisme, et elle inclinait à croire qu'on pouvait trouver une explication scientifique même aux agissements des sorcières de *Macbeth*. Mme Forrester, elle, croyait à tout, depuis les fantômes jusqu'aux horloges de la mort. Mlle Matty se situait entre l'une et l'autre. La dernière qui avait parlé emportait sa conviction. Mon impression est que par nature elle penchait davantage du côté de Mme Forrester, mais un désir de se montrer la digne sœur de Mlle Jenkyns la faisait maintenir un juste milieu, Mlle Jenkyns qui ne permettait jamais à une domestique d'appeler les petits rouleaux de suif qui se formaient autour des bougies des « linceuls », mais insistait pour qu'on en parlât comme de « rouleaux de pâte ». Sa sœur superstitieuse ! Il n'en était pas question.

Après le thé, on m'envoya en bas dans la petite salle à manger chercher le volume de la vieille encyclopédie contenant les noms commençant par un p, afin que Mlle Pole eût le secours d'explications scientifiques aux tours de magie du lendemain soir. Cela gâcha la partie de préférence qu'attendaient Mlle Matty et Mme Forrester, car Mlle Pole fut si fascinée par le sujet et les illustrations que nous jugeâmes cruel de la déranger par autre chose qu'un ou deux bâillements choisis que je plaçai de temps à autre, tant j'étais touchée par la patience avec laquelle ces deux dames supportaient leur déception. Mais Mlle Pole n'en lisait qu'avec plus d'application, ne nous consentant pas d'autre information que :

« Ah ! je vois, je comprends tout. À représente la boule. Mettez A entre B et D – non, entre C et F, et placez la deuxième articulation du médius de votre main gauche sur le poignet de la main droite. C'est parfaitement clair ! Ma chère madame Forrester, prestidigitation et sorcellerie se ramènent à une manipulation des lettres de l'alphabet. Permettez-moi de vous lire ce passage à haute voix. »

Mme Forrester implora Mlle Pole de l'épargner, en affirmant que depuis l'âge de sept ans elle n'avait jamais pu comprendre ce qu'on lui lisait de cette manière. Je laissai tomber le paquet de cartes que j'avais battu avec bruit et, par ce geste judicieux, obligeai Mlle Pole à saisir que c'était à la préférence qu'elle était censée occuper la soirée et à proposer, en s'y résignant, que l'on entamât la partie. Quel plaisir de voir comment le visage des deux autres dames s'éclaira en entendant cela ! Mlle Matty eut quelques scrupules de conscience pour avoir interrompu Mlle Pole dans ses études. Elle eut du mal à se souvenir de ses cartes ou à donner toute son attention au jeu, jusqu'au moment où elle fit taire ses scrupules en offrant à Mlle Pole de lui prêter le volume de l'encyclopédie. Celle-ci accepta avec ses remerciements et dit que Betty viendrait le prendre pour l'emmener chez elle quand elle viendrait avec la lanterne.

La soirée suivante nous vit toutes légèrement émues à la pensée du divertissement qui nous attendait. Mlle Matty monta s'habiller de bonne heure et me pressa aussi longtemps que je ne fus pas prête. Nous découvrîmes alors qu'il nous restait une heure et demie à patienter avant l'ouverture des portes « à sept heures précises ». Et nous n'avions que vingt mètres à faire ! Toutefois, comme le dit Mlle Matty, il ne fallait pas nous laisser absorber par quoi que ce soit, au point d'en oublier l'heure. Mieux valait nous asseoir tranquillement, sans allumer les bougies, jusqu'à sept heures moins cinq. Elle s'assoupit donc, tandis que je tricotais.

Nous finîmes par nous mettre en chemin. À l'entrée du George, sous la porte cochère, nous trouvâmes Mme Forrester et Mlle Pole. Cette dernière était engagée dans une discussion sur l'objet de la soirée. Elle y mettait plus de passion que jamais et nous jetait à la tête une pluie de A et de B. Elle avait même copié au dos de vieilles lettres une ou deux des « recettes », comme elle les appelait, pour les différents tours, et elle était prête à expliquer et à déceler les manigances du *Signor Brunoni*.

Nous entrâmes dans le vestiaire, à côté de la salle des fêtes. Mlle Matty accorda un soupir ou deux à sa jeunesse enfuie et au souvenir de la dernière fois où elle était venue là, tout en ajustant son joli bonnet neuf devant l'antique miroir de ce vestiaire. Cette salle avait été ajoutée à l'auberge près de cent ans plus tôt par les différentes grandes familles du comté qui s'y rencontraient une fois par mois pendant l'hiver pour danser et jouer aux cartes. Plus d'une beauté provinciale y avait d'abord tourné le menuet, ensuite repris devant la reine Charlotte dans cette même pièce. On racontait qu'une des demoiselles Gunnings avait honoré ces lieux de la grâce de sa personne. Lady Williams avait là été frappée de la noble prestance d'un jeune peintre qui séjournait dans la contrée au sein d'une grande maison pour les besoins de sa profession et accompagnait ses protecteurs à l'assemblée de Cranford. Ce fut une triste acquisition que fit la pauvre Lady Williams avec ce joli mari si la rumeur dit vrai.

En ce jour, nulle beauté ne rougissait ni ne souriait dans les couloirs de la salle des fêtes de Cranford. Pas de bel artiste pour gagner les cœurs par ses ronds de jambe, le chapeau à la main. La vieille salle était malpropre. La peinture couleur saumon était devenue grise. Le plâtre des belles guirlandes et des beaux festons s'écaillait par plaques. Malgré tout, une odeur moisie d'aristocratie traînait encore, et le vague souvenir du passé révolu fit que Mlle Matty et Mme Forrester en entrant eurent un mouvement de menton et s'avancèrent à petits pas, comme si elles étaient la cible d'un grand nombre d'observateurs distingués au lieu de deux petits garçons avec une pomme caramélisée pour deux leur permettant de tromper l'ennui.

Nous n'allâmes pas plus loin que la deuxième rangée de bancs. J'eus du mal à comprendre pourquoi, jusqu'au moment où j'entendis Mlle Pole demander à un serveur de passage si l'on attendait la venue d'une des grandes familles du comté. Quand il secoua la tête et dit qu'à son avis, personne ne viendrait,

Mme Forrester et Mlle Matty s'avancèrent d'un pas, et nous composâmes un quatuor dédié à la conversation. Le premier rang reçut bientôt l'addition avantageuse de Lady Glenmire et de Mme Jamieson. À nous six, nous occupâmes les deux premières rangées. Notre enclave aristocratique fut respectée par les groupes de petits commerçants qui de temps à autre entraient et se serraient les uns contre les autres sur les bancs derrière nous. Du moins ce fut mon hypothèse à en juger par leur tapage et le bruit sourd qu'ils faisaient en s'asseyant. Mais lorsque, lassée par un rideau vert qui s'obstinait à ne pas se lever et me fixait de deux yeux étranges, vus par les trous, comme dans la vieille histoire de la tapisserie, je fus tentée de me tourner pour lancer un regard à ces joyeux bavards derrière moi. Mlle Pole m'agrippa le bras et me pria de m'en abstenir, car « cela ne se faisait pas ». Ce qui se faisait, je ne pus le découvrir, mais ce devait être quelque chose de bien ennuyeux et de bien lassant. Quoi qu'il en soit, nous regardions toutes droit devant nous, en direction du rideau tentateur, tenant des propos à peine intelligibles, tant nous avions peur de tomber dans la vulgarité, d'être bruyantes, et cela dans un lieu destiné à amuser le public. Mme Jamieson eut le plus de chance, car elle s'endormit.

Enfin les deux yeux disparurent, le rideau trembla, l'un des deux pans monta plus haut que l'autre, qui resta coincé, et puis retomba. Un nouvel effort, la traction vigoureuse d'une main invisible, et cette deuxième moitié s'éleva rapidement, nous découvrant un superbe étranger, vêtu à la turque, assis à une petite table et posant son regard sur nous (avec, aurais-je dit, les mêmes yeux que j'avais aperçus auparavant par les trous du rideau), sans se départir d'une calme et condescendante dignité, « tel l'habitant d'une autre sphère », comme une voix émue derrière moi ne put s'empêcher de le dire.

« Ce n'est pas le *Signor Brunoni,* dit Mlle Pole avec force, et si haut que cela ne put échapper à l'inconnu, j'en suis certaine. » Par-dessus sa barbe fleuve, il nous jeta un regard où se lisait une réprimande silencieuse. « Le *Signor Brunoni* n'avait pas de barbe. Mais peut-être ne va-t-il pas tarder. » C'est ainsi qu'elle se contraignit à attendre. Dans l'intervalle, Mlle Matty avait inspecté avec son lorgnon. Elle l'essuya, s'en servit de nouveau. Puis elle se tourna vers moi et, d'une voix douce, aimable et chagrine :

« Vous voyez, ma chère, dit-elle, on porte des turbans. »

Mais le temps nous manqua de converser davantage. Le Grand Turc, comme Mlle Pole avait choisi de le nommer, quitta son siège et se présenta comme étant le *Signor Brunoni.*

« Je ne le crois pas ! », s'exclama Mlle Pole sur le ton du défi.

De nouveau, l'homme la regarda, son visage exprimant la même rebuffade, sans qu'en souffre sa dignité.

« Non, répéta-t-elle avec plus d'insistance que jamais. Le *Signor Brunoni* n'avait pas cette touffe de poils au menton. Il donnait l'impression d'un chrétien rasé de près. »

L'énergie manifestée par Mlle Pole dans ses réactions eut pour effet positif de réveiller Mme Jamieson. Elle ouvrit grands les yeux pour marquer une attention profonde. Cette initiative réduisit Mlle Pole au silence et encouragea le Grand Turc à continuer, ce qu'il fit dans un anglais très approximatif, si approximatif qu'il n'y avait pas de lien logique entre les différentes parties de ses phrases. Lui-même finit par s'en apercevoir. Il cessa de parler et passa aux actes.

Quel ne fut pas notre étonnement ! Comment s'y prenait-il pour réussir ses tours ? Cela défia mon imagination, même quand Mlle Pole exhiba ses bouts de papier et se mit à lire à haute voix (ou du moins dans un murmure parfaitement audible) les diverses « recettes » expliquant les plus ordinaires de ses exploits. S'il me fut jamais donné de voir un homme froncer les sourcils et prendre un air furibond, ce fut lorsque le Grand Turc foudroya du regard Mlle Pole. Mais, comme elle le dit, qu'attendre des regards d'un musulman sinon qu'ils n'aient rien de chrétien ?

Pendant que Mlle Pole se montrait sceptique et plus absorbée par la lecture de ses recettes et de ses diagrammes que par le spectacle de la magie, Mlle Matty et Mme Forrester étaient mystifiées et plongées dans le plus parfait embarras. Mme Jamieson n'arrêtait pas d'ôter ses lunettes et de les essuyer, comme si elle prêtait à un défaut dans les verres le succès de la prestidigitation. Quant à Lady Glenmire, qui à Édimbourg avait pu assister à plus d'une scène curieuse, ces tours la confondaient, et elle refusait de donner raison à Mlle Pole quand celle-ci déclarait qu'avec un peu de pratique ils étaient à la portée de tous et qu'elle-même s'engageait à tout faire de ce qu'elle avait observé, pourvu qu'on lui donnât deux heures pour étudier l'encyclopédie et rendre plus flexible le troisième doigt de sa main.

Finalement, Mlle Matty et Mme Forrester furent toutes deux frappées de terreur. Elles parlaient à voix basse. Comme j'étais placée juste derrière elles, je ne pouvais m'empêcher d'entendre ce qu'elles disaient. Mlle Matty demandait à Mme Forrester s'il était tout à fait innocent d'assister à de pareilles choses. La pensée lui venait que c'était encourager une certaine… qui n'était pas sans… Un hochement de tête suppléait au reste de la phrase. Mme Forrester lui répondait que la même idée lui avait traversé l'esprit. Elle aussi se sentait très mal à l'aise en présence de tant d'étrangeté. Pas de doute : c'était son mouchoir à elle qui à l'instant se trouvait dans la miche de pain, un mouchoir que moins de cinq minutes plus tôt elle avait eu dans la main. Elle se demandait qui avait fourni le pain en question. Elle était sûre que ce n'était pas Dakin, car il était marguillier en charge de l'entretien de l'église. Tout à coup, Mlle Matty se tourna à moitié vers moi.

« Voudriez-vous, ma chère enfant, me dit-elle, vous qui n'appartenez pas à cette ville, juste jeter un coup d'œil pour voir si le recteur est là ? S'il y est, nous pourrons en déduire, je pense, que cet homme extraordinaire a reçu la sanction de l'Église, et ce sera pour moi un grand soulagement. »

Je regardai donc et vis le recteur, un homme de haute taille, maigre, décharné, insignifiant, entouré de toutes parts par des écoliers de la *National School*[1], protégé par une cohorte de son sexe de toute tentative de la part des nombreuses vieilles filles de Cranford pour se rapprocher de lui. Son bon visage s'enrubannait de larges sourires. Les rires des enfants tintaient autour de lui. Je dis à Mlle Matty que l'Église donnait une souriante approbation, ce qui la tranquillisa.

Je n'ai encore jamais parlé de M. Hayter, le recteur, parce que, en tant que jeune femme riche et heureuse, je n'avais aucun contact avec lui. C'était un célibataire endurci, mais il craignait autant que se répandissent des bruits à son sujet sur des projets de mariage qu'une jeune fille de dix-huit ans. Il se précipitait dans une boutique ou disparaissait dans une allée plutôt que de rencontrer dans la rue l'une des dames de Cranford. Quant aux parties de préférence, je n'étais pas surprise de le voir y refuser des invitations. À vrai dire, j'ai toujours soupçonné Mlle Pole de l'avoir poursuivi de ses avances lorsqu'il arriva pour la première fois à Cranford, soupçons qui n'étaient pas moindres de ce qu'elle parût vivement partager sa peur d'entendre son nom associé au sien. Il s'intéressait uniquement aux pauvres et aux indigents. Ce soir-là, il avait payé l'entrée du spectacle aux écoliers de la *National School* et, pour

---

1. Ces écoles devaient procurer aux enfants pauvres une instruction élémentaire conforme aux principes de l'Église anglicane.

une fois, la vertu portait en soi sa récompense, car ils lui offraient un rempart circulaire et se serraient contre lui comme s'il avait été la reine des abeilles et eux un essaim. Ainsi entouré, il se sentait tellement en sécurité qu'il se permit de s'incliner quand nous sortîmes en file indienne. Mlle Pole ignora sa présence et fit semblant de se consacrer entièrement à nous persuader que nous avions été dupées et finalement n'avions pas vu le véritable *Signor Brunoni*.

## 10

## Une peur panique

Des choses étranges, je crois, suivirent la visite à Cranford du *Signor Brunoni*. À l'époque, elles nous semblèrent liées à sa venue, bien que je ne voie pas le rapport qui en réalité pût exister avec elle.

Brusquement, toutes sortes de bruits fâcheux se propagèrent dans la ville. Il y eut un ou deux cambriolages, de véritables cambriolages, avec des suspects présentés aux juges, poursuivis devant les tribunaux, et cela parut déclencher parmi nous toutes la crainte d'un vol avec effraction. Longtemps chez Mlle Matty, je m'en porte garante, chaque nuit nous vit partir à l'aventure, autour des cuisines et des celliers. Mlle Matty venait en premier, armée du tisonnier. Je suivais avec la balayette. Martha portait la pelle et les chenets destinés à faire du bruit pour donner l'alerte. En les entrechoquant accidentellement, plus d'une fois elle nous causa une telle frayeur que nous nous enfermâmes toutes les trois dans l'office, la réserve, là où le hasard nous menait, pour ensuite reprendre la besogne d'un cœur plus vaillant. Pendant la journée, nous entendions d'étranges histoires de la part des boutiquiers et des petits paysans où il était question de charrettes qui circulaient en pleine obscurité, tirées par des chevaux aux sabots garnis de feutre, sous la protection d'hommes vêtus de noir. Elles faisaient le tour de la ville, sans aucun doute à la recherche d'une maison sans surveillance ou d'une porte déverrouillée.

Mlle Pole, qui se donnait des airs de grande bravoure, tenait le rôle principal pour ce qui était de collecter ces rumeurs et de les faire apparaître sous leur aspect le plus terrifiant. Cependant nous découvrîmes qu'elle avait demandé à M. Hoggins de lui céder un vieux chapeau à accrocher dans son couloir, et nous nous mîmes à douter (au moins ce fut mon cas) qu'elle pût goûter vraiment l'étrangeté de voir forcée la porte de sa maison, ainsi qu'elle le prétendait. Mlle Matty ne cherchait pas à dissimuler sa couardise, mais elle ne manquait jamais à son devoir de bonne maîtresse de maison de procéder à une inspection, si ce n'est que le moment pour cela fut fixé de plus en plus tôt. Finalement nous partîmes faire notre petit tour à six heures et demie, et Mlle Matty se coucha peu après sept heures « afin d'en terminer le plus vite possible avec la nuit ».

Cranford avait si longtemps tiré gloire du fait que la ville était honnête et d'une parfaite moralité qu'elle avait fini par se croire trop distinguée et bénéficiant d'une trop bonne éducation pour qu'il en fût autrement. La souillure infligée à sa réputation en était plus douloureusement ressentie. Nous nous réconfortions mutuellement en nous assurant l'une l'autre que les vols n'auraient jamais pu être commis par un habitant de Cranford. C'était un étranger, ou une bande d'étrangers, qui avait déshonoré la ville et donné lieu à autant de précautions que si nous avions vécu parmi des Indiens ou des Français.

Cette dernière comparaison à propos de nos efforts pour nous défendre et nous retrancher était l'œuvre de Mme Forrester, dont le père avait servi sous les ordres du général Burgoyne pendant la guerre d'Indépendance en Amérique et dont le mari avait combattu les Français en Espagne. Elle penchait, en fait, pour l'hypothèse selon laquelle, d'une certaine façon, les Français avaient quelque chose à voir avec les menus larcins (indubitables) et les cambriolages, ainsi que les méfaits des bandits de grands chemins (du domaine des racontars). À un moment quelconque de sa vie, elle avait été profondément marquée par l'idée qu'il existait des espions venant d'outre-Manche. Elle n'avait jamais pu se défaire de cette peur qui, de temps à autre, remontait à la surface. À présent, sa théorie était la suivante : les habitants de Cranford avaient une trop haute idée de leurs devoirs envers eux-mêmes et trop de reconnaissance pour l'aristocratie qui avait la bonté de résider près de la ville pour jamais déshonorer l'éducation qu'ils avaient reçue en se montrant malhonnêtes ou immoraux. Il fallait en conclure que les voleurs n'étaient pas d'ici – s'ils n'étaient pas d'ici, pourquoi ne seraient-ils pas venus de l'étranger ? – et, s'il s'agissait d'étrangers, la probabilité jouait en faveur des Français.

Le *Signor Brunoni* écorchait l'anglais comme ces gens-là. Il était vrai qu'il portait le même turban que les Turcs. Mais Mme Forrester avait vu une estampe représentant Mme de Staël avec un turban, et une autre figurant M. Denon[1] vêtu exactement de la même façon que le prestidigitateur pendant son spectacle, ce qui démontrait clairement que les Français, comme les Turcs, portaient des turbans. Sans aucun doute, ce *Signor Brunoni* était un Français, un espion français venu repérer en Angleterre les points faibles et les endroits mal défendus. Selon toute vraisemblance, il avait des complices. Pour sa part, Mme Forrester avait toujours interprété à sa manière la mésaventure de Mlle Pole chez George, quand elle avait vu deux hommes où un seul était censé se trouver. Les Français usaient de machinations dont, grâce à Dieu, les Anglais ignoraient tout. Elle n'avait jamais pu se réconcilier tout à fait à l'idée d'aller assister au spectacle de ce magicien. Cela ressemblait trop à quelque chose d'interdit, en dépit de la présence du recteur. Bref, Mme Forrester se mettait dans un état que nous ne lui avions jamais connu auparavant et, comme elle était la fille et la veuve d'un officier, évidemment elle nous dictait ce qu'il fallait penser.

En réalité, je ne sais pas quel crédit nous devions attacher aux rumeurs qui à cette époque se répandaient comme une traînée de poudre. Mais il me semblait alors qu'il n'y avait pas de raison pour ne pas croire qu'à Mardon (une petite ville à environ trois lieues de Cranford) on forçait l'entrée des maisons et des boutiques en pratiquant des trous dans les murs. Silencieusement, au cœur de la nuit, on

1. Le baron Denon était un spécialiste de l'Égypte.

enlevait des briques, et tout était fait si discrètement qu'on n'entendait rien, ni au-dedans ni au-dehors. Quand elle fut mise au courant de cela, les bras tombèrent à Mlle Matty. À quoi bon, disait-elle, mettre des serrures, des verrous, des sonnettes aux fenêtres ? À quoi bon faire le tour de la maison tous les soirs ? La manigance était digne d'un prestidigitateur. Oui, maintenant elle y croyait : derrière tout cela il fallait voir la main du *Signor Brunoni*.

Une après-midi, vers cinq heures, un coup à la porte frappé à la hâte nous fit sursauter. Mlle Matty m'ordonna de courir dire à Martha de n'ouvrir sous aucun prétexte avant qu'elle eût jeté un coup d'œil par la fenêtre. Elle s'arma d'un tabouret à laisser tomber sur la tête du visiteur au cas où il montrerait un visage couvert de crêpe noir en levant les yeux pour répondre à sa question sur son identité. Mais il ne s'agissait que de Mlle Pole et de Betty. La première monta l'escalier avec à la main un petit panier. Elle était à l'évidence très émue.

« Prenez-en bien soin, me dit-elle lorsque je proposai de lui ôter la charge de son panier. C'est mon argenterie. Je suis sûre qu'on projette de cambrioler ma maison cette nuit. J'attends tout de votre hospitalité, mademoiselle Matty. Betty ira dormir à l'auberge avec sa cousine. Si vous me le permettez, je vais veiller ici toute la nuit. Ma maison est loin de tout. Nous aurions beau crier, personne ne nous entendrait.

— Mais, dit Mlle Matty, pourquoi êtes-vous si inquiète ? Avez-vous vu rôder autour de chez vous ?

— Eh oui ! répondit Mlle Pole. Deux hommes à la mine patibulaire par trois fois sont passés devant la maison, très lentement, et une mendiante irlandaise est venue il n'y a pas une demi-heure. Elle a failli bousculer Betty. Elle disait que ses enfants mouraient de faim et qu'elle devait parler à la maîtresse de maison. Vous voyez : elle a dit "maîtresse", malgré le chapeau qui pendait dans le vestibule. Il aurait été plus normal de parler au maître. Mais Betty lui a fermé la porte au nez. Elle est montée me voir. Nous avons fait un paquet des cuillers et nous sommes restées assises à la fenêtre du petit salon à ouvrir l'œil, jusqu'au moment où nous avons vu passer Thomas Jones qui revenait du travail. Nous l'avons appelé, et nous lui avons demandé de nous accompagner en ville. »

Il nous aurait été facile de triompher de Mlle Pole qui avait prétendu à tant de bravoure avant de prendre peur. Mais nous étions trop satisfaites de voir qu'elle aussi était accessible à la faiblesse humaine pour exulter à ses dépens. De bon cœur, je lui abandonnai ma chambre et partageai pour une nuit le lit de Mlle Matty. Malheureusement, avant d'aller nous coucher, ces deux dames du fond de leurs souvenirs exhumèrent des histoires de meurtres et de vols à vous faire dresser les cheveux sur la tête. J'en avais la tremblote. Le but de Mlle Pole était clairement de prouver que cette panique soudaine à laquelle elle cédait avait sa justification dans les horreurs dont elle pouvait témoigner. Quant à Mlle Matty, elle ne voulait pas être en reste. À chaque histoire elle opposait quelque chose de plus abominable, tant et si bien que cela finit par me remettre en mémoire, bizarrement, un vieux conte que j'avais lu quelque part où un rossignol et un musicien rivalisaient à produire les sons les plus mélodieux, jusqu'au moment où la pauvre Philomèle tombait morte.

Une des histoires qui m'obsédèrent longtemps après avait trait à une fille qui, un jour de foire, alors que tous les autres domestiques étaient partis à la fête, était restée seule à veiller sur une grande demeure du Cumberland. La famille était à Londres. Un colporteur arriva qui demanda à laisser dans la cuisine son ballot qui était gros et lourd, disant qu'il reviendrait le prendre dans la soirée. La servante (qui était la fille du garde-chasse), traînant un peu partout en quête d'amusement, par hasard aperçut un fusil accroché dans le vestibule. Elle le décrocha pour voir le canon de plus près. Une balle partit, passa par la porte ouverte de la cuisine, frappa le sac du colporteur. Un filet de sang noir coula lentement de ce sac (comme Mlle Pole prenait plaisir à cette partie du récit ! Elle insistait sur chaque mot, comme si elle en goûtait la saveur). Elle ne s'attarda pas à nous rendre compte du courage ensuite manifesté par la jeune domestique, si bien que je n'ai qu'une idée confuse de la façon dont elle déjoua les plans des voleurs avec des chenets italiens chauffés à blanc, puis retrouvant leur couleur première après un bain de graisse.

Nous nous séparâmes pour la nuit en nous demandant quelle nouvelle nous apporterait le lendemain matin. Pour ma part, je voulais surtout en finir avec l'obscurité. J'étais terrifiée à l'idée que les voleurs aient vu, depuis une sombre cachette, que Mlle Pole avait emporté son argenterie, d'où une double raison de s'en prendre à notre demeure.

Pourtant, jusqu'à la visite de Lady Glenmire le lendemain, nous n'entendîmes parler de rien d'extraordinaire. Les chenets de la cuisine étaient restés dans la même position contre la porte de derrière, là où Martha et moi les avions savamment empilés, comme des bâtonnets de jonchet, pour être prêts à tomber dans un tintamarre si seulement un chat avait touché un panneau de bois à l'extérieur. Je m'étais posé la question de savoir ce que nous ferions si nous étions réveillées et alertées dans ces conditions, et j'avais proposé à Mlle Matty de nous cacher sous les draps pour que les voleurs ne risquent pas de penser que nous pouvions les identifier. Mais Mlle Matty, tout en tremblant de tous ses membres, rejeta cette idée. Elle dit qu'il était de notre devoir envers la société de les appréhender et qu'elle ferait certainement de son mieux pour se saisir de leurs personnes et les enfermer dans le grenier jusqu'au matin.

Quand vint Lady Glenmire, nous fûmes presque jalouses. La maison de Mme Jamieson avait bel et bien fait l'objet d'une attaque. Du moins voyait-on des traces de pas masculins sur les bordures de fleurs, sous les fenêtres des cuisines, là où « aucun homme n'avait de raison de se trouver ». En plus de cela, Carlo avait aboyé toute la nuit comme en présence d'étrangers. Mme Jamieson avait été réveillée par Lady Glenmire. Elles avaient agité la sonnette qui permettait de communiquer avec la chambre de M. Mulliner au second. Quand sa tête était apparue au-dessus de la rampe sous son bonnet de nuit, en réponse à leur appel, elles l'avaient informé de leurs craintes et lui en avaient donné les raisons. Là-dessus, il s'était retiré dans sa chambre et avait fermé la porte à clef (par crainte des courants d'air, comme il le leur expliqua le lendemain matin). Il avait ouvert la fenêtre et vaillamment lancé à l'adresse des présumés voleurs que, s'ils venaient à lui, il les combattrait.

Cependant, comme Lady Glenmire le fit remarquer, elles n'y trouvaient guère de motif de se rassurer. Il fallait aux bandits passer devant la chambre de Mme Jamieson et devant la sienne pour atteindre M. Mulliner, et ils auraient dû être d'une nature particulièrement belliqueuse pour négliger l'occasion qui leur était offerte par des étages inférieurs sans protection pour monter jusqu'aux mansardes et là forcer une porte afin d'en découdre avec le défenseur attitré de la maison. Lady Glenmire, après avoir quelque temps attendu et guetté dans le grand salon, avait proposé à Mme Jamieson d'aller se coucher. Mais cette dame avait dit qu'à moins de veiller et de monter la garde, elle ne goûterait aucun repos. En conséquence, elle s'était enveloppée chaudement de couvertures et s'était étendue sur le sofa, où la femme de chambre qui vint à six heures la trouva profondément endormie. Lady Glenmire, elle, préféra son lit et ne put fermer l'œil de la nuit.

Quand Mlle Pole entendit cela, elle hocha la tête avec satisfaction. Elle avait été persuadée qu'il se produirait quelque chose à Cranford cette nuit-là, et ce récit lui donnait raison. Il était clair qu'on s'était d'abord proposé de cambrioler sa maison mais, en voyant que Betty et elle se méfiaient et avaient emmené l'argenterie, les voleurs avaient modifié leurs plans et s'étaient rendus chez Mme Jamieson où Dieu sait ce qui aurait pu se passer si Carlo n'avait pas aboyé, en bon chien qu'il était.

Pauvre Carlo ! Il touchait à la fin de ses aboiements. La dangereuse bande qui infestait le voisinage eut-elle peur de lui ? Eurent-ils assez de rancune pour l'empoisonner et le punir de la manière dont il avait déjoué leurs plans cette nuit-là ? Comme le pensèrent certaines personnes manquant d'instruction, mourut-il d'apoplexie en raison d'une nourriture trop copieuse et de trop peu d'exercice ? Toujours est-il que, deux jours après cette nuit agitée, Carlo fut trouvé mort, ses pauvres petites pattes raidies dans un effort pour courir, comme si par une activité aussi inhabituelle une chance lui avait été laissée d'échapper à la poursuite inexorable de la Camarde.

Toutes, nous eûmes de la peine pour Carlo, ce vieil ami qui grondait à notre approche depuis tant d'années. Le mystère qui entourait sa mort nous inspira une vive inquiétude. Fallait-il y voir la main du *Signor Brunoni* ? En apparence, il lui avait suffi d'un ordre condensé en un mot pour ôter la vie à un serin. Sa volonté semblait capable de donner la mort. Peut-être n'avait-il pas quitté les environs et méditait-il toutes sortes d'atrocités.

Entre nous, à voix basse, nous donnions forme à ces suppositions le soir mais, le matin, le courage nous revenait avec le jour et, au bout d'une semaine, nous avions surmonté le choc que nous avait causé la mort de Carlo. Toutes, à l'exception de Mme Jamieson. La pauvre femme en était affectée comme jamais depuis le décès de son mari. Mlle Pole alla jusqu'à dire que, comme l'honorable M. Jamieson buvait beaucoup et lui causait beaucoup de souci, la disparition de Carlo pouvait, des deux malheurs, être celui qui l'affligerait le plus. Mais les remarques de Mlle Pole étaient toujours empreintes d'un certain cynisme. Quoi qu'il en soit, une chose apparaissait clairement : il devenait nécessaire pour Mme Jamieson de changer de paysage. M. Mulliner insistait beaucoup là-dessus. Il hochait la tête, chaque fois que nous prenions des nouvelles de sa maîtresse, et sa voix s'assombrissait quand il parlait de son manque d'appétit et de ses insomnies. C'était avec raison car, si deux traits la caractérisaient dans son état normal, c'étaient une grande facilité à manger et une non moins grande facilité à dormir. En l'absence de ces deux ressources, elle devait certainement être déprimée et souffrante.

Lady Glenmire, qui à l'évidence s'était bien faite à la vie à Cranford, n'aimait pas que Mme Jamieson pût aller à Cheltenham, et plus d'une fois elle insinua assez clairement que M. Mulliner était la cause de tout. Lorsque la maison avait été la cible de bandits, son inquiétude avait été vive, et depuis il avait déclaré à plusieurs reprises que pour lui c'était une grave responsabilité d'assurer la défense d'autant de personnes du sexe féminin. Quoi qu'il en soit, Mme Jamieson partit pour Cheltenham, escortée par M. Mulliner, et Lady Glenmire resta maîtresse des lieux, son office le plus évident étant de veiller à ce que les servantes n'eussent pas de chevaliers servants. Elle faisait un très aimable dragon et, dès qu'il fut arrangé qu'elle resterait à Cranford, elle découvrit que la visite de Mme Jamieson à Cheltenham était ce qui pouvait lui arriver de mieux. Elle avait donné en location sa maison d'Édimbourg et se retrouvait provisoirement sans domicile, si bien qu'il devenait pour elle très commode et très opportun de prendre soin de la demeure confortable de sa belle-sœur.

Mlle Pole avait indéniablement tendance à jouer les héroïnes, à cause de la décision rapide qu'elle avait prise de fuir les deux hommes et la femme qu'elle nommait maintenant « la bande d'assassins ». Elle les dépeignait sous des couleurs inquiétantes, et je notai qu'à chaque fois qu'elle revenait sur son récit, par un nouveau trait leur aspect gagnait en scélératesse. L'un d'eux était de grande taille : avant que nous en eussions fini avec lui, il devint un géant. Bien sûr, il était noir de cheveux, et bientôt il pendit une tignasse sur son front et le long de son dos. L'autre était petit et trapu : il lui poussa une bosse à l'épaule avant qu'il disparût de cette histoire. Sa chevelure était rousse : elle prit une couleur plus vive, rouge carotte. Mlle Pole finit par être presque sûre qu'il avait un défaut dans l'œil : il louchait, à n'en pas douter. Quant à la femme, ses yeux lançaient des éclairs ; c'était une parfaite virago. Très probablement, il s'agissait d'un homme déguisé en femme. Ensuite, il fut question d'une barbe à son menton, d'une voix mâle, et elle marcha à grands pas.

Si Mlle Pole prenait plaisir à raconter les événements de cette après-midi à chaque fois qu'on la questionnait, d'autres habitants de Cranford ne tiraient aucune fierté de leurs rencontres avec des voleurs. M. Hoggins, le chirurgien, avait vu deux brigands l'agresser sur le seuil de sa porte. Ils étaient cachés dans l'ombre du porche. Ils le réduisirent au silence si efficacement qu'il fut dépouillé, le temps pour lui de sonner et pour son domestique de réagir à son appel. Pour Mlle Pole, pas de doute : le coup avait été monté par ses bandits à elle. Le jour même où elle entendit cela, elle alla se faire examiner les dents et interroger M. Hoggins. Elle vint nous voir ensuite, si bien que nous eûmes un rapport de bonne source, alors que nous étions encore en proie à l'émotion et à l'excitation qu'avait causées en nous la nouvelle. En effet, l'attaque ne remontait qu'à la veille au soir.

« Eh bien, dit Mlle Pole en prenant place avec l'assurance d'une personne qui s'est fait une idée claire du sens de la vie et de la nature du monde qui nous entoure (ces gens-là n'ont pas une démarche légère et ne s'assoient que lourdement), eh bien, mademoiselle Matty, les hommes seront toujours des hommes. Tous, ils veulent qu'on les considère comme tenant à la fois de Samson et de Salomon, trop forts pour être jamais battus ou mis en échec, trop sages pour jamais trouver plus malin qu'eux. L'avez-vous remarqué ? Ils savent toujours à l'avance ce qui va se passer, s'ils ne vous en disent rien pour vous mettre en garde avant que cela se passe. Mon père était un homme. Je connais assez bien les caractères du sexe. »

Elle était à bout de souffle après avoir dit cela. Nous aurions volontiers comblé le vide qui inévitablement s'ensuivit par une réaction unanime, mais nous ne savions pas trop que dire, nous ignorions l'identité de l'homme qui avait amené cette diatribe contre ses pareils. Aussi nous nous contentâmes d'éviter la passivité par un hochement de tête empreint de gravité et de murmurer : « C'est vrai qu'ils sont incompréhensibles. »

« Vous n'imagineriez pas, poursuivit-elle, j'ai pris le risque de me faire extraire une de mes dernières dents (on est affreusement à la merci des chirurgiens-dentistes ; pour ma part, je leur parle toujours bien poliment tant que ma bouche est à leur merci) mais, en définitive, M. Hoggins a trop d'un homme pour reconnaître qu'on l'a volé hier soir. »

Ce fut une exclamation générale.

« Il n'a pas été volé ! »

« Qu'est-ce que vous dites ? s'écria Mlle Pole, indignée de voir que l'espace d'un instant nous pouvions être abusées. Je suis certaine qu'il l'a été, ainsi que Betty me l'a appris, mais il a honte de l'avouer et, il faut l'admettre, ce n'était pas malin de sa part de se faire dépouiller sur le pas de sa porte. Sans doute trouve-t-il que ce n'est pas de nature à le grandir dans l'estime des habitants de Cranford et se donne-t-il du mal pour le dissimuler. Mais il n'aurait pas dû essayer de me berner en disant que ce que j'avais entendu concernait probablement un collet de mouton qu'on lui avait pris dans le garde-manger de sa cour la semaine dernière, larcin dont on avait exagéré l'importance. Il a eu l'impertinence d'ajouter qu'à son avis le voleur était le chat. Je suis sûre que si j'allais au fond des choses, je découvrirais que le coupable était cet Irlandais déguisé en femme qui est venu tâter le terrain autour de ma maison, en racontant qu'il avait des enfants affamés. »

Après avoir dûment condamné la mauvaise foi dont M. Hoggins avait fait preuve et médit des hommes en général, considérant celui-là comme représentatif de l'ensemble, nous finîmes par arriver au sujet qui nous occupait lorsque Mlle Pole était entrée. Il s'agissait de savoir si, avec la confusion qui régnait dans le pays, il nous était possible d'oser accepter l'invitation que Mlle Matty venait de recevoir de la part de Mme Forrester, à savoir de venir comme à l'ordinaire célébrer l'anniversaire de son mariage en prenant le thé avec elle à cinq heures pour ensuite jouer une paisible partie de cartes. Mme Forrester précisait qu'elle nous conviait non sans hésitation, car les routes, à ce qu'elle craignait, étaient très dangereuses. Cependant elle suggérait que l'une d'entre nous peut-être ne verrait pas d'inconvénient à utiliser la chaise à porteurs, tandis que les autres, en marchant d'un pas alerte, réussiraient à ne pas se laisser distancer par le petit trot des hommes, si bien que nous pourrions toutes gagner sans encombre Over Place, un faubourg de la ville (plus exactement un conglomérat de quelques maisons, séparées de Cranford par environ deux cents mètres d'un chemin obscur et peu fréquenté).

Nous aurions toutes de beaucoup préféré décliner cette invitation. Mais nous sentions que ce ne serait pas gentil envers Mme Forrester qui, sans nous, serait laissée seule à se rappeler une vie qui n'avait été ni trop heureuse ni trop marquée par la chance. Mlle Matty et Mlle Pole depuis des années lui rendaient visite à cette occasion, et elles étaient à présent bravement résolues à ne pas se laisser intimider et à affronter l'obscurité du petit chemin plutôt que de se montrer déloyales envers leur amie.

Mais, quand vint le soir, Mlle Matty (car c'était elle qui avait été désignée pour occuper la chaise à porteurs, comme elle était enrhumée), avant d'être enfermée dans un habitacle où elle faisait figure de pantin à ressorts immobilisé dans sa boîte, implora ses aides, quoi qu'il puisse arriver, de ne pas décamper et la laisser prisonnière à attendre d'être mise à mort. Ils promirent mais, même ensuite, je la vis durcir les traits de son visage pour se donner la farouche détermination de la martyre et, par la vitre, m'adresser un triste signe de tête qui en disait long. Malgré tout, notre voyage s'accomplit sans problème. Nous finîmes plus ou moins à bout de souffle, car ce fut à qui trotterait le plus vite dans les ténèbres du petit chemin, et Mlle Matty, j'en ai peur, eut à subir bien des cahots.

Mme Forrester s'était donné plus de peine qu'à l'ordinaire pour nous remercier d'être venues la voir au mépris de pareils dangers. Comme d'habitude, on fit semblant avec hauteur de ne pas savoir ce que les domestiques allaient bien pouvoir monter. Tant l'harmonie que la préférence semblaient devoir être à l'ordre du jour quand on se lança dans une conversation qui n'était pas sans lien avec les bandits qui infestaient le voisinage de Cranford.

Ayant bravé les dangers du petit chemin obscur et nous étant acquis de cette manière un fonds de réputation pour le courage dans lequel puiser en cas de besoin, désireuses aussi, faut-il le dire, de prouver notre supériorité sur le sexe masculin (incarné par M. Hoggins) en matière de franchise, nous commençâmes à parler des appréhensions de chacune et des précautions prises séparément. Je reconnus que la peur qui me glaçait le plus était celle d'une paire d'yeux scrutateurs fixés sur moi, rendus plus brillants par la surface sans éclat du bois sur lequel ils se détachaient. Si j'osais aller jusqu'à mon miroir quand ainsi sujette à la panique, je ne manquais pas de le retourner face contre le mur, de crainte qu'apparussent derrière moi des yeux perçant l'obscurité.

Je vis que Mlle Matty se disposait à faire un aveu. Il finit par venir. Elle confessa que, depuis l'enfance, elle craignait, au moment de se coucher, qu'une main dissimulée sous le lit ne lui saisît la jambe sur laquelle elle s'appuyait. Plus jeune, plus souple, elle prenait, nous dit-elle, son élan de loin, de manière que l'une et l'autre jambes atterrissent conjointement sur sa couche. Mais cette manœuvre avait toujours agacé Déborah, qui mettait un point d'honneur à s'étendre avec grâce, et elle avait dû y renoncer. À présent, la terreur de jadis reprenait souvent le dessus, surtout depuis l'agression dont Mlle Pole avait été la victime (nous avions fini par croire à la réalité de cette agression). Néanmoins, il était des plus désagréables de se souvenir de regarder sous un lit où vous risquiez de voir un homme caché, dans un grand faciès des yeux cruels vous dévisageant. C'est pourquoi elle avait imaginé un expédient. Peut-être avais-je noté qu'elle avait demandé à Martha de lui acheter une petite balle, comme en ont les enfants pour jouer. Elle faisait rouler cette balle sous le lit chaque soir. Sinon, elle prenait soin d'avoir la main sur le cordon de sonnette, dans l'intention d'appeler John et Harry, comme si elle pouvait croire que des hommes à son service allaient répondre à son appel.

Nous applaudîmes toutes à cet habile stratagème, et Mlle Matty retomba dans un silence satisfait, en jetant un regard à Mme Forrester qui semblait l'interroger sur sa propre faiblesse.

Mme Forrester regarda Mlle Pole du coin de l'œil et tenta de changer de sujet en nous racontant qu'elle avait emprunté un gamin dans les chaumières voisines et promis aux parents cent livres de charbon à Noël, plus un souper chaque soir, en échange d'un prêt pour la nuit. À son arrivée, elle lui avait appris ce qu'il lui incomberait peut-être de faire et, le trouvant raisonnable, lui avait donné l'épée du commandant (son défunt mari), en lui demandant de très soigneusement la mettre derrière son oreiller la nuit, avec la précaution de tourner le tranchant vers le haut. Ce n'était pas un sot, elle en était sûre, car, apercevant le bicorne du commandant, il avait dit qu'avec cela sur la tête il s'engageait à jeter l'effroi dans le cœur de deux Anglais ou de quatre Français, à n'importe quel moment. Elle lui avait alors une fois de plus rappelé qu'il ne devait pas perdre de temps à se coiffer d'un bicorne ou d'autre chose, mais courir sus à l'ennemi l'épée à la main.

Je suggérai que peut-être un accident était à redouter de directives aussi sanguinaires et aussi peu nuancées. Il pouvait se précipiter sur Jenny quand elle se lèverait pour faire le ménage et la transpercer avant d'avoir découvert qu'il ne s'agissait pas d'un Français. Mme Forrester me répondit qu'elle n'envisageait guère cette éventualité, car il dormait à poings fermés, et en général, le matin, il fallait le secouer rudement pour pouvoir le réveiller. Il lui arrivait de mettre la profondeur de ce sommeil sur le compte des soupers plantureux dont bénéficiait le pauvre diable, car chez lui on ne lui donnait presque rien à manger, et elle avait demandé à Jenny de veiller à ce qu'il fît de bons repas.

Cela n'équivalait pas à l'aveu d'une faiblesse particulière, et nous la pressâmes de nous confier ce qui, à son avis, lui causerait plus de peur que tout le reste. Elle garda le silence, tisonna le feu, moucha les bougies puis, dans un murmure impressionnant, elle dit :

« Les fantômes ! »

Elle se tourna vers Mlle Pole, comme pour signifier qu'elle n'avait rien laissé ignorer et n'en démordrait pas. Le regard de Mme Forrester était une manière de défi. Mlle Pole lui tomba dessus à grand renfort d'indigestions, de fausses apparitions, d'illusions d'optique, sans parler de tout ce qu'elle emprunta au docteur Ferrier et au docteur Hibbert[1]. Mlle Matty avait un petit faible pour les fantômes, comme j'ai eu l'occasion de le mentionner. Le peu qu'elle en dit fut entièrement favorable à

1. Des auteurs contemporains qui avaient exprimé leur scepticisme sur les apparitions.

Mme Forrester. Celle-ci, enhardie par ce soutien, déclara que les fantômes faisaient partie de sa religion et qu'à coup sûr elle, qui était la veuve d'un commandant, savait ce qui méritait d'être craint et ce qui ne le méritait pas. Bref, je ne me souviens pas d'avoir jamais vu Mme Forrester aussi remontée, que ce soit avant ou après cela, car la plupart du temps c'était une vieille dame patiente, aimable et pleine de douceur. Tout le vin de sureau qui fut jamais mis à chauffer n'aurait pu ce soir-là effacer le souvenir de ce différend entre Mlle Pole et son hôtesse. Au contraire, quand on apporta ce breuvage, il ne fit que rouvrir la discussion. En effet, Jenny, la petite bonne qui vacillait sous le poids de son plateau, dut témoigner avoir de ses yeux vu un fantôme, dans un passé qui n'était pas si lointain, et cela dans l'allée des Ombres, celle-là même qu'il nous fallait emprunter pour rentrer chez nous.

En dépit du sentiment de malaise que me causa cette considération, je ne pus m'empêcher de m'amuser de la situation de Jenny, qui ressemblait beaucoup à celle d'un témoin pris entre deux feux, ceux de deux avocats sans scrupule sur le choix des questions cruciales à poser. La conclusion à laquelle j'arrivai fut que Jenny avait certainement vu quelque chose qu'une simple indigestion n'était pas capable d'expliquer. Elle témoigna qu'elle avait aperçu une dame sans tête toute vêtue de blanc et s'y tint, soutenue par l'assurance de la sympathie de sa maîtresse et sans céder au mépris cinglant de Mlle Pole. Elle n'était pas seule à avoir rencontré cette dame sans tête assise au bord du chemin à se tordre les mains de douleur. Beaucoup d'autres l'avaient fait. De temps en temps, Mme Forrester nous regardait avec un air de triomphe. Mais ce n'était pas elle qui aurait à prendre l'allée des Ombres avant de s'ensevelir sous des draps familiers.

Nous maintînmes un silence discret sur la dame sans tête pendant que nous mettions nos manteaux pour rentrer chez nous, car il était impossible de savoir à quelle distance se situaient la tête et les oreilles du fantôme, ni quel lien d'ordre spirituel elles gardaient avec le malheureux corps de l'allée des Ombres. Il s'ensuivit que même Mlle Pole sentit qu'il valait mieux ne pas parler à la légère d'un sujet comme celui-là, de peur de déplaire au tronc infortuné ou de lui faire insulte. Telle est du moins mon hypothèse car, au lieu de jacasser comme cela se fait d'habitude en pareille situation, nous ajustâmes nos pèlerines avec la même tristesse que des muets à un enterrement. Pour exclure des spectacles désagréables, Mlle Matty tira les rideaux tout autour de sa chaise et les porteurs (soit d'allégresse à la pensée que leur travail serait bientôt fini, soit en raison de la pente du chemin) partirent à un train si rapide et si joyeux que Mlle Pole et moi, nous eûmes toutes les peines du monde à ne pas nous laisser distancer.

Elle n'eut de souffle que pour un « Ne me quittez pas » suppliant, tandis qu'elle s'agrippait à mon bras avec tant de force que, spectre ou non, il m'aurait été impossible de l'abandonner. Quel soulagement ce fut lorsque les porteurs, fatigués par leur fardeau et par une allure trop rapide, s'arrêtèrent à l'endroit précis où l'allée des Ombres croisait la route de Headingway ! Mlle Pole me lâcha et saisit le bras d'un des hommes.

« Ne pourriez-vous pas... ne pourriez-vous pas faire passer Mlle Matty par la route de Headingway ? Les pavés de cette allée secouent rudement, et Mlle Matty n'est pas très solide. »

Une voix étouffée nous parvint de l'intérieur du véhicule.

« Je vous en prie, continuez ! Qu'est-ce qu'il y a ? Dites-le-moi. Je vous donnerai six pence de plus si vous faites vite. S'il vous plaît, n'arrêtez pas ici.

— Et moi, dit Mlle Pole d'une voix tremblante mais digne, je vous donne un shilling si vous prenez la route de Headingway. »

Les deux porteurs acquiescèrent dans un grognement. Ils soulevèrent la chaise et prirent la route, ce qui certainement répondit à la charitable intention qu'avait Mlle Pole d'épargner les os de Mlle Matty, car cette route était couverte d'une boue épaisse et molle. Même une chute y aurait été sans inconvénient, jusqu'au moment de sortir qui aurait réservé quelques difficultés pour extraire la prisonnière de sa fâcheuse position.

# 11

## Samuel Brown

Le lendemain matin, je rencontrai Mlle Pole et Lady Glenmire. Elles se proposaient une longue promenade avec pour but de trouver une vieille femme, célèbre dans la contrée pour son habileté à tricoter des bas de laine. Mlle Pole me dit, avec un sourire qui hésitait entre la bonté d'âme et le mépris : « Je parlais à l'instant à Lady Glenmire de notre pauvre amie, Mme Forrester, et de sa peur des fantômes. Cela vient de ce qu'elle vit trop souvent seule et prête l'oreille aux histoires à dormir debout de sa Jenny. » Mlle Pole faisait montre de tant de sérénité et apparaissait pour son propre compte tellement au-dessus des craintes superstitieuses que j'eus presque honte de lui dire combien sa proposition de la veille de passer par la route de Headingway m'avait plu. Je mis la conversation sur un autre sujet.

L'après-midi, Mlle Pole rendit visite à Mlle Matty pour l'entretenir d'une aventure, bien réelle cette fois, qu'elle avait vécue au cours de leur promenade du matin. Elles n'avaient pas su exactement quel chemin prendre à travers champs pour trouver la vieille tricoteuse et, afin de se renseigner, s'étaient arrêtées à une petite auberge au bord de la grand-route de Londres, à environ une lieue de Cranford. La brave dame de l'auberge les avait invitées à s'asseoir et à se reposer, tandis qu'elle irait chercher son mari qui saurait mieux qu'elle leur indiquer le chemin. Pendant qu'elles attendaient dans un petit salon au sol sablé, il entra une fillette. Elles s'imaginèrent qu'elle était l'enfant de la propriétaire et engagèrent une petite conversation avec elle, faite de banalités. Mais, quand revint Mme Roberts, elle les informa que la pauvrette était l'unique enfant d'un couple qui louait une chambre dans sa maison. Là-dessus, elle commença une longue histoire dont Lady Glenmire et Mlle Pole ne purent tirer avec certitude qu'un ou deux faits. Six semaines plus tôt, une carriole s'était rompue juste devant sa porte, avec dedans deux hommes, une femme et cet enfant. L'un des hommes était gravement blessé. Il ne souffrait d'aucune fracture, était seulement ébranlé, disait la dame, mais il avait sans doute été victime d'une lésion interne très grave, car depuis il dépérissait dans l'auberge, assisté par sa femme, la mère de la petite fille. Mlle Pole avait demandé qui il était, de quoi il avait l'air. Mme Roberts avait répondu qu'il n'avait pas l'air d'appartenir à la bonne société, et pourtant ne semblait pas être n'importe qui. Si sa femme et lui n'avaient pas été des personnes aussi convenables et aussi discrètes, elle aurait presque pu penser qu'il s'agissait d'un saltimbanque, ou de quelque chose de ce genre, car dans la carriole ils avaient mis une grande malle au contenu mystérieux. Elle avait aidé à déballer, à en sortir leur linge et leurs vêtements, et puis l'autre homme (son jumeau, à ce qu'elle croyait) était parti avec la voiture et le cheval.

À cet endroit du récit, Mlle Pole commença à nourrir quelques soupçons. Elle émit l'idée qu'il était assez curieux que la malle, la voiture, le cheval et le reste eussent disparu. Mais la brave Mme Roberts sembla profondément indignée de ce que Mlle Pole paraissait suggérer. En fait, notre amie nous dit qu'elle n'était pas moins outrée que si elle-même avait été accusée de filouterie. Le meilleur moyen de convaincre ces dames lui sembla être de leur demander à voir la femme. Comme le dit Mlle Pole, il fut impossible de douter encore devant le visage honnête à la peau tannée de cette femme qui, à la première expression de sympathie de Lady Glenmire, éclata en sanglots qu'elle fut trop faible pour réprimer avant qu'un mot de l'aubergiste lui fît ravaler ses larmes pour pouvoir témoigner de la charité chrétienne démontrée par M. et Mme Roberts.

Mlle Pole donna son adhésion au récit pathétique aussi vite qu'elle avait auparavant refusé d'y croire. Je n'en veux pour preuve que la vigueur avec laquelle elle épousa la cause du malheureux sans se laisser démonter par le fait qu'il s'agissait de notre *Signor Brunoni* et de nul autre, ce même homme auquel tout Cranford avait prêté six semaines durant toutes sortes de méfaits. Sa femme dit que son nom en réalité était Samuel Brown (elle l'appelait Sam), mais jusqu'au bout nous préférâmes le *Signor Brunoni,* tellement plus agréable à l'oreille.

À la fin de leur conversation avec la *Signora Brunoni,* on tomba d'accord pour que le mari pût bénéficier d'un avis médical. En ce qui concernait la dépense occasionnée, Lady Glenmire promit de s'en occuper. Elle était en conséquence allée voir M. Hoggins pour le prier de se rendre l'après-midi même au Soleil Levant afin d'établir de quoi souffrait véritablement le *Signor*. Comme le dit Mlle Pole, s'il était utile de le transporter à Cranford pour être plus facilement suivi par M. Hoggins, elle s'engageait à lui chercher un logement et à trouver une solution pour le loyer. Mme Roberts ,tout au long avait fait preuve de la plus grande bonté, mais il était évident que la prolongation de leur séjour n'avait pas été sans causer de désagrément.

Avant que Mlle Pole nous eût quittées, comme elle nous ne pouvions penser qu'à son aventure de la matinée. Ce fut le sujet de notre conversation toute la soirée. Nous l'examinâmes sous tous les rapports, et nous allâmes nous coucher dans l'attente du lendemain matin où sûrement quelqu'un saurait nous apprendre ce qu'en pensait M. Hoggins et ce qu'il recommandait. En effet, comme Mlle Matty le fit remarquer, s'il lui arrivait de dire : « Qu'il nous débarrasse le plancher ! » et s'il appelait la préférence « la pref », elle était persuadée qu'il méritait notre estime et qu'il était un très habile chirurgien. En réalité, nous éprouvions de la fierté pour notre médecin de Cranford – en tant que médecin. Souvent nous aurions aimé, quand nous entendions dire qu'une maladie frappait la reine Adélaïde ou le duc de Wellington, qu'on envoyât chercher M. Hoggins. Cependant, réflexion faite, nous étions plutôt contentes qu'on s'en abstînt car, si nous étions souffrantes, vers qui aurions-nous pu nous tourner, une fois que M. Hoggins aurait été fait médecin attitré de la famille royale ?

En tant que chirurgien, nous étions certes fières de lui mais, en tant qu'homme, ou plus exactement en tant que membre de la bonne société, nous ne pouvions que faire la fine bouche en pensant à son nom et à lui-même, regretter qu'il n'eût pas lu les *Lettres de Lord Chesterfield*[1] en un temps où ses manières auraient pu connaître encore une amélioration. Cependant, son diagnostic en ce qui concernait le *Signor* fut pour nous toutes parole d'Évangile et, quand il dit qu'avec des soins attentifs il pouvait se rétablir, nous cessâmes de craindre pour sa santé.

Cependant, bien qu'il ne fût plus question de craindre, chacune s'employa autant que s'il y avait eu de fortes raisons d'être inquiète, et certes ç'avait été le cas jusqu'au moment où M. Hoggins l'avait pris en main. Mlle Pole chercha un logement propre et confortable, bien que simple. Mlle Matty lui envoya la chaise à porteurs. Avant son départ de Cranford, nous prîmes soin de bien l'aérer. Nous y plaçâmes une bassinoire remplie de charbons ardents, pour ensuite bien refermer, avec la fumée, et n'ouvrir que lorsque le *Signor Brunoni* y prendrait place au Soleil Levant. Lady Glenmire se chargea des médicaments en suivant les instructions de M. Hoggins. Elle fouilla partout dans la maison de Mme Jamieson pour en extraire tout ce qui existait en matière de flacons, de cuillers, de tables de chevet, sans se poser de questions, ce qui causa

1. Les *Lettres de Lord Chesterfield à son fils* (1774) contenaient des conseils très appréciés sur la conduite à tenir en société.

quelque anxiété à Mlle Matty sur ce que diraient cette dame et M. Milliner s'ils venaient à savoir.

Mme Forrester confectionna un peu de la gelée au pain qui faisait sa gloire pour que le *Signor* à son arrivée dans son logis eût de quoi se restaurer. Cette gelée en cadeau était la plus haute marque de faveur que cette chère Mme Forrester pût conférer. Un jour, Mlle Pole lui en avait demandé la recette, mais elle s'était heurtée à un refus catégorique. Mme Forrester lui avait dit que de son vivant elle ne pourrait s'en dessaisir au profit de personne. Après sa mort, comme ses exécuteurs testamentaires le découvriraient, la recette serait léguée à Mlle Matty. Ce que Mlle Matty ou (comme l'appelait Mme Forrester au souvenir de cette clause dans son testament et de l'importance qu'elle y prenait) Mlle Matilda Jenkyns ferait de la recette quand elle entrerait en sa possession, si elle la rendrait publique ou la transmettrait à ses héritiers, Mme Forrester l'ignorait, et elle n'imposerait rien.

Un moule rempli de cette admirable gelée, digeste, unique en son genre, fut envoyé par Mme Forrester à notre pauvre magicien malade. Qui osera dire que notre aristocratie est orgueilleuse ? Voilà une dame qui, par la naissance, était une Tyrrell, qui descendait du grand Sir Walter qui avait tué le roi Rufus, dans les veines de qui coulait le sang de l'homme qui dans la Tour de Londres avait assassiné les petits princes[1], et chaque jour elle se demandait

1. Richard III était soupçonné d'avoir fait assassiner les fils de son frère pour s'emparer du trône. Le roi Rufus (Guillaume II, le Roux) était le fils du Conquérant.

quels petits plats elle pouvait préparer pour le *Signor Brunoni*, un saltimbanque. Mais, à vrai dire, il était étonnant de voir quels bons sentiments la venue parmi nous de ce malheureux parvenait à susciter, et il n'était pas moins surprenant de constater comment la grande panique de Cranford qu'avait causée son arrivée sous l'habillement d'un Turc s'était dissipée à sa seconde apparition, pâle, faible, les paupières lourdes, les yeux vitreux, son regard s'éclairant seulement un peu quand il tombait sur le visage de sa fidèle épouse ou sur leur fillette pâlichonne et morose.

Mystérieusement, nous oubliions toutes d'avoir peur. Sans doute était-ce de découvrir que cet homme, qui d'abord avait fait naître en nous l'amour du merveilleux par ses talents extraordinaires, n'avait pas les capacités suffisantes (et pourtant banales) pour maîtriser un cheval rétif. Nous en retirions le sentiment de redevenir nous-mêmes. Mlle Pole nous arrivait le soir à n'importe quelle heure avec son petit panier, comme si sa maison isolée et la route peu fréquentée qui y menait n'avaient jamais été infestées par « une bande d'assassins ». Mme Forrester déclarait que ni Jenny ni elle n'avaient de raison pour redouter la femme sans tête qui geignait et pleurait dans l'allée des Ombres, car assurément le pouvoir de nuire à ceux qui se proposaient de faire le peu de bien à leur portée n'avait jamais été donné à ces créatures, ce à quoi Jenny en tremblant trouvait le moyen de donner son assentiment. Toutefois, la théorie de la maîtresse eut peu d'effet sur la pratique de la servante avant qu'elle eût cousu deux morceaux de flanelle rouge en forme de croix sur son vêtement de dessous.

Je m'aperçus que Mlle Matty recouvrit sa petite balle, celle qu'elle faisait rouler sous son lit, d'une laine très gaie aux rayures multicolores.

« Ma chère enfant, me dit-elle, cela me fend le cœur de voir cette pauvre petite accablée de soucis. Son père a beau s'amuser à nous mystifier, on croirait qu'elle n'a jamais de sa vie eu l'occasion de jouer à un jeu. Je confectionnais de très jolies balles comme celle-ci quand j'étais jeune. Je me suis dit que j'allais essayer de donner de l'allure à celle-ci et que j'irais la porter à Phoebé cette après-midi. Je crois que toute la bande a quitté la région, car on n'entend plus parler de leurs agressions et de leurs rapines. »

La santé précaire du *Signor* occupait beaucoup trop nos pensées pour que nous puissions mettre la conversation sur voleurs et fantômes. Lady Glenmire alla jusqu'à dire qu'elle n'avait jamais de manière sûre entendu parler de vols, si ce n'est que deux gamins avaient soustrait deux pommes au verger du fermier Benson et qu'un jour de marché la veuve Hayward avait noté l'absence de quelques œufs sur son étal. C'était pourtant attendre trop de nous. Nous n'étions pas prêtes à admettre que notre peur panique eût été si peu fondée. Mlle Pole se gendarma devant cette remarque de Lady Glenmire. Elle dit regretter de ne pouvoir reconnaître avec elle que nous n'avions eu que peu de raisons de nous inquiéter. Et cet homme déguisé en femme qui avait tenté de forcer l'entrée de sa maison, tandis que ses complices faisaient le guet dehors ? Et ces empreintes de pas relevées sur les bordures de fleurs de Mme Jamieson, information qu'elle devait à Lady Glenmire elle-même ? Et ce vol audacieux commis aux dépens de M. Hoggins sur le seuil de sa porte, un irréfutable méfait ?

À cet endroit de la conversation, toutefois, Lady Glenmire l'interrompit. Elle émettait les plus grandes réserves et se demandait si cette dernière histoire n'était pas une pure invention bâtie à partir de la culpabilité d'un chat. Elle s'empourpra tellement en disant cela que je ne fus pas surprise de voir Mlle Pole regimber. Je suis sûre que si Lady Glenmire n'avait pas été une « Seigneurie », son opposition aurait pris une forme plus déterminée que « eh bien, dites donc ! » et autres exclamations fragmentaires qui bornèrent ce qu'elle s'aventura à exprimer en présence d'un membre de la noblesse.

Cependant, quand elle fut partie, Mlle Pole se mit à rendre grâce au ciel longuement devant Mlle Matty du fait que, jusqu'à présent, elles avaient échappé au mariage, état qui, elle le remarqua, finissait toujours par rendre crédule à l'extrême. Elle trouvait même que l'incapacité à ne pas convoler en justes noces était le signe chez une femme d'une forte tendance à se laisser berner. Avec ce que Lady Glenmire avait dit du vol chez M. Hoggins, nous avions un parfait exemple des abus guettant les femmes aptes à succomber à pareille faiblesse. Il était clair que Lady Glenmire était prête à gober n'importe quoi si elle pouvait croire à cette histoire fabriquée de toutes pièces sur un collet de mouton et un chat, histoire que M. Hoggins avait tenté de faire accroire à Mlle Pole. Heureusement, elle se méfiait toujours de ce que disent les hommes.

Nous étions heureuses, comme le désirait Mlle Pole, d'avoir échappé au mariage, mais je crois que nous nous félicitions plus encore du fait que les voleurs avaient quitté Cranford. C'est du moins mon sentiment au souvenir de ce que me dit Mlle Matty ce soir-là, tandis que nous étions assises près du feu. Elle considérait à l'évidence un mari comme une protection des plus efficaces contre les voleurs, les cambrioleurs et les fantômes. À la différence de Mlle Pole qui mettait constamment en garde contre le mariage, pour elle il était risqué de le déconseiller uniformément. Bien sûr, elle le voyait bien, maintenant qu'elle avait acquis de l'expérience, il représentait un éventuel danger. Mais elle se souvenait d'un temps où elle avait attendu pareil avenir aussi impatiemment qu'une autre.

« Je ne songeais pas à quelqu'un en particulier, dit-elle en se reprenant hâtivement, comme si elle avait peur d'avoir été trop bavarde. C'était seulement l'histoire que tout le monde connaît, vous savez : les dames répètent : "quand je me marierai", alors que les messieurs, eux, s'en tiennent à "si je me marie un jour". La plaisanterie était faite non sans tristesse, et je me demande si l'une des deux eut le cœur à sourire. Il est vrai qu'à la lueur dansante des flammes, il m'était difficile de bien distinguer le visage de Mlle Matty. Peu après, elle reprit :

« En fin de compte, je ne vous ai pas dit la vérité. C'est si vieux, et personne alors ne sut combien j'y pensai, à moins que, peut-être, ma chère maman ne m'ait devinée. Il n'en reste pas moins qu'il fut un temps où je ne croyais pas devoir demeurer une Mlle Matty Jenkyns ma vie durant. Et même si je rencontrais quelqu'un maintenant qui veuille m'épouser (comme le dit Mlle Pole, on ne peut jurer de rien), je ne pourrais pas l'accepter. J'espère qu'il n'en souffrirait pas trop, mais non, je ne pourrais pas l'accepter, lui ni personne d'autre, la seule exception étant la personne qu'autrefois je pensais devoir épouser. Maintenant il est mort, et il n'a jamais compris comment j'avais pu lui dire non, alors que tant de fois j'avais pensé… mais peu importe ce que j'ai pensé. Dieu décide de tout, et je suis très heureuse, ma chère enfant. Personne, poursuivit-elle, n'a d'aussi bons amis que moi (me prenant la main et la gardant dans les siennes). »

Si je n'avais jamais connu M. Holbrook, j'aurais pu placer un mot dans cet intervalle de silence mais, comme je l'avais rencontré, il me fut impossible de penser à quelque chose de simple, ce qui fit que pendant quelque temps nous restâmes sans rien dire.

« Mon père, reprit-elle, nous obligea autrefois à tenir un journal avec deux colonnes. Dans l'une, nous devions mettre le matin ce que nous pensions devoir attendre de la journée à venir et le soir dans l'autre inscrire ce qui se serait effectivement passé. Pour certaines gens, ce serait une manière assez désolante de raconter leur vie (une larme coula sur ma main en cet instant). Je ne veux pas dire que ma vie a été triste, mais elle a été si différente de ce que je croyais qu'elle serait. J'ai encore en mémoire un soir d'hiver où nous étions assises avec Déborah devant le feu de notre chambre à coucher. Je m'en souviens comme si c'était hier. Nous faisions des projets pour l'avenir toutes les deux, même si elle était seule à parler. Elle disait qu'elle aimerait épouser un archidiacre et copier ses instructions. Et vous savez, ma chère enfant, elle ne s'est jamais mariée et, pour autant que je sache, de sa vie elle n'a jamais adressé la parole à un archidiacre célibataire.

Je n'ai jamais été ambitieuse, et je n'aurais pas su écrire ce genre d'instructions, mais je me faisais l'impression de pouvoir tenir une maison (ma mère me répétait que j'étais son bras droit), et j'ai toujours beaucoup aimé les enfants. Même le plus timide des bébés me tendait les bras pour que je le prenne. Quand j'étais jeune, je passais la moitié de mon temps libre dans les chaumières des environs à mignoter les enfants. Mais je ne pourrais pas vous dire comment cela s'est fait, lorsque je suis devenue triste et grave, un an après le moment dont je vous parle, les petits n'ont plus voulu de moi. J'ai bien peur de ne plus savoir comment m'y prendre. Pourtant j'aime toujours autant les enfants, et j'ai toujours au cœur un drôle de regret quand je vois une mère avec un bébé dans les bras.

Ma chère (les charbons qu'on n'avait pas remués tombèrent brusquement, et dans un flamboiement je vis qu'elle avait les yeux pleins de larmes ; son regard fixait une vision de ce qui aurait pu être), savez-vous que parfois je rêve que j'ai un petit enfant – toujours le même – une fillette d'environ deux ans ? Elle ne vieillit jamais, bien qu'elle soit dans mes pensées depuis de nombreuses années. Je ne crois pas que je lui prête des mots ou des sons. Elle est très calme. On ne l'entend pas. Mais elle vient vers moi quand elle a un gros chagrin ou une grande joie, et je me réveille avec ses chers petits bras noués autour de mon cou. Encore la nuit dernière (peut-être parce que je m'étais endormie en pensant à cette balle pour Phoebé) ma petite chérie s'est glissée dans mon rêve, et elle a tendu ses lèvres vers moi pour que je l'embrasse, comme je l'ai vu faire à de vrais bébés en présence de leurs vraies mères avant d'aller se coucher. Tout cela est faribole, ma chère, mais ne laissez pas Mlle Pole vous faire un épouvantail du mariage. Je n'ai aucune peine à croire qu'il puisse être très heureux, et un peu de crédulité aide à vivre confortablement. Cela vaut mieux que de douter sans cesse et de voir partout des difficultés et des désagréments. »

La *Signora* un jour me fit connaître bien des choses sur ce qu'avait été leur vie passée. À l'origine, il y eut les questions que je posai. Je lui demandai si l'histoire de jumeaux que racontait Mlle Pole était fondée. La ressemblance paraissait si stupéfiante que j'aurais eu des doutes si Mlle Pole n'avait pas été célibataire. Mais la *Signora* ou (comme nous découvrîmes qu'elle préférait être nommée) Mme Brown me dit que c'était tout à fait exact. Beaucoup de gens confondaient son beau-frère avec son mari, ce qui les aidait considérablement dans leur profession. Pourtant, poursuivit-elle, comment on peut prendre Thomas pour le véritable *Signor Brunoni* m'échappe totalement. Mais lui prétend le contraire. Je suppose donc que je dois le croire. Ce n'est pas qu'il n'ait aucun mérite. Je ne sais assurément pas comment nous aurions réglé notre note au Soleil Levant sans l'argent qu'il nous a envoyé. Mais il faut vraiment ne pas s'y connaître en prestidigitation pour en faire mon mari. Dans le tour de la balle, mademoiselle, quand mon mari écarte les doigts et projette en avant l'auriculaire tranquillement et avec grâce, Thomas ne fait que serrer sa main comme un poing, et il pourrait y avoir caché autant de balles qu'il le voudrait. En dehors de cela, il n'a jamais mis les pieds aux Indes, et il ignore tout de la façon de poser un turban.

— Êtes-vous allée aux Indes ? demandai-je, assez surprise.

— Oh oui ! madame, et j'y suis restée longtemps. Sam était sergent du trente et unième. Quand son régiment reçut l'ordre de gagner les Indes, un tirage au sort me permit de l'accompagner, et je ne puis vous dire à quel point je m'en réjouis, car il me semblait que c'était mourir à petit feu que de me séparer de mon mari. Pourtant, madame, si j'avais su, je me demande si je n'aurais pas mieux fait de disparaître à ce moment-là plutôt que de passer par tout ce qui m'est arrivé depuis. Il est vrai que j'ai pu réconforter Sam et être avec lui. Mais, madame, j'ai perdu six enfants (me regardant de ce regard étrange qu'on ne voit qu'aux mères d'enfants morts, comme si elles cherchaient quelque chose qu'elles ne peuvent trouver). Oui, six enfants ont perdu la vie, comme s'ils avaient été tués dans l'œuf, dans ce pays cruel. Quand l'un d'eux mourait, je me disais :

« Jamais je ne pourrai – jamais je n'en aimerai un autre. » Et puis le suivant arrivait, et non seulement il avait droit à sa part d'amour, mais à plus encore, à cause du souvenir de ses frères et sœurs morts avant lui.

Quand j'attendis Phoebé, je dis à mon mari : « Sam, quand cet enfant naîtra, et que j'aurai repris des forces, je te quitterai. Cela me fendra le cœur mais, si ce bébé meurt à son tour, je deviendrai folle. Je le suis déjà, et pourtant, si tu me laisses descendre jusqu'à Calcutta, pas à pas portant mon bébé, peut-être est-ce que cela passera. Je me priverai, je mettrai de l'argent de côté, je mendierai, à en mourir, pour payer le bateau qui me ramènera en Angleterre, où notre enfant pourra vivre.

Dieu le bénisse ! Il me permit de le faire. Il économisa sur sa solde. De mon côté, je ne dépensais rien de ce que je gagnais en faisant des lessives, ou autrement. Quand Phoebé vint au monde, et que j'eus retrouvé des forces, je me mis en route. J'étais très seule. Je traversais des forêts épaisses où les grands arbres faisaient régner l'obscurité, je longeais des rivières. Comme j'avais grandi dans le Warwickshire près de l'Avon, le bruit de l'eau me rappelait mon pays natal. Je marchais de poste en poste, de village en village, en portant mon enfant.

Les indigènes étaient très bons pour moi. Nous ne pouvions pas nous comprendre, mais quand ils voyaient le bébé sur mon sein, ils venaient vers moi et m'apportaient du riz et du lait, parfois des fleurs – j'en ai quelques-unes de séchées. Le lendemain, à l'aube, j'étais morte de fatigue, ils voulaient que je reste avec eux. Cela ne m'échappait pas. Ils essayaient de me décourager d'entrer dans la profondeur des forêts qui, effectivement, paraissaient bien étranges et bien sombres. Mais j'avais l'impression que la Mort me suivait pour m'arracher mon enfant et qu'il me fallait toujours continuer. Le bon Dieu prend soin des mères depuis le commencement du monde : il prendrait soin de moi. Je leur disais adieu et je repartais. Et puis un jour, mon bébé tomba malade. Toutes les deux, nous avions besoin de repos. Alors Dieu me conduisit où je trouvai un Anglais plein de bonté, au milieu des indigènes.

– Et finalement, vous avez atteint Calcutta sans dommage ?

Oui, sans dommage. Quand j'ai su qu'il ne me restait que deux jours de route, je ne pus m'en empêcher, madame, c'est peut-être de l'idolâtrie, je ne peux rien affirmer, mais j'étais près d'un des temples de ces peuples. J'y entrai avec mon bébé pour remercier Dieu de sa grande miséricorde. Il me semblait que là où d'autres avant moi avaient prié leur divinité, dans leur joie ou dans leur peine, se trouvait un lieu sacré. Je me mis au service d'une dame infirme qui à bord du bateau s'enticha de mon enfant. Deux ans plus tard, Sam obtint sa décharge. Il rentra au pays. Il nous revint, à mon bébé et à moi.

Il eut alors à faire choix d'un métier, mais il n'en connaissait aucun. Autrefois, il avait appris quelques tours d'un fakir indien. Il se mit donc à la prestidigitation, et cela marcha si bien qu'il se fit aider par Thomas – pour être son acolyte, vous savez, non un magicien comme lui, bien que Thomas maintenant vole de ses propres ailes. Mais nous avons largement profité de cette ressemblance entre les jumeaux. Beaucoup des tours faits ensemble ont réussi grâce à cela. Thomas est aussi un bon frère. Pourtant il n'a pas la fière allure de mon mari, si bien que je ne vois pas comment on peut le prendre pour le véritable *Signor Brunoni*, comme il le prétend.

— Pauvre petite Phoebé ! dis-je, mes pensées revenant au bébé qu'elle avait porté sur toute cette distance.

— Vous pouvez le dire ! Je ne pensais jamais pouvoir l'élever quand elle tomba malade à Chunderabaddad. Mais ce brave, ce bon Aga Jenkyns nous hébergea, et je crois qu'en définitive c'est ce qui la sauva.

— Jenkyns ! m'exclamai-je.

— Oui, Jenkyns. Je vais finir par penser que toutes les personnes de ce nom ont bon cœur, car voici venir cette vieille dame si gentille qui tous les jours emmène Phoebé se promener. »

Cependant une idée avait germé dans mon esprit : et si l'Aga Jenkyns était le Peter que nous avions perdu ? Il était vrai que beaucoup de gens le donnaient pour mort, mais il n'était pas moins vrai que selon certains il était arrivé à la dignité de grand lama du Tibet. Mlle Matty le croyait vivant. Je me disposai à prendre d'autres renseignements.

# 12

## Fiancés !

Du « pauvre Peter » de Cranford pouvait-on faire ou non l'Aga Jenkyns de Chunderabaddad ? Pour reprendre une expression en usage, là était la question.

Chez moi, quand on n'avait rien de mieux à faire, on me reprochait mon manque de jugement. Quelle honte ! Tout le monde souffre d'un défaut honteux comme celui-ci. C'est quelque chose qui vous caractérise. Il permet à vos amis de s'en prendre à vous tout à leur aise, et en général ils ne se font pas prier. J'en avais assez d'être appelée écervelée et imprudente. Je décidai que pour une fois j'apporterais la preuve que j'étais un modèle de prudence et de sagesse. Je refusai même de laisser paraître mes soupçons concernant l'Aga. Mon intention était de rassembler des témoignages et de les emporter chez moi pour les soumettre à mon père, en tant qu'ami de la famille des deux demoiselles Jenkyns.

Dans ma recherche de faits avérés, souvent il me revenait en mémoire la manière dont mon père nous avait un jour décrit la réunion d'un comité féminin qu'il avait eu à présider. Il nous avait dit qu'il ne pouvait s'empêcher de penser à un passage de Dickens où il était question d'un refrain repris en chœur par les participants. Chacun choisissait l'air qu'il connaissait le mieux et le chantait pour se faire plaisir. De la même façon, au comité de bienfaisance qu'évoquait mon père, chacune des dames faisait choix du sujet qui la préoccupait le plus et en parlait avec beaucoup de satisfaction mais sans guère de profit pour la discussion de ce qui était à débattre. Cependant, même un comité comme celui-là n'aurait rien eu de comparable avec celui des dames de Cranford quand j'essayai d'obtenir des renseignements clairs et précis sur la taille de Peter, ce à quoi il ressemblait, le jour et le lieu où on l'avait vu et entendu pour la dernière fois. Ainsi je me souviens d'avoir interrogé Mlle Pole (et j'avais trouvé que ma question venait au bon moment, car je l'avais posée quand j'avais rencontré Mlle Pole lors d'une visite à Mme Forrester ; les deux dames avaient connu Peter, et j'avais imaginé qu'elles pourraient mutuellement se rafraîchir la mémoire). Je demandai à Mlle Pole quelle était la toute dernière chose qu'elles avaient apprise à son sujet, et elle fit mention de cette rumeur absurde dont j'ai dit un mot qui faisait de Peter le grand lama élu par les Tibétains.

Ce fut le signal pour chacune de ces dames de lancer sa propre idée. Mme Forrester choisit pour commencer le Prophète voilé de *Lalla Rookh*[1] : à mon avis, représentait-il le grand lama, bien que Peter

1. Poème de Thomas Moore (1617).

ne fût pas aussi laid ? En réalité, il aurait été assez beau sans ses taches de rousseur. Je me réjouis de l'entendre réagir au nom de Peter mais, l'instant d'après, cette femme déroutante changea pour le Kalydor de Rowland's et les mérites de manière générale des produits cosmétiques et des huiles pour les cheveux. Elle discourait avec tant de volubilité que je me détournai pour prêter l'oreille à Mlle Pole qui (en passant par les lamas, les bêtes de somme) en était arrivée aux emprunts péruviens, à la Bourse et à la piètre opinion qu'elle avait en général des banques à capitaux multiples, plus particulièrement de celle où Mlle Matty avait investi son argent. Ce fut en vain que je plaçai : « Quand était-ce ? En quelle année avez-vous entendu dire que M. Peter était grand lama ? » Elles ne se mêlaient à la discussion que pour disputer de la question de savoir si les lamas étaient ou non des animaux carnivores. C'était une querelle ne reposant pas sur des bases tout à fait solides, car Mme Forrester (après qu'on se fut échauffé, puis que le calme fut revenu) reconnaissait qu'elle avait toujours confondu « carnivore » et « granivore », comme elle le faisait pour « horizontal » et « perpendiculaire ». Mais elle se fit pardonner cela de manière charmante en disant que dans son temps le seul usage trouvé aux mots longs était d'apprendre aux gens à bien les orthographier.

Le seul élément positif que je retirai de cette conversation fut qu'à coup sûr pour la dernière fois on avait entendu parler de Peter comme étant en Inde – ou dans ce coin-là – et que ce maigre renseignement sur l'endroit où il pouvait bien être avait atteint Cranford l'année où Mlle Pole avait acheté sa robe de mousseline indienne, depuis longtemps hors d'usage (il nous fallut la laver, la raccommoder et suivre son déclin et sa chute pour finir en rideau à une fenêtre avant de pouvoir continuer). C'était aussi une année où Wombwell était venu à Cranford, parce que cette année-là Mlle Matty avait voulu voir un éléphant afin de se faire une meilleure idée de Peter sur le dos de cet animal. Elle avait également vu un boa constricteur, ce qui était plus qu'elle ne souhaitait se représenter là où sa fantaisie situait Peter. Cette même année, Mlle Jenkyns avait appris par cœur un poème et dans toutes les soirées de Cranford aimait à dire que Peter « avait vue sur l'humanité de la Chine jusqu'au Pérou[1] », ce que tout le monde s'était accordé à trouver sublime et assez juste, parce que l'Inde était entre la Chine et le Pérou si vous preniez la peine de tourner le globe vers la gauche au lieu de le tourner vers la droite.

Je suppose que toutes ces questions que je posais et la curiosité ainsi créée dans l'esprit de mes amies nous rendait aveugles et sourdes à ce qui se passait autour de nous. Il me semblait que le soleil se levait et brillait, que la pluie tombait sur Cranford tout comme à l'ordinaire sans que je remarque dans la vie de tous les jours de signe qu'on pût considérer comme annonciateur d'un événement hors du commun. Pour autant que j'en puisse juger, non seulement Mlle Pole et Mme Forrester furent esto-

1. Mlle Jenkyns se référait à un passage d'un poème de Johnson, *La Vanité des souhaits humains* (1749).

maquées de l'étonnante nouvelle, mais Mlle Pole le fut aussi qui pour nous était une sorte de pythonisse en raison d'un talent qu'elle avait pour prévoir l'événement avant qu'il ait eu lieu (bien qu'elle n'aimât pas inquiéter ses amies en leur faisant part de ce qu'elle avait pressenti). Oui, de surprise même Mlle Pole avait le souffle coupé lorsqu'elle vint nous en informer. Mais je dois reprendre mes esprits. Rien que d'y penser, en dépit du temps écoulé, je perds non seulement mon souffle mais aussi ma grammaire et, si je ne maîtrise pas mes émotions, je vais y perdre aussi mon orthographe.

Imaginez-nous, Mlle Matty et moi, à peu près comme à notre habitude, elle dans son fauteuil tapissé de chintz de couleur bleue, tournant le dos à la fenêtre, son tricot à la main, et moi en train de lire à haute voix la *St James's Chronicle*. Quelques minutes de plus nous auraient vues aller apporter à notre toilette les petites modifications d'usage à Cranford avant l'heure des visites (midi). J'ai encore en mémoire le jour et le lieu. Nous avions parlé du rétablissement rapide du *Signor* depuis la persistance d'un temps plus chaud. Nous vantions l'habileté de M. Hoggins et regrettions son manque de distinction et de bonnes manières (il semble curieux que justement ce fût notre sujet de conversation, mais c'était le cas) lorsque nous entendîmes frapper à la porte. C'était la façon de frapper d'une visiteuse : trois coups discrets. Nous courions vers nos chambres (en fait de courir, Mlle Matty ne pouvait pas marcher très vite, comme elle avait souffert d'un léger rhumatisme) afin de changer de bonnet et de col quand Mlle Pole nous arrêta. Elle se mit à crier en montant l'escalier : « Ne partez pas. Je ne peux pas attendre. Il n'est pas midi, je sais bien, mais ne faites pas attention à la façon dont vous êtes habillées. Il faut que je vous parle. »

Nous fîmes de notre mieux pour donner l'impression que ce n'était pas nous qui avions fait les mouvements précipités dont le bruit était parvenu à ses oreilles car, bien sûr, nous n'aurions pas aimé qu'on pût supposer que nous avions sur nous de vieux vêtements qu'il était pratique d'user dans « le sanctuaire du foyer », comme Mlle Jenkyns un jour si joliment avait appelé le petit salon où elle mettait ses conserves en bocaux. Donc nous nous efforçâmes de donner encore plus de distinction à nos manières, et pendant deux minutes nous fûmes un modèle de raffinement, tandis que Mlle Pole reprenait son souffle et piquait notre curiosité en levant les bras au ciel de stupéfaction et en les abaissant silencieusement, comme si ce qu'elle avait à nous apprendre dépassait le pouvoir des mots et n'était exprimable que par une pantomime.

« Qu'en pensez-vous, mademoiselle Matty ? Dites-moi donc ce que vous en pensez. Lady Glenmire va épouser… va être prise pour épouse, veux-je dire… Lady Glenmire… M. Hoggins… M. Hoggins va épouser Lady Glenmire ! »

Notre réaction fut immédiate.

« L'épouser ! l'épouser ! Mais c'est de la folie !

— Oui, l'épouser ! confirma Mlle Pole avec l'autorité qui la caractérisait. J'ai bien dit : “l'épouser !”, comme vous maintenant, et j'ai ajouté : “Quelle sottise Sa Seigneurie ne va-t-elle pas commettre !”

J'aurais pu aller jusqu'à "folie", mais je me suis surveillée, car j'apprenais la nouvelle dans une boutique où n'importe qui pouvait entrer. Que devient la délicatesse féminine ? Je me le demande. Vous et moi, mademoiselle Matty, nous aurions eu honte de savoir qu'on parlait de notre mariage dans une épicerie où les commis étaient à même d'entendre !

— Mais, dit Mlle Matty dans un soupir, comme si elle se remettait d'un choc, peut-être n'est-ce pas exact. Peut-être lui faisons-nous tort.

— Non, répliqua Mlle Pole. J'ai pris soin de m'en assurer. Je suis allée tout droit chez Mme Fitz-Adam pour lui emprunter un livre de recettes que je lui savais posséder et, pour placer mes félicitations, j'ai profité d'un moment où l'on parlait des difficultés que les messieurs rencontrent nécessairement quand il s'agit de tenir une maison. Mme Fitz-Adam s'est offusquée. Elle a dit qu'elle était sûre que c'était vrai, alors qu'elle ne savait pas encore où et quand j'avais pu être mise au courant. Elle a prétendu que son frère et Lady Glenmire avaient fini par s'entendre. "S'entendre !" Quelle grossièreté ! Mais Sa Seigneurie devra accepter plus d'un manque de distinction. J'ai des raisons de penser que M. Hoggins chaque soir dîne de pain, de fromage et d'un verre de bière.

— L'épouser ! s'écria Mlle Matty une fois de plus. Eh bien ! je n'y avais jamais pensé. Deux personnes de connaissance qui vont se marier. Cela se rapproche.

— Se rapproche tellement, dit Mlle Pole, que mon cœur s'est arrêté de battre quand j'ai entendu ça, le temps de compter jusqu'à douze.

— On ne sait pas qui sera la prochaine, commenta Mlle Matty, de la compassion dans la voix. Chez nous, à Cranford, cette pauvre Lady Glenmire aurait pu se croire en sécurité.

— Bah ! jeta Mlle Pole avec hauteur. Vous souvenez-vous de la chanson que chantait ce pauvre capitaine Brown, *Tibbie Fowler*[1], et de ces vers :

Mettez-la au sommet du Tintock :
Le vent lui apportera quand même un amoureux.

— C'est que Tibbie Fowler était riche, je crois.

— Oh ! Il y a chez Lady Glenmire une sorte de charme que pour ma part j'aurais honte de posséder. »

À mon tour, je fis part de mon étonnement.

« Mais comment M. Hoggins a-t-il pu lui plaire ? Je ne suis pas surprise que M. Hoggins l'ait trouvée à son goût.

— Oh ! je ne sais pas. M. Hoggins a beaucoup d'argent et un physique agréable, dit Mlle Matty. Il a aussi un très bon caractère et un bon cœur.

— Elle s'est mariée pour assurer son avenir, voilà le fond de l'affaire, répliqua Mlle Pole. Je suppose que le cabinet fait partie de ce qu'elle y gagne. »

Un petit rire caustique accompagna sa plaisanterie. Mais, comme beaucoup de gens qui estiment avoir parlé durement et de manière blessante, si c'était avec un certain brio, elle commença à tempérer sa sévérité du moment où elle eut fait allusion au cabinet médi-

1. Une ballade de Robert Burns (1759-1796).

cal, et nous nous mîmes à spéculer sur la façon dont Mme Jamieson allait accueillir la nouvelle. Ainsi la personne à qui elle avait confié en partant la responsabilité de sa maison pour en interdire l'entrée aux admirateurs des bonnes avait introduit son propre soupirant ! Et cet homme était quelqu'un auquel Mme Jamieson avait fermé sa porte parce que considéré comme vulgaire et impossible à admettre dans la bonne société de Cranford, non seulement en raison de son patronyme, mais encore à cause de sa voix, de son teint, de ses bottes qui empestaient l'écurie, tandis que lui-même sentait le médicament. Était-il jamais allé voir Lady Glenmire chez Mme Jamieson ? Dans ce cas, le chlorate de chaux ne suffirait pas à purifier la maison pour la satisfaction de sa propriétaire. Ou bien leurs entrevues s'étaient-elles limitées à des rencontres occasionnelles dans la chambre du pauvre prestidigitateur malade envers lequel, malgré tout ce que nous pensions de la mésalliance, nous ne pouvions nous empêcher de reconnaître qu'ils s'étaient montrés particulièrement bons ?

Et maintenant il se révélait qu'une domestique de Mme Jamieson était tombée malade et que M. Hoggins la visitait depuis des semaines. Ainsi le loup était entré dans la bergerie, et voilà qu'il emportait la bergère. Que dirait Mme Jamieson ? Nous sondions l'obscurité du futur à la manière dont un enfant suit des yeux une fusée dans un ciel chargé de nuages, attendant avec émoi le fracas, la détonation et la pluie lumineuse d'étincelles et de flammèches. Puis nous revenions sur terre et sur le présent en nous interrogeant mutuellement (alors que nous étions toutes aussi ignorantes et toutes sans la plus petite information nous permettant de tirer des conclusions) sur le jour où cela se produirait. Où verrait-on cela ? Combien d'argent M. Hoggins se faisait-il par an ? Renoncerait-elle à son titre de noblesse ? Et comment Martha et les autres domestiques bien stylés de Cranford accepteraient-ils jamais d'annoncer un couple de gens mariés comme Lady Glenmire et M. Hoggins ? Mais les visiterait-on ? Mme Jamieson le permettrait-elle ? Ou devrions-nous choisir entre l'honorable Mme Jamieson et une Lady Glenmire avilie ? Toutes, nous préférions Lady Glenmire. Elle était intelligente, aimable, sociable, agréable, tandis que Mme Jamieson était sotte, inerte, pompeuse et fatigante. Mais nous avions si longtemps admis l'autorité de la seconde qu'il paraissait en quelque sorte déloyal même de songer à enfreindre l'interdiction que nous envisagions.

Mme Forrester nous surprit avec nos bonnets ravaudés et nos cols rapiécés. Mais nous oubliâmes tout cela dans notre curiosité à voir comment elle réagirait à la nouvelle. Tout à notre honneur, nous laissâmes à Mlle Pole le soin de la communiquer alors que, si nous avions été portées à profiter d'un avantage injustifié, nous aurions pu nous précipiter pour parler, car la pauvre Mlle Pole fut prise d'une quinte de toux des plus inopportunes qui dura cinq minutes après l'entrée de Mme Forrester. Je n'oublierai jamais son regard implorant pendant qu'elle nous regardait par-dessus son mouchoir de poche. Il disait, avec la même clarté que des mots : « Ne laissez pas la nature me priver de l'occasion précieuse qui m'est donnée, même si pour l'instant je ne peux rien en faire. » Nous accédâmes à sa demande.

La surprise de Mme Forrester fut égale à la nôtre, et le sentiment qu'elle eut d'un tort qui lui était fait dépassa assez sensiblement ce que nous éprouvions nous-mêmes, car il lui fallait souffrir pour les gens de sa condition, et elle voyait mieux que nous comment une telle conduite portait atteinte à l'honneur de l'aristocratie.

Au départ de Mme Forrester, nous essayâmes de revenir à plus de sérénité. Mais Mlle Matty était vraiment bouleversée par la nouvelle qu'elle avait apprise. Elle fit ses comptes et découvrit qu'il y avait plus de quinze ans qu'elle avait entendu parler du mariage prochain d'une personne de connaissance, à la seule exception de Mlle Jessie Brown. Comme elle le dit, cela lui causa un véritable choc et lui donna l'impression d'être incapable d'imaginer ce qui pouvait encore arriver.

Je ne sais pas si c'est illusion ou réalité, mais j'ai remarqué que, sitôt après l'annonce de fiançailles dans un cercle quelconque, les femmes célibataires du cercle en question commencent à s'agiter de manière inhabituelle dans des toilettes neuves aux couleurs vives, comme pour dire, sans que ce soit clairement exprimé ni tout à fait conscient : « Nous aussi, nous sommes à marier. » Mlle Matty et Mlle Pole durant les quinze jours qui suivirent cette visite parlèrent davantage chapeaux, robes, bonnets et châles et y pensèrent plus souvent que je n'avais pu l'observer des années durant. Mais ce pouvait être l'effet du temps printanier, car le mois de mars était chaud et agréable. Les tissus en mérinos, les fourrures de castor, les lainages de toute sorte étaient mal faits pour recevoir les rayons brillants du gai soleil.

Ce n'était pas la façon de se vêtir de Lady Glenmire qui lui avait gagné le cœur de M. Hoggins, car elle faisait ses visites de charité plus mal habillée que jamais. Si, au passage, je l'apercevais, à l'église ou bien ailleurs, elle paraissait fuir ses amies plutôt que vouloir les rencontrer. Son visage semblait avoir retrouvé l'éclat de la jeunesse. Ses lèvres paraissaient plus rouges et s'épanouir plus librement que dans leur état précédent où elles étaient pincées. Son regard se posait sur toutes choses, s'y attardait avec la même clarté, comme si elle apprenait à aimer Cranford et ce qui en dépendait. M. Hoggins marchait la tête haute et arborait un sourire radieux. Il remontait l'allée centrale de l'église en faisant craquer une paire de bottes toutes neuves. C'était le signe, audible autant que visible, d'un changement recherché dans son niveau social, car la tradition voulait que les bottes qu'il avait portées jusqu'à maintenant fussent exactement les mêmes que celles avec lesquelles il avait commencé ses visites vingt-cinq ans plus tôt. La seule différence était qu'elles avaient été rapiécées, en haut et en bas, dessus et dessous, tant le talon que la semelle, le cuir noir que le marron, plus souvent qu'on ne pouvait le dire.

Aucune des dames de Cranford ne fit le choix d'apporter sa sanction au mariage en félicitant l'un ou l'autre des intéressés. Notre souhait était de fermer les yeux sur tout cela jusqu'au retour de notre dame suzeraine, Mme Jamieson. Tant qu'elle n'était pas revenue nous dire comment faire, nous sentions qu'il valait mieux pour nous tenir ces fiançailles dans une obscurité semblable à celle des jambes de la reine d'Espagne[1] : il n'était pas question d'en nier la réalité mais mieux valait en parler le moins possible. Cette contrainte imposée à nos langues (car, voyez-vous, si nous maintenions le silence à ce sujet avec les parties en cause, comment espérer des réponses aux questions que nous brûlions de leur poser ?) commençait à nous lasser, et l'idée que nous nous faisions de la dignité qu'il y avait à se taire perdait de sa force devant notre curiosité quand nos pensées prirent une autre direction. La raison en était l'annonce faite par le principal boutiquier de Cranford qui se livrait à toutes sortes d'activités commerciales, depuis l'épicerie et la vente des fromages jusqu'à la mercerie pour hommes, en fonction des circonstances : les modes de printemps étaient arrivées et seraient montrées au public le mardi suivant dans son magasin de la grand-rue. Or Mlle Matty n'attendait que cela pour s'acheter une robe en soie neuve. Je lui avais proposé, c'est vrai, d'écrire à Drumble pour avoir des modèles, mais elle avait rejeté mon offre en laissant discrètement entendre qu'elle n'avait pas oublié la déception du turban vert émeraude. Je me félicitais d'être sur

1. L'anecdote se trouve dans les *Mémoires de la cour d'Espagne* de Mme d'Aulnoy (1690). On donna à une jeune princesse autrichienne venue en Espagne pour s'y marier et devenir reine une paire de bas de soie. Son majordome les refusa avec colère en disant : « Les reines d'Espagne n'ont pas de jambes. »

place maintenant pour pouvoir combattre le charme fascinant de toutes les soies jaunes ou rouge vif.

À cet endroit du récit, il me faut dire une ou deux choses qui me concernent. J'ai parlé de la vieille amitié qui liait mon père à la famille Jenkyns. En fait, je me demande s'il n'existait pas une lointaine parenté. Il avait volontiers accepté que je reste tout l'hiver à Cranford, suite à une lettre que Mlle Matty lui avait écrite au temps de notre peur panique, dans laquelle je soupçonne qu'elle avait exagéré mes pouvoirs et ma bravoure dans la défense de la maison. Mais, à présent que les jours s'allongeaient et devenaient plus agréables, il se mettait à appuyer la nécessité de mon retour, un retour que je retardais seulement dans le vague espoir qu'une fois en possession de renseignements précis, je puisse faire concorder le récit de la *Signora* sur l'Aga Jenkyns avec ce qui avait été dit sur le « pauvre Peter », ses apparitions et disparitions, tout ce que j'avais extrait avec peine de la conversation de Mlle Pole et de Mme Forrester.

## 13

## En cessation de paiement

Ce même mardi matin où M. Johnson devait nous montrer les dernières modes, la factrice apporta deux lettres à la maison. Je parle de factrice, mais je devrais dire la femme du facteur. Celui-ci était un cordonnier boiteux, très propre, honnête, très respecté dans la ville, mais qui ne portait les lettres qu'en des circonstances exceptionnelles, telles que Noël et le Vendredi saint. Ces jours-là, les lettres, qui auraient dû être déposées chez leurs destinataires à huit heures du matin, ne faisaient pas leur apparition avant deux ou trois heures de l'après-midi, car le pauvre Thomas bénéficiait de la sympathie générale, et tout le monde lui faisait bon accueil à l'occasion de ces célébrations. Il disait qu'il ne manquait de rien, car il existait trois ou quatre maisons où il était contraint, quoi qu'il fît, de partager le petit-déjeuner. Quand il avait fini son dernier petit-déjeuner, il frappait chez un autre ami qui entamait son dîner. Pourtant, quelle que fût la tentation qui s'offrait à lui, Tom ne cessait jamais d'être en possession de ses moyens, poli et souriant. Comme le disait Mlle Jenkyns, c'était un modèle de patience, et elle ne doutait pas qu'il ne fît naître cette précieuse qualité là où, sans lui, elle serait restée virtuelle et ignorée. La patience, à coup sûr, était chez Mlle Jenkyns en état d'hypnose. Elle vivait toujours dans l'attente d'une lettre, et elle tambourinait sur la table jusqu'à ce que la préposée eût frappé ou fût passée sans rien apporter. Le jour de Noël et le Vendredi saint, elle tambourinait depuis l'heure du petit-déjeuner jusqu'à celle de l'office, depuis l'heure de l'office jusqu'à deux heures de l'après-midi, à moins qu'il n'y eût besoin de tisonner le feu, et alors invariablement elle renversait les chenets et en faisait porter la responsabilité à Mlle Matty. Cela cependant ne l'empêchait jamais d'accueillir Thomas à bras ouverts et de le gratifier d'un bon dîner. Elle veillait sur lui comme une sentinelle que rien ne pouvait intimider. Elle lui posait des questions sur ses enfants, ce qu'ils faisaient, l'école qu'ils fréquentaient. Elle le tançait si un nouveau était en passe de s'ajouter aux précédents mais ne négligeait jamais de faire parvenir même aux bébés le shilling et la tartelette aux fruits qu'elle donnait à tous les enfants, en y ajoutant une demi-couronne pour les parents.

Le courrier était loin de revêtir la même importance aux yeux de Mlle Matty, mais pour rien au monde elle n'eût voulu moins bien accueillir Thomas et rogner sur ce qu'on lui offrait, même si je voyais bien qu'elle abordait non sans timidité une cérémonie qui avait été considérée par Mlle Jenkyns comme une merveilleuse occasion de prodiguer des conseils et d'assister autrui. Mlle Matty glissait indistinctement tout l'argent dans la main de Thomas, comme si elle avait eu honte. Mlle Jenkyns, elle, lui donnait séparément chaque pièce avec un « Tenez ! celle-ci est pour vous, celle-ci est pour Jenny », et ainsi de suite. Mlle Matty allait jusqu'à faire signe à Martha de quitter la cuisine pendant qu'il mangeait. Un jour même, j'en suis sûre, elle ne dit rien lorsqu'il escamota un peu de son repas dans un mouchoir de coton bleu. Mlle Jenkyns le grondait presque s'il laissait quelque chose dans son assiette, aussi chargée qu'elle pût être, et chaque bouchée s'accompagnait d'une injonction.

Je me suis égarée loin des deux lettres qui nous attendaient ce mardi matin sur la table du petit-déjeuner. La mienne venait de mon père ; celle de Mlle Matty était imprimée. La lettre de mon père ne se distinguait en rien de ce qu'on écrit quand on est un homme, autrement dit elle était très plate, ne communiquant aucune information sinon qu'il se portait bien, qu'ils avaient eu beaucoup de pluie, que le commerce stagnait et que circulaient beaucoup de rumeurs inquiétantes. Arrivé là, il me demandait si, à ma connaissance, Mlle Matty gardait encore ses actions de la Town and County Bank, comme on entendait en dire des choses très désagréables. Ce n'était rien de plus que ce qu'il avait toujours prévu et avait prophétisé à Mlle Jenkyns des années plus tôt, quand elle avait voulu y investir sa maigre fortune – la seule étourderie que cette femme intelligente eût à sa connaissance jamais commise (je savais que c'était la seule fois qu'elle n'avait pas suivi ses conseils). Cependant, en cas de souci, bien entendu je ne devais pas songer à laisser seule

Mlle Matty pendant que je pouvais lui être d'une utilité quelconque, etc., etc.

« Qui vous écrit, ma chère enfant ? me demanda-t-elle. Ma lettre à moi est une invitation très polie, signée Edwin Wilson, à participer à une importante assemblée des actionnaires de la Town and County Bank, qui se tiendra à Drumble le jeudi 21. C'est très aimable de leur part, j'en suis sûre, de se souvenir de moi. »

Je n'aimais pas entendre parler d'une « importante assemblée » car, si je n'entendais pas grand-chose aux affaires, je craignais d'y voir la confirmation des craintes de mon père. Mais je me dis que les mauvaises nouvelles arrivent toujours assez tôt. Je résolus donc de garder pour moi mon inquiétude. Je me bornai à répondre que mon père allait bien et lui envoyait ses amitiés. Elle ne cessait de tourner et d'admirer sa lettre. Enfin :

« Je me rappelle, dit-elle, qu'ils avaient envoyé exactement la même à Déborah. Cela ne m'avait pas surprise, car tout le monde savait qu'elle y voyait clair. J'ai bien peur de ne pouvoir leur être d'un grand secours. Si on en venait à présenter des comptes, je ne pourrais que les embarrasser, car je n'ai jamais pu mentalement faire une addition. Déborah, je sais, avait envie d'en être. Elle était allée jusqu'à se commander un bonnet neuf pour la circonstance. Mais, le moment venu, elle souffrit d'un mauvais rhume, et ils lui envoyèrent un compte rendu très poli de ce qui avait été décidé. On avait choisi un directeur, je crois. Pensez-vous qu'ils aient besoin de mon aide pour en élire un nouveau ? Pas de doute : ma voix irait tout de suite à votre père.

— Mais mon père n'a pas de participation dans cette banque.

— Ah oui ! je me rappelle. Il trouva beaucoup à redire quand Déborah acheta des actions, je crois. Mais c'était une parfaite femme d'affaires. Elle jugeait toujours par elle-même, et vous voyez que pendant toutes ces années ils m'ont versé du huit pour cent. »

Avec le peu que je savais, le sujet était gênant. Je choisis de passer à autre chose. Je lui demandai à quelle heure elle pensait qu'il valait mieux pour nous aller voir les nouvelles modes.

« Eh bien, ma chère, dit-elle, voici comment la situation se présente. Il n'est pas dans les habitudes d'y aller avant midi. Mais, après midi, vous savez, nous allons nous heurter à tout Cranford, et on n'aime pas faire preuve de trop de curiosité pour la toilette, les fanfreluches, les bonnets quand tout le monde vous regarde. Ce n'est pas bien en pareille circonstance d'être exagérément intéressé. Déborah avait le chic pour donner l'impression que les nouvelles modes n'avaient pour elle rien de nouveau. C'était une attitude qu'elle avait prise au contact de Lady Arley qui, vous savez, avait déjà vu les nouveautés à Londres. Mon intention donc est de simplement faire un saut ce matin, peu après le petit-déjeuner (j'ai réellement besoin d'une demi-livre de thé). Nous pourrions examiner tranquillement ce qu'il y a et voir précisément comment on pourrait me confectionner une nouvelle robe de soie. Ensuite, l'après-midi, nous y retournerions l'esprit dégagé, sans penser plus qu'il ne faut à la toilette. »

Nous commençâmes à parler de cette nouvelle robe de soie de Mlle Matty. Je découvris que ce serait en réalité la première fois de sa vie qu'elle aurait à choisir pour elle-même quelque chose d'important. Mlle Jenkyns avait toujours eu des deux les idées les plus arrêtées, indépendamment de la question de goût. Il est étonnant de voir comment des gens comme elle décident de tout, uniquement grâce à leur volonté. Mlle Matty imaginait le spectacle du tissu brillant se déroulant sous ses yeux avec le même plaisir que si les cinq souverains mis de côté pour cet achat avaient eu le pouvoir de lui procurer toutes les soies de la boutique. Me souvenant de la façon dont j'avais perdu deux heures dans un magasin avant de décider à quel bibelot extraordinaire je consacrerais mes trois pence en argent, je me réjouis de partir de bonne heure afin que cette chère Mlle Matty eût tout loisir de goûter aux délices de la perplexité.

S'il se présentait un vert émeraude, la robe serait de cette teinte-là. Sinon, Mlle Matty penchait pour le jaune maïs et moi pour un gris argenté. Nous discutâmes du nombre de largeurs nécessaire jusqu'à notre arrivée devant la porte du magasin. Nous devions acheter le thé, choisir le tissu, puis monter l'escalier métallique en colimaçon qui menait à ce qui avait été un grenier mais était à présent converti en une salle d'exposition.

Les jeunes commis de M. Johnson avaient soigné leur apparence. Ils avaient mis leur plus belle cravate et tournaient autour du comptoir en manifestant une activité surprenante. Ils voulurent sans plus attendre nous faire monter à l'étage mais, fidèles au principe selon lequel le besoin prime le plaisir, nous restâmes en bas pour acheter notre thé. Mlle Matty fut alors victime de sa distraction. Si elle s'apercevait jamais qu'elle avait bu du thé vert, elle ne pouvait faire autrement que rester éveillée la moitié de la nuit suivante (plus d'une fois je l'ai vue en prendre sans cet effet indésirable), si bien que le thé vert était banni de sa maison. Ce jour-là, pourtant, elle demanda cet article détestable avec l'impression qu'elle parlait de la soie de la même couleur. L'erreur cependant fut vite corrigée, et on déballa le bon tissu.

Le magasin alors s'était copieusement garni, car c'était jour de marché à Cranford. De la campagne environnante arrivaient de nombreuses gens dont des fermiers, lissant leurs cheveux, les yeux mi-clos jetant partout des regards timides, dans le désir de transmettre au retour quelque chose de cette fête inhabituelle à la maîtresse de maison ou aux jeunes filles, mais tout en sentant qu'ils n'étaient pas à leur place parmi les élégants vendeurs, les jolis châles et les tissus imprimés de l'été.

Un brave homme toutefois s'approcha du comptoir où nous étions et hardiment demanda à voir un châle ou deux. Les autres campagnards se maintenaient où l'on vendait de l'alimentation, mais notre voisin à l'évidence était trop animé par de bonnes intentions envers sa femme ou sa fille pour se laisser intimider. Je ne tardai pas à me demander qui de Mlle Matty ou de lui allait le plus longtemps retenir les vendeurs, car il trouvait chaque nouveau châle plus beau que le précédent et, pour ce qui était de Mlle Matty, elle souriait et soupirait devant tous ces ballots qui lui étaient apportés. Une couleur en mettait en valeur une autre. Leur accumulation, comme elle le dit elle-même, aurait fait pâlir l'arc-en-ciel.

« Je crains fort, dit-elle en hésitant, que dans tous les cas je regretterai ce que je n'aurai pas pris. Regardez-moi ce rouge foncé, comme il est beau ! En hiver il donnerait une impression de chaleur. Mais pas de doute, le printemps approche. Ce qu'il me faudrait, c'est une robe pour chacune des saisons, ajouta-t-elle en baissant la voix – comme nous le faisions toutes à Cranford quand nous parlions de quelque chose dont nous avions envie, mais que nous ne pouvions pas nous offrir. Et pourtant, reprit-elle, plus haut et plus gaiement, si j'avais toutes ces étoffes, je devrais en prendre soin et cela me donnerait bien du mal. C'est pourquoi je me contenterai d'une seule. Mais laquelle, ma chère petite ? »

Elle restait à considérer une soie, hélas à pois jaunes, tandis que j'extrayais quelque chose de discret et de gris cendré qui n'attirait plus le regard après ces couleurs chatoyantes mais demeurait acceptable dans sa modestie. Notre voisin retint notre attention. Il avait fait choix d'un châle valant environ trente shillings, et son visage exprimait un contentement tranquille à l'idée, sans doute, de la bonne surprise qu'allait ressentir chez lui une Molly ou une Jenny. D'une poche de sa culotte il avait tiré une bourse en cuir et proposé un billet de cinq livres en paiement pour le châle et pour quelques paquets qui lui avaient été amenés du comptoir de l'alimentation. Ce fut à ce moment qu'il attira notre attention. Le vendeur examinait le billet d'un œil embarrassé. Il était perplexe.

« La Town and County ! Je n'en jurerais pas, monsieur, mais je crois que ce matin précisément nous avons reçu une mise en garde contre les billets émis par cette banque. Je vais juste consulter M. Johnson, mais j'ai bien peur d'avoir à vous demander un paiement en espèces ou avec un billet venant d'une autre maison. »

Je n'ai jamais vu quelqu'un aussi brutalement sombrer dans la détresse et la confusion. Un changement aussi rapide faisait presque pitié.

« Sacrebleu ! dit-il en tapant du poing sur la table, comme pour chercher ce qui des deux était le plus dur. Ce garçon parle comme s'il n'y avait qu'à se baisser pour ramasser l'or et les billets. »

Dans l'intérêt qu'elle éprouvait pour cet homme, Mlle Matty avait oublié sa robe de soie. Je ne crois pas qu'elle avait saisi le nom de la banque et, sous l'effet d'une poltronnerie due à ma nervosité, je voulais qu'elle n'y réussît pas. Je commençai donc à admirer la soie lilas à pois jaunes que l'instant d'avant j'avais condamnée sans rémission. Mais cela ne servit à rien.

« De quelle banque s'agit-il ? Je veux dire : de quelle banque provenait votre billet ?

— La Town and County Bank.

— Montrez-le-moi », dit-elle calmement au commis. Elle le lui prit des mains avec douceur lorsqu'il le ramena pour le rendre au fermier. M. Johnson était désolé mais, à en juger par les renseignements qui lui avaient été communiqués, les billets émis par cette banque n'avaient guère plus de valeur qu'un simple bout de papier.

« Je ne comprends pas, me dit Mlle Matty à voix basse. C'est bien notre banque, n'est-ce pas ? La Town and County Bank ?

— Oui, répondis-je. La soie lilas s'harmonisera parfaitement avec les rubans de votre bonnet neuf, je pense », poursuivis-je en tenant les plis dans la lumière. Mon souhait était que cet homme se dépêchât et partît. Pourtant, je me posais une question d'une autre sorte qui venait de s'imposer à moi. Dans quelle mesure était-il raisonnable ou juste de ma part de permettre à Mlle Matty de faire cet achat onéreux si les affaires de la banque étaient vraiment aussi embarrassées que l'impliquait ce refus ?

Mlle Matty cependant prit un air qui lui était particulier, dont elle faisait rarement usage, mais qui lui allait fort bien, un air à la fois digne et paisible. Posant calmement sa main sur la mienne, elle dit :

« Laissez de côté la soie quelques instants, ma chère. » Puis, se tournant vers le commis qui avait servi le fermier : « Je ne vous suis pas, monsieur. Ce billet serait-il un faux ?

— Oh non ! madame. Dans son genre, c'est un bon billet. Mais, voyez-vous, la banque est à capitaux multiples, et le bruit court qu'elle va probablement être déclarée en faillite. M. Johnson ne fait que son devoir, madame, comme le sait sûrement M. Dobson. »

Mais M. Dobson était dans l'incapacité de réagir par un sourire approbateur à la courbette qui faisait appel à son bon sens. Il tournait et retournait distraitement le billet entre ses doigts et jetait un regard sombre au paquet qui contenait le châle qu'il avait choisi.

« C'est un coup dur, dit-il, pour un pauvre homme qui gagne jusqu'à son dernier farthing à la sueur de son front. Mais on n'y peut rien changer. Vous allez récupérer votre châle, mon cher monsieur, et Lizzie pendant quelque temps devra s'accommoder de sa pèlerine. Ces figues pour les petits, je les leur ai promises, je les garde. Mais, pour le tabac et le reste…

— Je vais vous donner cinq souverains en échange de votre billet, mon brave homme, dit Mlle Matty. Je pense qu'il y a une grave erreur là-dessous, car je fais partie des actionnaires, et je suis sûre qu'on m'aurait prévenue si tout ne s'était pas bien passé. »

Par-dessus la table, le commis glissa quelques mots à voix basse à Mlle Matty.

« Cela se peut, dit-elle. Je ne prétends pas m'y connaître en affaires. Tout ce que je sais, c'est que si la banque fait faillite et si les honnêtes gens perdent leur argent parce qu'ils ont accepté nos billets… mais je ne parviens pas à m'expliquer, dit-elle, en prenant conscience qu'elle se lançait dans une grande phrase avec quatre personnes pour l'écouter. Seulement, je préfère échanger mon or contre le billet, s'il vous plaît (se tournant vers le fermier), et cela vous permettra de donner le châle à votre femme et (s'adressant à moi) n'entraînera pour moi qu'un retard de quelques jours dans l'acquisition de ma robe. Je ne doute pas qu'alors tout soit tiré au clair.

— Mais si tout est tiré au clair dans le mauvais sens ? objectai-je.

— Eh bien, dans ce cas, je n'aurai fait preuve que de la plus élémentaire probité, en tant qu'actionnaire, en proposant mon argent à ce brave homme. Dans ma tête, les choses sont parfaitement limpides mais, vous savez, je n'arrive jamais en parlant à me rendre tout à fait aussi compréhensible que beaucoup. Donnez-moi votre billet, monsieur Dobson, s'il vous plaît, et continuez vos achats avec ces souverains. »

L'homme la regardait sans rien dire mais visiblement reconnaissant, trop maladroit qu'il était pour exprimer ses remerciements par des mots. Il resta une minute ou deux à hésiter en triturant son billet.

« Je ne voudrais pas, finit-il par lâcher, qu'un autre soit perdant au lieu de moi, si perte il doit y avoir. Mais, voyez-vous, cinq livres représentent beaucoup d'argent pour un homme chargé de famille et, comme vous dites, il y a de fortes chances pour que, dans un jour ou deux, ce billet à nouveau ait retrouvé sa valeur en or.

— N'y comptez pas, mon ami, dit le vendeur.

— Raison de plus pour que je le prenne », trancha Mlle Matty.

Elle poussa ses souverains vers le fermier qui, lentement, en échange, posa son billet sur le comptoir.

« Merci, dit-elle. Je vais attendre un jour ou deux avant d'acheter une de ces soies. Peut-être aurez-vous plus de choix à ce moment-là. Ma chère, voulez-vous m'accompagner à l'étage ? »

Notre inspection des nouvelles modes fut aussi détaillée et notre intérêt aussi vif que si l'étoffe de la robe que nous devions faire faire avait été achetée. Apparemment, l'incident dans le magasin en bas n'avait en rien tempéré la curiosité de Mlle Matty pour la facture des manches ou la manière dont tombaient les jupes. Une ou deux fois, elle se félicita avec moi de pouvoir sans hâte et sans être dérangées regarder les bonnets et les châles.

Pendant ce temps, je n'étais pas aussi sûre qu'elle de notre intimité, car par instants j'apercevais une silhouette qui se dissimulait derrière les pèlerines et les manteaux. En m'y prenant adroitement, je me retrouvai face à face avec Mlle Pole dans son habillement matinal dont la caractéristique principale était que sans dents elle s'était munie d'une voilette pour dissimuler cette lacune. Elle était venue dans la même intention que nous, mais elle ne tarda pas à s'en aller parce que, à l'en croire, elle souffrait d'un violent mal de tête et ne se sentait pas en mesure de tenir une conversation.

Lorsque nous descendîmes à l'étage inférieur de la boutique, nous vîmes un M. Johnson plein de courtoisie qui nous attendait. Il avait été informé de l'échange du billet contre de l'or et, poussé par de bons sentiments et une indiscutable bonté d'âme – mais aussi avec un certain manque de tact –, il voulait compatir aux malheurs de Mlle Matty et faire en sorte que la vérité ne lui échappât point. Mon seul espoir était qu'il eût été victime de bruits exagérés, car il dit à Mlle Matty que ses actions ne valaient absolument rien et que la banque ne pouvait payer un shilling par livre sterling.

Je notai avec satisfaction que Mlle Matty paraissait quelque peu incrédule, mais sans pouvoir dire dans quelle proportion cette incrédulité était réelle ou feinte, étant donné la maîtrise de soi habituelle à Cranford aux dames du niveau social de Mlle Matty qui auraient pensé leur dignité compromise en manifestant le moindre signe de surprise, de désarroi ou de quelque chose d'approchant devant des inférieurs ou dans un magasin ouvert au public. Quoi qu'il en soit, nous rentrâmes chez nous sans guère ouvrir la bouche. J'ai honte de l'avouer, mais je crois que le comportement de mon amie en prenant le billet avec tant d'autorité m'avait plutôt irritée et gênée. Je me faisais une joie de sa nouvelle robe de soie, dont elle avait bien besoin. En général, elle était si hésitante que n'importe qui pouvait la faire changer d'avis. En l'espèce, j'avais senti qu'il aurait été vain d'essayer, mais je n'étais pas moins affligée du résultat.

Sans nous concerter, l'après-midi, nous reconnûmes l'une et l'autre que notre curiosité pour les nouvelles modes était épuisée et que physiquement nous étions fatiguées (alors qu'il s'agissait en réalité d'un découragement moral). Nous n'avions plus envie de sortir. Cela ne nous empêcha pas de garder le silence sur le sujet du billet jusqu'à ce que, brusquement, une impulsion me saisît, et je demandai à Mlle Matty si elle considérait de son devoir de proposer des souverains en échange de tous les billets de la Town and County Bank qu'elle rencontrerait.

J'aurais pu me mordre la langue dès l'instant où je le dis. Elle leva les yeux vers moi avec une certaine tristesse, comme si j'avais ajouté un nouvel embarras à ceux qui l'accablaient déjà. Une minute ou deux, elle resta muette. Puis, sans qu'il y eût le moindre reproche dans sa voix (chère Mlle Matty), elle se décida.

« Ma chère enfant, dit-elle, je n'ai jamais eu le sentiment d'avoir ce que les gens entendent par une tête bien solide, et c'est souvent pour moi bien difficile en présence d'un cas particulier de savoir ce que je dois faire. J'étais très heureuse, oui, très heureuse ce matin de pouvoir distinguer où se situait mon devoir, avec ce pauvre homme debout devant moi. Mais cela me fatigue plutôt de penser encore et encore à ce qui va m'incomber dans telle ou telle éventualité. J'aime mieux attendre qu'il se passe quelque chose. Je me sens certaine qu'alors un secours viendra si je ne m'agite pas trop et si je ne me fais pas trop de bile à l'avance. Vous savez, ma chérie, je ne ressemble pas à Déborah. Si Déborah avait vécu, elle se serait occupée de leur affaire, j'en suis sûre, avant qu'ils aient pu tomber aussi bas. »

Ni l'une ni l'autre, nous n'avions beaucoup d'appétit pour dîner, bien que faisant des efforts pour parler avec légèreté de choses qui ne nous intéressaient pas. À notre retour au salon, Mlle Matty ouvrit son secrétaire et se mit à examiner ses livres de comptes. J'étais si honteuse de ce que j'avais dit le matin que je n'eus pas la présomption de supposer que je pouvais lui être utile. Je préférai la laisser seule tandis que, le front soucieux, elle accompagnait du regard sa plume montant et descendant une page de papier réglé. Elle ne tarda pas à fermer son livre, ainsi que le secrétaire. Elle vint à moi, tira une chaise près de la mienne, là où je ruminais mon chagrin devant l'âtre. Je glissai ma main dans la sienne. Elle la serra, mais sans un mot. Finalement, en s'efforçant de parler d'une voix calme, elle dit : « Si cette banque est en défaut, je perdrai cent quarante-neuf livres, treize shillings et quatre pence par an. Il ne me restera que treize livres pour l'année entière. »

Je pressai sa main avec force. Je ne savais que lui répondre. Peu après (il faisait trop noir pour que je puisse voir son visage), je sentis ses doigts bouger convulsivement sous mon emprise, et je sus qu'elle allait reprendre la parole. Je perçus les sanglots dans sa voix quand elle dit : « J'espère que ce n'est pas mal de ma part – que ce n'est pas une mauvaise pensée – mais que je suis contente que la pauvre Déborah n'ait pas connu cela ! Elle n'aurait pas supporté une telle chute. Elle avait tant de noblesse, tant de dignité. »

Ce fut tout ce qu'elle trouva à dire sur la sœur qui avait insisté pour investir leur petit patrimoine dans cette malheureuse banque. Nous mîmes plus de temps que d'habitude ce soir-là à allumer la bougie et, aussi longtemps que cette lumière ne nous fit pas honte de notre silence, nous restâmes toutes deux taciturnes et tristes.

Malgré tout, après le thé, nous reprîmes notre ouvrage avec une sorte de bonne humeur contrainte (qui bientôt cessa d'être affectée, dans la mesure du possible) à parler de ce sujet d'étonnement inépuisable, les fiançailles de Lady Glenmire. Mlle Matty finissait presque par en faire une bonne chose.

« Je n'irai pas, dit-elle, jusqu'à nier le dérangement qu'apporte un homme dans une maison. Je ne me fonde pas sur ma propre expérience, car mon père était la propreté même. Il essuyait ses pieds en entrant avec autant de soin qu'une femme. Mais un homme a une sorte d'intuition pour juger de ce qu'il faut faire dans la difficulté, si bien qu'il est des plus agréables d'en avoir un à portée de main sur lequel prendre appui. Lady Glenmire, au lieu d'être ballottée un peu partout, de se demander où se fixer, sera assurée d'un foyer parmi des gens sympathiques et cordiaux, tels que cette brave Mlle Pole et Mme Forrester. Ajoutez à cela que M. Hoggins est certainement un bel homme. Quant à ses manières, eh bien, si elles ne sont pas très raffinées, j'ai connu des personnes qui avaient très bon cœur et beaucoup d'intelligence, et qui n'étaient pas ce que certains appelleraient distinguées, mais qui pouvaient être à la fois loyales et pleines de tendresse. »

Elle se mit à rêver complaisamment de M. Holbrook. Je n'y fis pas obstacle, tant j'étais occupée à mettre au point un projet qui me trottait dans la tête depuis quelques jours, auquel la faillite qui menaçait maintenant cette banque avait donné un caractère plus pressant. Ce soir-là, quand Mlle Matty fut couchée, traîtreusement je rallumai la bougie et m'assis dans le salon pour composer une lettre à l'Aga Jenkyns qui le toucherait s'il était Peter et pourtant prendrait l'aspect d'une simple énonciation de faits dans leur brutalité s'il était quelqu'un d'autre. L'horloge de l'église sonna vigoureusement ses deux coups que je n'en avais pas encore fini.

La nouvelle tomba le lendemain matin, à la fois rumeur et notification officielle : la Town and

County Bank se trouvait en cessation de paiement ; Mlle Matty était ruinée.

Elle s'efforça de me parler calmement mais, quand elle en arriva à la dure réalité, seulement cinq shillings par semaine ou à peu près pour subsister, elle ne put s'empêcher de verser quelques larmes.

« Je ne pleure pas sur mon propre sort, ma chérie, dit-elle en les essuyant. Je crois que ce qui me touche est la pensée – très sotte – du chagrin qu'aurait ma mère si elle pouvait savoir. Elle se faisait toujours tellement plus de souci pour nous que pour elle. Mais plus d'un indigent dispose de moins pour vivre, je ne suis pas dépensière et, Dieu merci, une fois payés le collet de mouton, les gages de Martha et le loyer, je ne devrai de l'argent à personne. Pauvre Martha ! Je crois qu'elle aura du regret à me quitter. »

Elle me sourit à travers ses larmes. Elle aurait voulu que je voie seulement le sourire, non les larmes.

## 14

## On ne connaît l'ami qu'au besoin

Ce fut un exemple que me donna Mlle Matty – un exemple qui, j'imagine, pourrait servir à bien d'autres – quand je la vis sans plus tarder se mettre à calculer les dépenses qu'il lui faudrait éviter de faire dans une situation financière ainsi changée. Tandis qu'elle descendait parler à Martha pour lui apprendre la nouvelle, subrepticement je sortis avec ma lettre à l'Aga Jenkyns et me rendis chez le *Signor Brunoni* pour obtenir l'adresse exacte. Je fis jurer à la *Signora* de garder le secret, et indubitablement la discrétion que lui avait enseignée l'armée lui conférait une retenue et une réserve qui limitaient toujours ses propos à un minimum, sauf lorsqu'elle était sous l'emprise d'une forte excitation.

De plus (ce qui assurait encore davantage la sécurité de mon secret), le *Signor* était maintenant suffisamment rétabli pour, dans moins de quelques jours, voyager et faire des tours de magie quand sa femme et lui ainsi que la petite Phoebé quitteraient Cranford. Je le trouvai même occupé à regarder une grande affiche rouge et noire qui vantait les talents du *Signor Brunoni* et à laquelle il ne manquait que le nom de la ville où il les montrerait. Sa femme et lui portaient tant d'attention à l'endroit où les lettres rouges feraient le plus d'effet (il aurait pu s'agir des lettres des rubriques[1], tant ils s'y intéressaient) qu'il me fallut attendre un peu avant de pouvoir poser ma question discrètement, et non sans avoir préalablement donné plusieurs avis décisifs dont je mis en doute la sagesse avec une égale sincérité, aussitôt que le *Signor* eut fait part de ses scrupules et de ses raisons sur cet important sujet. Je finis par obtenir l'adresse – du moins les sons correspondants – et sur le papier elle avait un drôle d'aspect. Je jetai la lettre dans la boîte de la poste en rentrant, et je restai un instant à fixer le petit carreau de bois fendu en son milieu qui me séparait de cette lettre qu'un peu plus tôt j'avais eue entre les mains.

Elle m'avait quitté comme la vie vous quitte. Impossible de la récupérer. Elle allait être ballottée sur les flots, tachée peut-être par les vagues, portée parmi les palmiers et parfumée de tous les arômes des tropiques. Ce petit bout de papier qui, une heure plus tôt, était encore si banal et si familier, avait entrepris une course le menant à des pays étranges et sauvages au-delà du Gange. Pourtant je ne pouvais perdre beaucoup de temps à rêver. Je me dépêchai de rentrer, pour que Mlle Matty ne se demandât pas où j'étais passée. Martha m'ouvrit la porte, les yeux gonflés de larmes. Dès qu'elle me

1. Dans le livre de prières de l'Église anglicane, les directives pour la conduite du service religieux (ou rubriques) étaient imprimées en rouge.

vit, elle éclata en sanglots. Elle me prit le bras et me tira à l'intérieur, puis elle ferma la porte d'un coup sec, désireuse de savoir s'il fallait bien croire ce que Mlle Matty lui avait révélé.

« Je ne la quitterai jamais ! Non, jamais ! C'est ce que je lui ai dit, et que je ne voyais pas comment elle avait le cœur de me donner mon congé. Si j'avais été à sa place, je n'aurais pas osé. C'était comme si j'étais une bonne à rien, du même genre que la Rosy de Mme Fitz-Adam qui a fait la grève pour améliorer ses gages après sept ans et demi passés dans la même maison. Je lui ai dit que je n'étais pas une personne à m'en aller servir Mammon dans ces conditions-là, que je savais quand j'avais une bonne patronne si elle ne savait pas quand elle avait une bonne domestique.

— Mais Martha... lui dis-je, lui coupant la parole pendant qu'elle s'essuyait les yeux.

— Pas de "Mais Martha" ! lança-t-elle en réponse à un ton de voix désapprobateur.

— Soyez raisonnable.

— Je me moque du raisonnable, protesta-t-elle d'une voix maintenant assurée après avoir été étranglée par les sanglots. Quand on parle de raisonnable, on pense au raisonnement des autres. Je crois que ce que j'ai à dire est plein de bon sens mais, que ce soit raisonnable ou non, je le dirai et je m'y tiendrai. J'ai de l'argent à la Caisse d'épargne, j'ai de quoi m'habiller, et je ne vais pas quitter Mlle Matty. Non, même si elle continue à me donner mes huit jours à tout bout de champ. »

Elle mit ses mains sur ses hanches comme pour me défier et, en réalité, j'avais du mal à trouver par où commencer mes reproches, tant je sentais que Mlle Matty, de plus en plus impotente, avait besoin de l'aide de cette femme si bonne et si fidèle.

« Bon ! dis-je enfin.

— Une chance que vous ayez commencé par "Bon !" Si vous aviez commencé par "Mais", comme avant, je ne vous aurais pas écoutée. Maintenant vous pouvez continuer.

— Je sais que Mlle Matty perdrait beaucoup en vous perdant, Martha… »

Elle m'interrompit triomphalement.

« C'est ce que je lui ai dit. Ce serait une perte qu'elle n'aurait pas fini de regretter.

— Mais elle aura si peu d'argent, si peu pour vivre, que je ne vois pas maintenant comment elle pourrait faire pour vous donner à manger. Elle aura déjà du mal à se nourrir elle-même. Je vous dis cela, Martha, parce que je sens bien que vous êtes comme une amie pour cette chère Mlle Matty, mais vous savez qu'elle n'aimerait peut-être pas qu'on en parle. »

Apparemment c'était une manière de présenter les choses encore plus noire que ce que Mlle Matty avait donné à entendre. Martha s'assit sur la première chaise qui lui tomba sous la main et éclata en sanglots (dans la cuisine nous étions restées debout).

Au bout d'un instant, elle enleva son tablier et, en me regardant droit dans les yeux :

« Cela explique-t-il pourquoi, demanda-t-elle, Mlle Matty n'a pas voulu me commander de pudding pour aujourd'hui ? Elle m'a dit qu'elle n'était guère tentée par le sucré, qu'elle et vous vous contenteriez d'une côtelette de mouton. Mais je ne vais pas m'en laisser conter. Vous n'en direz rien, mais je vais lui faire un pudding, et un pudding qui lui plaira. Je prends la dépense à mon compte. Donc vous veillerez à ce qu'elle le mange. Ce ne sera pas la première fois que la vue d'un bon plat sur la table réconfortera un affligé. »

J'étais plutôt contente de voir l'énergie de Martha se porter de façon pratique et immédiate vers la confection d'un pudding. Cela permettait d'éviter une querelle sur la question de savoir si elle quitterait ou non le service de Mlle Matty. Elle commença par mettre un tablier propre et se préparer d'autre façon à rendre visite à un commerçant pour acheter le beurre, les œufs et tout ce qui lui serait nécessaire. Elle refusa d'utiliser aucun des ingrédients déjà dans la maison pour faire sa cuisine. Elle se dirigea vers une vieille théière où était déposée sa fortune. Elle prit ce qu'il lui fallait.

Je trouvai Mlle Matty très calme et assez triste, mais elle ne tarda pas par égard pour moi à tenter de sourire. Il fut décidé que j'écrirais à mon père pour lui demander de venir nous aider de ses conseils. Aussitôt que la lettre fut envoyée, nous commençâmes à parler de nos projets d'avenir. L'idée de Mlle Matty consistait à ne prendre en location qu'une chambre, à garder de son mobilier autant qu'il serait nécessaire pour la meubler, à vendre le reste et à subsister paisiblement dans cette chambre avec ce qui lui resterait en poche, une fois le loyer payé. Pour ma part, j'étais plus ambitieuse et moins aisément satisfaite. Je pensais à tous les moyens à la disposition d'une femme d'un âge avancé, disposant de l'éducation accessible aux dames cinquante ans plus tôt, pour gagner sa vie ou ajouter au nécessaire sans matériellement déchoir. En définitive, pourtant, j'abandonnai même cette dernière restriction et m'interrogeai sur ce à quoi Mlle Matty pourrait bien s'occuper.

Ce fut à l'enseignement, bien sûr, que mes pensées allèrent en premier. Si Mlle Matty était en mesure d'apprendre quelque chose aux enfants, cela aurait l'intérêt de la mettre au milieu des petits anges qui faisaient son bonheur. Je passai en revue ses divers talents. Jadis je l'avais entendue soutenir qu'elle était capable de jouer au piano *Ah ! vous dirai-je, maman* ?, mais c'était dans des temps très anciens. Ce faible témoignage de capacité musicale avait disparu bien des années plus tôt. Elle avait su également autrefois dessiner des patrons avec beaucoup de précision pour des broderies sur mousseline en plaçant du papier d'argent sur le dessin à copier et en tenant l'un et l'autre contre la vitre pendant qu'elle marquait les festons et les œillets. C'était en définitive ce qu'elle faisait de mieux dans le domaine du dessin, et je ne pensais pas que cela pût la mener bien loin.

Et puis, pour ce qui était des différents éléments à la base d'une bonne éducation anglaise, je veux parler des travaux d'aiguille et d'une juste utilisation des globes terrestres, de ce que prétendait enseigner la directrice de la maison d'éducation pour jeunes filles où tous les commerçants de Cranford envoyaient leur progéniture, les yeux de Mlle Matty feraient mal leur office. Je me demandais si elle pouvait encore distinguer le nombre des fils dans un patron de lainage ou bien décider des différentes teintes requises pour exécuter le portrait de la reine Adélaïde dans des ouvrages pour dames en laine marquant la loyauté de ses sujets qu'on trouvait partout maintenant à Cranford. Quant aux globes, je n'avais moi-même jamais réussi à m'en servir, ce qui m'empêchait peut-être de bien juger des capacités de Mlle Matty à enseigner dans ce domaine de l'éducation. Mais il m'apparaissait clairement que les équateurs, les tropiques et autres cercles mystérieux étaient à ses yeux des lignes purement imaginaires et qu'elle considérait les signes du zodiaque comme autant de vestiges de la magie noire.

Ce qu'elle se faisait fort d'exécuter en matière d'arts où elle excellait était la fabrication d'allume-bougies (ou allumettes, comme elle préférait les appeler) faits de papiers de couleur et découpés de manière à ressembler à des plumes. Elle se piquait aussi de confectionner des jarretières tricotées diversement avec de jolis points. Je lui avais dit un jour en recevant en cadeau une paire de ces jarretières minutieusement exécutées que la tentation serait grande pour moi d'en laisser tomber une dans la rue pour qu'on l'admirât. Pourtant, cette petite plaisanterie (vraiment insignifiante) se révéla si choquante à sa conception de la décence et fut accueillie avec une inquiétude si sincère, à l'idée qu'un jour la tentation fût réellement trop forte, que je regrettai vraiment de l'avoir jamais osée. Recevoir en cadeau ces jarretières faites avec beaucoup de soin, ou une poignée d'allumettes aux couleurs vives, ou encore un paquet de cartes autour desquelles on avait enroulé des fils de soie de manière énigmatique représentait un signe de faveur bien connu de la part de Mlle Matty. Mais qui trouverait-on qui paierait pour que ses enfants fussent instruits dans ces arts-là ? Ou Mlle Matty accepterait-elle de trahir en échange d'un vil argent le tour de main qui lui permettait de faire de petites choses, de valeur au regard de ceux qui l'aimaient ?

Il me fallut descendre jusqu'à la lecture, l'écriture, l'arithmétique. Quand elle lisait un chapitre de la Bible chaque matin, elle toussait toujours avant d'en arriver à des mots longs. Je mettais en doute sa capacité à venir à bout d'un de ces chapitres traitant de généalogie, même à force de tousser. Elle écrivait bien et délicatement, mais pour ce qui était de l'orthographe ! Elle semblait penser que plus la sienne sortait des chemins battus, plus elle lui demandait de peine, et plus grand était le compliment fait à son correspondant. Des mots qu'elle écrivait sans faute dans les lettres qu'elle m'adressait devenaient des rébus quand elle écrivait à mon père.

Non, il n'y avait rien qu'elle pût enseigner à la génération montante de Cranford, à moins que cette génération n'eût aucune difficulté à apprendre et fût prête à prendre modèle sur la patience, l'humilité, la douceur et la sérénité avec laquelle elle accueillait tout ce qui était au-dessus de ses moyens. Je me creusai la tête jusqu'au moment où Martha annonça que le dîner était servi, les joues rouges et le visage défiguré par les larmes.

Mlle Matty était affectée de quelques bizarreries que Martha avait tendance à considérer comme des manies indignes de son attention et semblait tenir pour des enfantillages dont une vieille dame de cinquante-huit ans devait essayer de se débarrasser. Aujourd'hui, pourtant, tout faisait l'objet du soin le plus respectueux. Le pain était coupé en s'en tenant à la façon de faire que Mlle Matty imaginait être la meilleure, sa mère l'ayant toujours préférée. Le rideau était tiré de façon à cacher le triste mur de briques de l'écurie du voisin sans pour autant ôter à la vue chacune des tendres feuilles du peuplier déployant sa beauté printanière. Martha parlait à Mlle Matty de la façon dont cette bonne domestique au franc-parler s'adressait aux seuls petits enfants et que je ne l'avais jamais encore entendue utiliser avec des personnes adultes.

J'avais oublié de mentionner le pudding à Mlle Matty, et je craignais qu'elle n'y fît pas honneur, car à l'évidence ce jour-là elle n'avait pas beaucoup d'appétit. Je saisis donc l'occasion qui m'était donnée pour lui dévoiler le secret pendant que Martha enlevait la viande. Les yeux de Mlle Matty s'emplirent de larmes, et elle fut incapable de dire un mot, que ce fût pour exprimer sa surprise ou son plaisir, lorsque Martha revint en le portant bien haut sous la forme d'un lion rampant, le plus beau qu'on eût jamais vu. Le visage de Martha s'illumina de joie quand elle le déposa devant Mlle Matty avec un « Tenez » triomphant. Mlle Matty voulut faire entendre ses remerciements, mais sans y parvenir. Elle prit donc la main de Martha qu'elle serra vigoureusement, ce qui déclencha les sanglots de sa domestique, tandis que moi-même j'avais bien de la peine à garder mon calme. Martha sortit de la pièce en coup de vent, et Mlle Matty dut s'éclaircir la voix à plusieurs reprises avant de pouvoir parler. Finalement, elle dit : « J'aimerais garder ce pudding sous verre, ma chère petite ! » L'idée de ce lion rampant avec ses yeux de raisin sec élevé à la place d'honneur sur la cheminée me donna envie de rire, ce que je commençai à faire, à la surprise de Mlle Matty.

« Je suis certaine, mon enfant, d'avoir déjà vu plus laid sous globe », dit-elle.

Moi aussi, c'était mon cas, en plus d'une circonstance. En conséquence, je repris mon sérieux (maintenant j'avais peine à ne pas pleurer), et toutes deux nous attaquâmes ce pudding qui était à la vérité excellent, avec cette réserve que chaque morceau semblait devoir nous étouffer, tant nous étions au bord des larmes.

Nous avions trop à quoi penser pour parler beaucoup cet après-midi-là. Il passa très tranquillement. Cependant, quand on nous apporta la théière, il me vint à l'esprit une idée toute nouvelle. Pourquoi Mlle Matty ne vendrait-elle pas de thé, ne serait-elle pas détaillante de la Compagnie du thé des Indes orientales, qui existait en ce temps-là ? Je ne voyais aucun obstacle à l'exécution de ce projet, alors que les avantages étaient nombreux, à supposer, bien sûr, que Mlle Matty pût supporter la dégradation de condescendre à s'impliquer dans quelque chose qui ressemblait à du commerce. Le thé n'était ni gras ni collant, deux caractéristiques insupportables à Mlle Matty. Il ne serait nul besoin d'une vitrine.

Bien entendu, il serait nécessaire d'afficher dans un coin avec élégance qu'autorisation lui était donnée de vendre du thé, mais j'espérais que ce serait mis là où personne ne le verrait. En dehors de cela, le thé n'était pas une lourde marchandise de nature à compromettre la fragilité de Mlle Matty. Contre mon projet, on ne pouvait faire valoir que le fait de vendre et d'acheter.

Tandis que je ne donnais que des réponses distraites aux questions que posait Mlle Matty – presque aussi distraitement – nous entendîmes dans l'escalier un pas pesant, puis un murmure à la porte qui finit par s'ouvrir et se fermer une fois comme sous l'action d'une main invisible. Au bout d'un instant, Martha entra, remorquant un jeune homme de haute taille, cramoisi de timidité et ne trouvant à se rassurer qu'en se lissant continuellement les cheveux.

« S'il vous plaît, madame, c'est seulement Jem Hearn », dit Martha en guise de présentation. Elle était si essoufflée que j'imagine qu'elle avait dû plus ou moins le forcer avant de vaincre sa réticence à être présenté sur la scène de l'imposant salon de Mlle Matilda Jenkyns.

« Et avec votre permission, madame, il veut m'épouser tout de suite. Et s'il vous plaît, madame, nous voudrions prendre un locataire – juste un, quelqu'un de tranquille, pour pouvoir joindre les deux bouts. Nous prendrions la première maison qui conviendrait. Et, chère mademoiselle Matty, si j'osais, auriez-vous une objection quelconque à loger chez nous ? Jem le voudrait tout autant que moi. (À Jem) Espèce d'andouille ! Pourquoi ne pas dire comme moi ? Mais cela ne l'empêche pas d'être pour, et même tout à fait, n'est-ce pas, Jem ? C'est seulement, voyez-vous, qu'il perd ses moyens quand il faut qu'il parle devant des gens de la haute. »

Jem lui coupa la parole.

« Ce n'est pas ça du tout. C'est que tu m'as pris de court. Je ne pensais pas me marier si vite, et un bagout pareil, ça vous assoit. (S'adressant à Mlle Matty) Ce n'est pas que je sois contre, madame, c'est que Martha s'emballe si facilement, une fois qu'elle s'est mise quelque chose dans la tête. Et le mariage, madame... le mariage, ça vous ôte vos moyens, si l'on peut dire. Sans doute est-ce que je n'y penserai plus, une fois que ce sera fait.

— S'il vous plaît, madame, dit Martha – qui avait tiré sur sa manche, l'avait poussé du coude et fait son possible par ailleurs pour l'interrompre, tout le temps qu'il parlait – n'y faites pas attention, il acceptera. Encore hier soir, il me demandait, me redemandait, et d'autant plus que je lui disais n'y pas songer pendant des années à venir. Maintenant la joie lui coupe les jambes. Mais (en le poussant encore du coude) tu sais, Jem, tu as autant que moi grande envie de prendre quelqu'un en pension.

— Oui, si Mlle Matty veut bien loger chez nous. Sinon je n'ai aucune envie d'encombrer la maison de gens que je ne connais pas », dit Jem avec un manque de tact qui, je le vis bien, provoqua l'ire de Martha, elle qui essayait de représenter un pensionnaire comme le plus cher de leurs souhaits et de montrer qu'en réalité Mlle Matty aplanirait leurs difficultés et leur rendrait service si seulement elle consentait à venir habiter chez eux.

Mlle Matty elle-même était stupéfaite de l'attitude du couple. Cette soudaine décision en faveur du mariage (qui était plutôt celle de Martha) la déconcertait et s'interposait entre elle et le projet que Martha avait à cœur. Enfin :

« Le mariage, Martha, dit-elle, est quelque chose de très sérieux.

— Assurément, madame, dit Jem. Ce n'est pas que j'aie des réserves concernant Martha.

— Tu n'as jamais cessé de me demander quand je consentirais à me marier, intervint Martha, le visage en feu et prête à pleurer de dépit, et maintenant tu me fais honte devant ma maîtresse et devant le monde.

— Allons, allons, dit Jem en essayant – mais vainement – de prendre possession de sa main. Ne pleure pas, Martha. Ne pleure pas. C'est seulement qu'un homme aime avoir le temps de respirer. » Après quoi, voyant qu'elle était davantage touchée qu'il ne l'avait imaginé, il parut vouloir reprendre ses esprits et, avec une dignité moins embarrassée que je n'aurais cru possible dix minutes plus tôt, il se tourna vers Mlle Matty et dit :

« J'espère, madame, que vous êtes persuadée du respect que je dois à quiconque a été bon avec Martha. J'ai toujours pensé qu'elle serait ma femme – un jour ou l'autre – et elle n'a jamais cessé de parler de vous comme de la dame la plus gentille qui soit au monde. Il est vrai que je n'aimerais pas m'embarrasser de pensionnaires ordinaires.

Pourtant, madame, si vous nous faisiez l'honneur de venir vivre chez nous, je suis sûr que Martha ferait de son mieux pour que vous y soyez bien à l'aise. Autant que possible, je ne me mettrais pas dans vos jambes, ce qui à mon sens serait le meilleur service qu'un lourdaud comme moi pourrait vous rendre. »

Mlle Matty avait été très occupée à ôter ses lunettes, à les essuyer, les remettre en place. Mais elle ne trouva le moyen que de dire : « Il ne faut pas qu'à cause de moi vous vous mariiez à la va-vite. Le mariage est quelque chose de très sérieux !

– Mais Mlle Matty réfléchira à votre idée, Martha, dis-je, frappée des avantages qu'elle offrait et peu désireuse de gâcher l'occasion d'y penser. Je suis sûre que ni elle ni moi n'oublierons jamais votre gentillesse – ni la vôtre, Jem.

– Mais oui, madame, sans aucun doute mes intentions sont bonnes, même si je suis un peu troublé qu'on me pousse comme ça à me marier, qu'on me bouscule pour ainsi dire, si bien que j'ai du mal à m'expliquer calmement. Mais pas de doute : je suis d'accord, pourvu qu'on me laisse le temps de m'habituer. Alors, Martha, ma fille, pourquoi ces larmes et pourquoi me taper dessus quand j'approche ? »

Ces dernières paroles furent dites à mi-voix. Elles eurent pour effet de faire bondir Martha hors de la pièce, suivie par son amoureux et apaisée par ses soins. Là-dessus Mlle Matty s'assit et pleura de bon cœur. Elle l'expliqua en disant que la pensée de Martha se mariant si vite lui avait causé un choc et qu'elle ne se pardonnerait jamais si elle pensait presser la pauvre fille de franchir le pas. Il me semble que ma pitié allait davantage à Jem, mais tant Mlle Matty que moi appréciions pleinement la bonté de ces braves jeunes gens, si nous n'en disions pas grand-chose et parlions davantage des hasards et des périls du mariage.

Le lendemain matin, de très bonne heure, je reçus un billet de Mlle Pole, enveloppé de manière si mystérieuse et couvert de tant de cachets de cire pour assurer le secret que je fus contrainte de déchirer le papier avant de réussir à le déplier. Lorsque j'en arrivai à l'écriture, j'eus du mal à en comprendre le sens, tant c'était embrouillé et sibyllin. Je compris tout de même que je devais me rendre chez Mlle Pole à onze heures. Le onze était écrit en toutes lettres ainsi qu'en chiffres, et *du matin* souligné deux fois, comme s'il était vraisemblable que j'y aille à onze heures du soir, alors qu'à dix tout Cranford était d'ordinaire couché et dans les bras de Morphée. Il n'y avait pas de signature, en dehors des initiales de Mlle Pole, inversées, mais, comme Martha m'avait donné le billet, il n'y avait pas besoin d'être magicien pour deviner qui l'avait envoyé. Si le nom de l'envoyeur devait rester secret, il était chanceux que je n'eusse personne avec moi quand Martha me le mit entre les mains.

Comme on me le demandait, j'allai visiter Mlle Pole. Ce fut sa petite bonne Lizzy qui m'ouvrit, endimanchée, comme si un événement d'importance était attendu en ce jour de semaine. Le salon à l'étage offrait une apparence en accord avec cette idée. La table était couverte du plus beau tapis vert pour jeux de cartes. On y avait mis de quoi écrire. Sur le petit chiffonnier on avait posé un plateau contenant une bouteille de liqueur de primevère fraîchement décantée et quelques biscuits. Mlle Pole elle-même était vêtue avec soin, comme si elle s'apprêtait à recevoir des visiteurs, bien qu'il ne fût qu'onze heures. Mme Forrester était là. Elle versait sans bruit des larmes amères, et mon arrivée ne parut déclencher qu'un nouvel accès de détresse.

Avant que nos salutations fussent terminées, on frappa de nouveau à la porte, et Mme Fitz-Adam parut, toute rouge d'excitation et d'avoir marché. Apparemment, on n'attendait plus personne, car Mlle Pole montra à plusieurs reprises qu'elle était sur le point de dire pourquoi nous étions rassemblées en activant le feu, en ouvrant et fermant la porte, en toussant et en se mouchant. Après quoi elle nous plaça autour de la table en prenant soin de me mettre en face d'elle. Enfin, elle me demanda si la triste nouvelle avait un fondement, comme elle le craignait, et si Mlle Matty avait perdu la totalité de sa fortune.

Bien sûr, je n'avais qu'une réponse à donner, et je ne vis jamais de chagrin plus sincère se peindre sur des physionomies que sur les trois qui étaient devant moi.

« Je regrette que Mme Jamieson ne soit pas là », dit enfin Mme Forrester. Mais, à en juger d'après le visage de Mme Fitz-Adam, c'était un souhait auquel elle ne pouvait donner son accord.

« Cependant, même sans Mme Jamieson, dit Mlle Pole, dans la voix juste une trace de l'offense subie par le mérite non reconnu, nous, les dames de Cranford, assemblées dans mon salon, pouvons décider de quelque chose. Je suppose que ni l'une ni l'autre nous ne pouvons être qualifiées de riches, bien que toutes nous ayons les moyens de vivre avec élégance, ce qu'il faut à des goûts distingués et raffinés et dédaignerions, le cas échéant, de vulgairement faire étalage de notre aisance. » (À cet endroit de la conversation, je vis Mlle Pole consulter un carton caché dans le creux de sa main sur lequel, j'imagine, elle avait inscrit quelques notes).

Mademoiselle Smith, poursuivit-elle en se tournant vers moi (j'étais connue plus familièrement sous le nom de Mary à toute la compagnie assemblée, mais la circonstance était exceptionnelle), j'ai conversé en privé (je me suis arrangée pour le faire hier après-midi) avec ces dames sur le malheur qui échoit à notre amie, et à l'unanimité nous sommes tombées d'accord pour dire que tant que nous aurons plus qu'il ne faut, ce ne sera pas seulement un devoir mais un plaisir, un vrai plaisir, Mary !... (là sa voix s'étrangla un peu, et elle dut essuyer ses lunettes avant de continuer) de donner ce que nous pourrons pour l'aider – pour aider Mlle Matilda Jenkyns.

Uniquement par respect pour la susceptibilité en matière d'indépendance qui caractérise toute femme distinguée (à coup sûr à ce moment elle se référa à son carton) nous souhaitons apporter notre obole en cachette et dans le secret pour ne pas blesser la délicatesse dont j'ai parlé. Notre but est donc en vous demandant de vous joindre à nous ce matin est de... attendu que vous êtes la fille, que votre père, en fait, est son conseiller privé pour toutes les affaires d'argent... bref, nous avons pensé qu'en en parlant avec lui vous pourriez imaginer un moyen qui permettrait à notre contribution d'apparaître comme un dû revenant légalement à Mlle Matilda Jenkyns. Sans doute votre père, connaissant ses investissements, pourrait-il remplir les cases vides. »

Je n'avais pas grand-chose à dire. Il y avait dans mon cœur plus de gratitude pour leur gentillesse que je ne souhaitais en traduire par des mots. Je me contentai donc de bafouiller quelque chose qui signifiait que je transmettrais à mon père ce que Mlle Pole avait dit et que, si quelque chose pouvait être fait pour cette chère Mlle Matty... Arrivée là, je m'effondrai et dus être réconfortée par un verre de liqueur de primevère avant de pouvoir réprimer des sanglots que je contenais depuis deux ou trois jours.

Le pire fut que toutes ces dames m'accompagnèrent dans mes épanchements. Mlle Pole elle-même pleura, elle qui avait maintenu cent fois que trahir de l'émotion en public était un signe de faiblesse et de manque de maîtrise de soi. Elle se reprit suffisamment pour manifester un peu d'irritation et d'impatience à mon encontre pour avoir tout déclenché. En plus, je crois qu'elle fut contrariée de mon incapacité à répondre à son discours par un autre. Si j'avais su d'avance ce qui allait être dit et si j'avais eu un carton sur lequel mettre les sentiments qui probablement naîtraient de mon cœur, j'aurais tenté de lui faire plaisir. En l'occurrence, Mme Forrester fut celle qui prit la parole, une fois que nous eûmes recouvré notre calme.

« Je n'hésiterai pas, entre amies, à dire que je... non, je ne suis pas à proprement parler démunie, mais je ne pense pas être ce qu'on peut appeler riche. Je le regrette pour notre chère Mlle Matty. Mais, si vous le voulez bien, je vais écrire sur une feuille de papier cachetée ce que je suis prête à donner. J'aurais voulu que ce fût davantage, ma chère Mary, je vous l'assure. »

Je vis alors pourquoi on nous avait fourni du papier, des plumes, de l'encre. Chacune des dames inscrivit la somme qu'elle pouvait donner chaque année. Elle signa et cacheta mystérieusement son engagement. Si l'on faisait droit à leur proposition, mon père aurait l'autorisation d'ouvrir ces documents, en assurant le secret. Sinon, tout serait rendu aux auteurs.

Lorsque la cérémonie prit fin, je me levai pour partir, mais chacune des dames paraissait vouloir s'entretenir en privé avec moi. Mlle Pole me garda au salon pour m'expliquer pourquoi, en l'absence de Mme Jamieson, elle avait pris la tête du « mouvement », comme elle voulut bien l'appeler, et aussi pour m'informer qu'elle savait de bonne source que Mme Jamieson rentrait chez elle sans attendre, très remontée contre sa belle-sœur, qui devait de suite quitter sa maison et, croyait-elle, rentrer à Édimbourg l'après-midi même. Naturellement, cette information ne pouvait être communiquée devant Mme Fitz-Adam, d'autant plus que Mlle Pole avait tendance à croire que les fiançailles de Lady Glenmire avec M. Hoggins n'avaient aucune chance de tenir, face à la furieuse indignation de Mme Jamieson. Quelques questions affectueuses sur la santé de Mlle Matty mirent fin à mon entrevue avec Mlle Pole.

En descendant, je trouvai Mme Forrester qui m'attendait sur le seuil de la petite salle à manger. Elle me fit entrer et, une fois la porte close, essaya par deux ou trois fois d'aborder un sujet apparemment si difficile que je commençai à désespérer de jamais parvenir à un éclaircissement.

Finalement, la vérité se fit jour, la pauvre vieille dame tremblant pendant ce temps comme si c'était un grand crime qu'elle révélait en pleine lumière en m'avouant le peu, le très peu de ressources dont elle disposait pour vivre. Cet aveu, elle avait fini par le consentir de crainte que nous ne pensions que la maigreur de la participation sur son bout de papier ne fût en rapport avec le degré de son affection et de son estime pour Mlle Matty. Pourtant la somme qu'elle abandonnait d'aussi bon cœur équivalait en vérité à plus du vingtième de ce qu'elle avait pour vivre, pour tenir sa maison et donner des gages à une petite bonne en restant digne du nom de Tyrrell, le sien à la naissance. Quand le revenu dans sa totalité n'atteint même pas cent livres, renoncer au vingtième nécessite beaucoup d'économies mûrement réfléchies et bien des sacrifices, sans grande étendue ni signification aux yeux du monde, mais ayant une valeur différente dans un autre livre de comptes dont j'ai entendu parler. Elle ne regrettait pas de n'être pas riche, disait-elle, et elle ne cessait de le répéter, sans penser à soi, uniquement poussée par un désir ardent d'être à même d'ajouter au bien-être dévolu à Mlle Matty.

Je mis quelque temps à la consoler suffisamment pour pouvoir la quitter. Après quoi, au moment de sortir de la maison, je fus arrêtée au passage par Mme Fitz-Adam qui, elle aussi, était en veine de confidences, mais d'une nature presque entièrement opposée. Elle n'avait pas apprécié l'obligation de mettre noir sur blanc le montant de tout ce qu'elle pouvait dépenser et était prête à donner. Elle me dit qu'elle croyait ne plus jamais pouvoir regarder Mlle Matty droit dans les yeux si elle osait lui faire don de tout ce qu'elle aimerait lui remettre. Mlle Matty, poursuivit-elle, qui selon moi était une si belle demoiselle quand moi, je n'étais qu'une fille de la campagne arrivant au marché avec des œufs, du beurre et autres choses du même genre. Mon père, en effet, bien qu'à son aise, insistait pour que je suive le même chemin que ma mère, et je devais entrer dans Cranford tous les samedis pour m'occuper des ventes, des prix, etc. Un jour, je m'en souviens, je croisai Mlle Matty sur la petite route qui mène à Cranford. Elle marchait sur le talus qui, vous savez, surplombe de beaucoup la chaussée, et un monsieur allait à cheval à côté d'elle. Il lui parlait, et elle regardait des primevères qu'elle avait cueillies. Elle les effeuillait toutes, et je suis persuadée qu'elle pleurait. Mais, après m'avoir dépassée, elle fit demi-tour et courut derrière moi pour me poser des questions – oh ! avec tant de gentillesse – sur ma pauvre mère qui reposait sur son lit de mort. Me voyant sangloter, elle prit ma main pour me consoler. Le monsieur pendant ce temps continuait à l'attendre. Elle en avait gros sur le cœur, j'en suis sûre, et je considérais que c'était un tel honneur d'être ainsi abordée par la fille du recteur et aussi aimablement, elle qui faisait des visites au château d'Arley.

Je lui ai depuis toujours donné mon affection, bien que, peut-être, je n'en eusse pas le droit mais, s'il vous venait à l'esprit un moyen quelconque me permettant de faire un peu plus à l'insu de tous, je vous serais tellement obligée, ma chère enfant. Mon frère serait charmé de lui prodiguer ses soins gratuitement (médicaments, sangsues, etc.). Je sais que Sa Seigneurie et lui (ah là là ! j'imaginais mal à l'époque dont je vous parlais qu'un jour j'en arriverais à être la belle-sœur d'une aussi grande dame !) feraient n'importe quoi pour lui rendre service. Nous aussi, tant que nous sommes.

Je lui dis que je n'en doutais aucunement et lui promis toutes sortes de choses, soucieuse que j'étais de rentrer chez Mlle Matty qui pouvait fort bien se demander ce que j'étais devenue, ayant quitté la maison depuis deux heures sans rien pour le justifier. Elle avait pourtant prêté fort peu d'attention au temps qui passait, comme elle était occupée à de multiples petits arrangements précédant l'étape décisive où elle renoncerait à sa maison. C'était à l'évidence un soulagement pour elle de faire quelque chose en matière d'économies car, comme elle le disait, à chaque fois qu'elle s'arrêtait pour réfléchir, le souvenir du pauvre homme avec son mauvais billet de cinq livres lui revenait en mémoire, et elle se sentait tout à fait malhonnête, avec cette restriction que, si elle en éprouvait pareille gêne, que devait-il en être des directeurs de la banque qui sans doute en savaient tellement plus qu'elle sur les malheurs consécutifs à la faillite ? Elle fut sur le point de me mettre en colère en répartissant sa sympathie entre ces directeurs (qu'elle imaginait accablés de remords pour les erreurs commises dans la gestion des intérêts d'autrui) et ceux qui souffraient comme elle. En fait, elle paraissait croire qu'à choisir la pauvreté était plus facile à supporter que les reproches qu'on s'adressait, mais à part moi je me demandais si les directeurs étaient de son avis.

De vieux trésors furent exhumés et examinés pour évaluer leur prix, qui par chance était mince, sans quoi je ne sais pas comment Mlle Matty aurait réussi à se séparer d'objets comme l'alliance de sa mère, la broche bizarre, surprenante avec laquelle son père avait défiguré le jabot de sa chemise etc. Cependant, nous fîmes une sorte de classement parmi ces choses-là en fonction de la valeur qui leur était attribuée, et nous fûmes parfaitement prêtes pour la visite de mon père le lendemain matin.

Je ne vais pas vous ennuyer avec les détails de toutes les affaires dont nous nous occupâmes alors, et l'une de mes raisons pour n'en rien dire est que je ne voyais pas bien ce que nous faisions et suis incapable maintenant de m'en souvenir. Mlle Matty et moi, nous étions là à approuver des comptes, des projets, des rapports, des documents, dont je ne crois pas que l'une ou l'autre nous comprenions un traître mot, car mon père était un homme lucide, tranchant, qui s'entendait admirablement aux affaires et, si nous posions la moindre question, il avait une façon bien à lui de dire : « Ah ! ah ! mais c'est clair comme de l'eau de roche. Qu'y trouvez-vous à redire ? » et, comme nous n'avions rien saisi de ce qu'il avait proposé, nous avions assez de difficulté à donner forme à nos objections. En réalité, nous n'étions jamais sûres d'en avoir. Aussi, rapidement, Mlle Matty devint-elle nerveusement prête à acquiescer à tout. Elle dit « oui » et « sans aucun doute » à chaque silence, que ce fût requis ou non. Cependant, lorsqu'une fois je fis écho à un « à coup sûr » prononcé par Mlle Matty d'un ton hésitant et d'une voix tremblante, mon père se tourna vers moi pour m'incendier et me demanda ce qui faisait problème. Pourtant, il faut lui rendre cette justice qu'il était venu de Drumble pour aider Mlle Matty, alors que le temps lui était compté et que ses propres affaires se trouvaient dans un état très embarrassant.

Tandis que Mlle Matty était sortie de la pièce, à donner des ordres pour le déjeuner, ne sachant trop quoi faire dans son désir d'honorer mon père par un repas de qualité sortant de l'ordinaire et l'assurance qu'elle n'avait pas le droit, maintenant que tout son argent avait disparu, de satisfaire ce désir, je lui parlai de la réunion de la veille des dames de Cranford chez Mlle Pole. Il ne cessa en m'écoutant de se passer la main devant les yeux et, lorsque j'en revins à la proposition de Martha, le soir précédent, de prendre Mlle Matty en pension, tout de go il s'écarta pour aller à la fenêtre et se mit avec ses doigts à tambouriner dessus. Ensuite il se tourna brusquement vers moi et dit : « Tu vois, Mary, comment une bonne vie sans reproche vous vaut toutes sortes d'amitiés. Ah là là ! si j'étais prêtre, je pourrais en faire le sujet d'un sermon intéressant mais, en l'espèce, je n'arrive pas à finir mes phrases. Je suis sûr néanmoins que tu vois ce que je veux dire. Toi et moi, nous nous promènerons après le déjeuner, et nous causerons de ces projets un peu plus en détail. »

Le déjeuner (une côtelette de mouton servie chaude qui avait du goût et un morceau du lion froid coupé en tranches et frit) fut alors apporté. On consomma tout de ce dernier plat pour le plus grand plaisir de Martha. Mon père alors sans façon dit à Mlle Matty qu'il voulait me parler seul à seul, qu'il sortirait revoir quelques maisons connues autrefois en se promenant et qu'ensuite je pourrais lui dire quel projet nous paraissait désirable. Juste avant le moment de nous mettre en route, elle me rappela et me dit : « Rappelle-toi, ma chérie, que je reste la dernière. J'entends par là que personne ne souffrira de mes actes. Je suis prête à faire tout ce qui est juste et honnête, et je ne crois pas que, si Déborah est au courant là où elle se trouve, elle se soucie vraiment de mon manque de distinction parce que, tu vois, ma chérie, rien ne lui aura échappé. Qu'on me laisse seulement vendre ce que je peux vendre et indemniser ces pauvres gens dans la mesure de mes moyens. »

Je l'embrassai de tout cœur et courus rejoindre mon père. Voici ce qui résulta de notre conversation : si toutes les parties en cause le voulaient bien, Martha et Jem se marieraient le plus tôt possible, et ils habiteraient la maison occupée à présent par Mlle Matty, la somme d'argent que les dames de Cranford avaient accepté de donner chaque année étant suffisante pour payer la plus grosse partie du loyer et laissant Martha libre de s'approprier ce que Mlle Matty devrait en raison d'un minimum de confort supplémentaire. En ce qui concernait la vente aux enchères, mon père d'abord émit des doutes. Il dit que le vieux mobilier du presbytère, malgré le soin qu'on en avait pris et le respect qui l'avait entouré, ne rapporterait pas grand-chose. Ce ne serait qu'une goutte d'eau dans la mer des dettes de la Town and County Bank. Cependant, lorsque je fis valoir combien une femme aussi scrupuleuse que Mlle Matty serait apaisée de sentir qu'elle avait fait ce qu'elle pouvait, il accepta, surtout après que je lui eus raconté l'histoire du billet de cinq livres et qu'il m'eut bien grondée d'avoir permis cela.

Je fis alors allusion à mon idée de lui faire ajouter à ses maigres ressources par la vente de thé et, à ma grande surprise (car j'avais presque abandonné ce projet) mon père s'y attacha avec toute l'énergie d'un bon commerçant. Je crois qu'il vendit la peau de l'ours avant de l'avoir tué, car aussitôt il calcula que le profit des ventes qu'elle pourrait effectuer à Cranford irait chercher plus de vingt livres par an. La petite salle à manger deviendrait une boutique sans que cela altère son caractère propre. Une table ferait office de comptoir. Une fenêtre ne changerait pas, et l'autre serait convertie en porte vitrée. De toute évidence je montai dans son estime pour avoir fait cette brillante suggestion. Mon seul espoir était de ne pas perdre dans celle de Mlle Matty.

Cependant, elle fut patiente et satisfaite de toutes nos dispositions. Elle savait, dit-elle, que nous ferions notre possible pour son bien. Elle se contenta d'espérer, stipula seulement qu'elle paierait jusqu'au dernier farthing de ce qu'on dirait qu'elle devait, et cela en pensant à son père, qui avait été si respecté à Cranford. Mon propre père et moi étions tombés d'accord pour exclure la banque de la conversation, autant que cela se pouvait, en fait de n'en plus parler du tout si c'était faisable. Certains de nos projets se révélaient évidemment un peu embarrassants pour elle, mais elle m'avait vue suffisamment me faire rabrouer le matin en raison de mon manque de compréhension pour se hasarder à présent à poser trop de questions. Tout se passa donc bien, son vœu étant qu'à cause d'elle nul ne dût se marier précipitamment.

Quand nous en vînmes à notre proposition de lui faire vendre du thé, je vis bien que cela l'épouvantait, non qu'elle craignît d'y perdre de sa dignité, mais seulement parce qu'elle se défiait de ses capacités à se tirer d'affaire dans une activité nouvelle et aurait timidement préféré se priver un peu plus plutôt que se donner de la peine là où elle s'imaginait incapable de réussir. Pourtant, quand elle vit que mon père tenait à cette idée, elle soupira et se dit prête à tenter l'expérience. Si elle n'avait pas de résultats, bien sûr on lui permettrait de renoncer. Ce qu'il y avait de satisfaisant là-dedans était qu'à son avis les hommes achetaient rarement du thé, et c'était des hommes plus particulièrement qu'elle avait peur. Ils faisaient tellement de bruit, ils additionnaient et faisaient si vite à compter leur monnaie. Si seulement elle vendait des bonbons aux enfants, alors là elle était sûre de plaire.

# 15

## Un heureux retour

Avant que j'eusse laissé Mlle Matty à Cranford, tout avait été agréablement arrangé pour elle. On avait même obtenu de Mme Jamieson son accord pour qu'elle vende du thé. Il avait fallu quelques jours à cet oracle pour se demander si, ce faisant, Mlle Matty renoncerait aux privilèges d'une appartenance à la bonne société de Cranford. Je crois qu'elle songeait à humilier Lady Glenmire lorsqu'elle rendit finalement son arrêt, qui équivalait à ceci : une femme mariée accède au rang de son mari en raison des lois strictes de la hiérarchie, une femme célibataire conserve la place dans la société que son père occupait. Cranford fut donc autorisé à rendre visite à Mlle Matty et, que ce fût permis ou non, il entendit visiter Lady Glenmire.

Mais quelle ne fut pas notre surprise – j'allais dire notre désarroi – quand nous apprîmes que M. et Mme Hoggins revenaient le mardi suivant ! Mme Hoggins ! Avait-elle renoncé totalement à son titre de noblesse et, par bravade, renié l'aristocratie pour devenir une Mme Hoggins ? Elle qui, jusqu'au jour de sa mort, aurait pu être appelée Lady

Glenmire ! Mme Jamieson était satisfaite. Elle dit que cela lui prouvait ce dont elle avait toujours été persuadée, que cette créature avait des goûts misérables. Mais la créature en question avait à l'office du dimanche un air très heureux, et nous ne vîmes pas la nécessité de maintenir baissée notre voilette du côté de nos bonnets où M. et Mme Hoggins étaient assis, comme le fit Mme Jamieson qui, par là même, manqua le sourire radieux de l'époux et les rougeurs aimables de l'épouse. Je ne suis pas sûre que Martha et Jem eurent un visage plus épanoui lorsque eux aussi, l'après-midi, firent leur première apparition ensemble. Mme Jamieson apaisa le trouble de son âme en baissant les stores de ses fenêtres, comme pour un enterrement, le jour où M. et Mme Hoggins reçurent des visites, et ce fut avec une certaine difficulté qu'elle consentit à recevoir la *St James's Chronicle,* si grande fut son indignation devant l'insertion en ses colonnes de l'annonce du mariage.

La vente aux enchères de Mlle Matty rencontra un vif succès. Mlle Matty conserva les meubles de son salon et de sa chambre. Elle devait continuer à occuper ce salon jusqu'à ce que Martha trouvât un locataire souhaitant en faire usage. Dans ce salon et dans sa chambre elle fut contrainte d'entasser toutes sortes de choses qui (le commissaire-priseur l'en assura) avaient été achetées à son profit par une amie qui taisait son nom. J'ai toujours soupçonné Mme Fitz-Adam d'être cette amie, mais elle avait probablement un acolyte qui savait quels objets étaient particulièrement chers à Mlle Matty pour être associés à sa jeunesse. Le reste de la maison, assurément, avait un air assez désolé, à l'exception de ma chambre, dont mon père me promit d'acheter le mobilier pour un usage éventuel au cas où Mlle Matty tomberait malade.

J'avais consacré le peu d'argent en ma possession à l'achat de bonbons et de pastilles, afin de tenter les enfants que Mlle Matty aimait tant avoir autour d'elle. Le thé se trouvait dans de grandes boîtes d'un vert lumineux, les pastilles dans des bocaux. Mlle Matty et moi, nous éprouvâmes une véritable fierté en regardant autour de nous le soir précédant l'ouverture de la boutique. Martha avait frotté le plancher au point de lui conférer une blancheur irréprochable. Il s'ornait d'un morceau de toile cirée éclatante sur laquelle les clients devaient se tenir, face à la table-comptoir. La pièce sentait bon le plâtre et le lait de chaux. Un très petit écriteau, avec « Matilda Jenkyns, autorisée à vendre du thé », était caché sous le linteau de la nouvelle porte, et deux caisses de thé couvertes d'inscriptions cabalistiques étaient prêtes à déverser leur contenu dans les boîtes.

Mlle Matty, comme j'aurais dû déjà le mentionner, avait souffert de quelques scrupules de conscience à l'idée de vendre du thé, alors qu'il y avait dans la ville un M. Johnson qui l'incluait dans ses nombreuses marchandises. Avant qu'elle eût pu entièrement se réconcilier à l'ouverture de son nouveau commerce, à mon insu elle avait trottiné jusqu'à la boutique de ce M. Johnson pour l'informer du projet qu'elle formait et demander s'il ne risquait pas de nuire à la bonne marche de ses affaires. Mon père avait vu dans cette idée « de la pure sottise » et s'était demandé comment les commerçants pouvaient procéder s'ils devaient sans cesse se consulter sur leur intérêt particulier, ce qui aurait mis un terme aussitôt à toute concurrence. Peut-être n'eût-ce pas été possible à Drumble, mais à Cranford cela réussit, car non seulement M. Johnson aimablement fit taire tous les scrupules de Mlle Matty et sa crainte de nuire à son commerce, mais j'ai des raisons de penser qu'à plusieurs reprises il lui envoya des clients en leur disant que les thés qu'il vendait, lui, étaient ordinaires, tandis que Mlle Jenkyns disposait de tout ce qui se faisait de mieux. Or le thé cher est un luxe pour les commerçants aisés et les riches fermiers qui dédaignent le *congou* et le *souchong* qu'on voit sur les tables de la bonne société et refusent tout ce qui n'est pas *gunpowder* et *pekoe*[1] pour leur propre compte.

Mais pour en revenir à Mlle Matty. Il était vraiment très agréable de voir comment son désintéressement et son sens inné de la justice entraînaient autrui à manifester les mêmes vertus. Elle paraissait ne jamais croire qu'on pût la tromper, parce qu'en faire autant l'aurait considérablement fait souffrir. Je l'ai entendue mettre un terme aux protestations de l'homme qui lui apportait du charbon, simplement en disant : « Je suis certaine que vous seriez navré de ne pas me donner le bon poids. » et, si cette fois-là il manquait quelque chose, je ne crois pas

1. Tous thés de Chine.

que cela se reproduisait jamais. Les gens auraient eu la même honte d'abuser de sa bonne foi que s'il s'était agi d'un enfant. Mon père certes est d'avis qu'une naïveté de ce genre peut très bien réussir à Cranford, mais que dans le monde elle ne suffirait en aucune façon. J'imagine que le monde doit être très dépravé car, en dépit de la méfiance de mon père envers tous ceux avec lesquels il commerce, et malgré toutes ses précautions, la malhonnêteté l'an dernier lui a fait perdre plus de mille livres.

Je restai assez longtemps pour aider Mlle Matty à s'habituer à son nouveau mode de vie et pour empaqueter les livres de la bibliothèque, tous achetés par le recteur. Il avait envoyé à Mlle Matty une très gentille lettre où il disait comme il serait heureux d'acquérir des ouvrages choisis avec tout le soin que le défunt M. Jenkyns devait y avoir apporté, et cela au prix qui en serait demandé. Lorsqu'elle donna son accord, non sans ressentir un contentement mêlé de tristesse à la pensée que ces livres allaient regagner le presbytère et y être disposés le long des murs comme autrefois, le recteur fit savoir qu'à son grand regret il n'aurait pas de la place pour tous. Peut-être Mlle Matty aurait-elle l'obligeance de lui permettre de laisser quelques volumes sur ses étagères. Mlle Matty cependant répondit qu'elle avait sa bible et le dictionnaire de Johnson, et qu'elle craignait de ne pas avoir beaucoup de temps pour lire. Néanmoins je gardai quelques livres par égard pour l'amabilité du recteur.

L'argent qu'il avait versé et celui qu'avait donné la vente aux enchères furent en partie utilisés pour s'approvisionner en thé, tandis qu'une autre partie était investie en prévision d'un possible malheur, tel que la vieillesse ou la maladie. Tout cela n'allait pas chercher loin, c'est vrai, et ce fut à l'origine de quelques entorses faites à la vérité et de quelques petits mensonges (toutes choses que je réprouve absolument – en théorie – et auxquelles j'aimerais mieux ne pas avoir recours dans la pratique), car nous savions que Mlle Matty serait embarrassée par ce qu'elle jugeait être de son devoir si elle apprenait qu'un petit fonds de secours était constitué à son profit, alors que les dettes de la banque n'étaient toujours pas payées. En plus de cela, on ne l'avait jamais informée de la manière dont ses amies contribuaient au règlement de son loyer. J'aurais aimé pouvoir le lui dire. Mais le mystère dans cette affaire donnait à leur geste généreux un piment auquel ces dames n'étaient pas prêtes à renoncer. Au début, Martha dut se dérober à plus d'une question gênée sur la façon dont elle s'arrangeait financièrement pour vivre dans cette maison. Mais l'embarras circonspect de Mlle Matty finit par s'estomper, et il ne demeura qu'un accord tacite avec les dispositions prises.

Je quittai Mlle Matty le cœur léger. Ses ventes de thé les deux premiers jours avaient dépassé mes prévisions les plus optimistes. Le pays environnant dans son entier semblait tout à coup se trouver à court de cette denrée. Le seul changement que j'aurais pu souhaiter dans la façon dont Mlle Matty faisait ses affaires était qu'elle n'eût pas sur un ton aussi dolent prié certains de ses clients de ne pas acheter de thé vert, l'accusant d'être un poison lent qui inéluctablement détruisait le système nerveux et causait toutes sortes de maux. Leur obstination à en acheter en dépit de toutes ses mises en garde l'inquiétait au point que je crus vraiment qu'elle allait cesser d'en vendre, perdant ainsi la moitié de sa clientèle. Je me creusai la tête pour trouver des exemples de longévité qu'il fallait attribuer à un usage constant du thé vert. Mais l'argument décisif qui régla la question me vint lorsque j'eus la bonne idée de citer l'huile de baleine et les chandelles en suif que les Esquimaux non seulement apprécient mais digèrent. Après cela, elle admit que ce qui réussit à l'un peut très bien nuire à l'autre et se contenta dorénavant d'une remontrance par-ci par-là lorsqu'elle trouvait l'acheteur trop jeune et trop innocent pour être informé des fâcheux effets du thé vert sur certaines constitutions. Cela inévitablement laissait place à un soupir quand des personnes assez âgées pour mieux choisir aimaient tout de même mieux lui en prendre.

Je fis le voyage de Drumble au moins une fois tous les trois mois pour la tenue des comptes et pour m'occuper des indispensables lettres d'affaires. À propos de lettres, je commençai à me rappeler avec beaucoup de confusion ma lettre à l'Aga Jenkyns et me félicitai de ne jamais avoir mentionné cet envoi à quiconque. Mon seul espoir était qu'elle se fût perdue. Il n'y eut aucune réponse, aucun signe.

Un an environ après que Mlle Matty eut ouvert sa boutique, je reçus l'un des hiéroglyphes de Martha qui me pressait de venir à Cranford au plus tôt. J'eus peur que Mlle Matty ne fût tombée malade. Je partis l'après-midi même et surpris Martha quand elle me vit en ouvrant la porte. Nous passâmes dans la cuisine, comme d'habitude, pour notre entretien confidentiel. Martha me dit alors qu'elle allait accoucher très bientôt, dans unc semaine ou deux. Elle ne pensait pas que Mlle Matty fût au courant, et elle comptait sur moi pour le lui annoncer avec ménagements, car « à dire vrai, mademoiselle, poursuivit-elle en éclatant en sanglots, je crains qu'elle ne soit pas pour, et je ne vois pas qui va pouvoir s'occuper d'elle comme il faut quand je serai couchée ».

Je réconfortai Martha en lui disant que je resterais jusqu'à ce qu'elle fût sur pied et regrettais seulement qu'elle ne m'eût pas donné la raison de cet appel soudain, ce qui m'aurait permis d'apporter le linge dont j'avais besoin. Mais Martha était émue aux larmes, portée à s'attendrir, différente de ce qu'elle était d'ordinaire, au point que je limitai autant que possible ce qui avait trait à ma personne et essayai plutôt de lui remonter le moral devant les malheurs probables et possibles qui se présentaient en force à son imagination.

Je sortis alors subrepticement par la porte d'entrée et me présentai comme si j'étais une cliente de la boutique, uniquement pour prendre Mlle Matty par surprise et me faire une idée de ce dont elle avait l'air dans sa nouvelle situation. C'était un jour de mai, le temps était assez chaud, si bien que seule la demi-porte était fermée. Mlle Matty était assise à son comptoir et tricotait une paire de jarretières compliquée. À moi, elles me paraissaient compliquées, mais la difficulté du point ne la gênait pas, car elle chantait pour elle toute seule à mi-voix, tandis que ses aiguilles rapidement allaient et venaient. J'ai bien dit « chantait », mais je suppose qu'un musicien ne se serait pas servi de ce mot pour décrire le bourdonnement, certes agréable mais sans musique, de cette voix usée à peine audible. Ce furent les paroles bien plus que l'air qu'on essayait de trouver qui me permirent de découvrir que c'était le psaume 100 qu'elle fredonnait pour son plaisir. Mais de ce fredonnement tranquille et continu se dégageait une impression de contentement qui m'inspira des pensées agréables, tandis que j'étais ainsi dans la rue devant la porte, des pensées tout à fait en harmonie avec la douceur de ce matin de mai.

J'entrai. D'abord elle ne saisit pas de qui il s'agissait et se leva comme pour me servir. Mais, un instant plus tard, un chat vigilant tenait dans ses griffes un tricot qui était tombé dans la joie qu'elle avait à me voir. Je m'aperçus, après quelques mots échangés, que Martha ne s'était pas trompée et que Mlle Matty n'avait aucune idée de ce qui était à venir dans la maison. Je décidai donc de laisser les choses se faire, dans l'assurance que, lorsque j'irais la trouver avec le bébé dans les bras, j'obtiendrais le pardon de Martha dont sans motif valable celle-ci craignait que Mlle Matty n'allât le lui refuser, s'imaginant que ce nouveau venu prétendrait à des attentions de la part de sa mère qu'il serait déloyal de lui accorder, en considération des droits de Mlle Matty.

Mais j'avais raison. Je pense que ce doit être une particularité qui se transmet de génération en génération, car mon père dit qu'il lui arrive rarement d'avoir tort. Un matin, moins d'une semaine après mon arrivée, j'appelai Mlle Matty avec dans les bras un petit ballot de flanelle. Elle fut stupéfaite quand je lui montrai ce que c'était et demanda ses lunettes qui se trouvaient sur la coiffeuse. Elle le regarda avec curiosité et une sorte de tendre émerveillement devant la perfection de toutes les parties qui le constituaient. Toute la journée, elle ne put évacuer la surprise qu'elle avait ressentie. Elle marcha sur la pointe des pieds et ne dit pas grand-chose. Mais en catimini elle alla trouver Martha, et ce furent des pleurs de joie de part et d'autre. Elle commença un long compliment à l'adresse de Jem et ne sut pas comment s'en sortir, tirée seulement de son embarras par le tintement de la sonnette de la boutique, tintement qui fut aussi un soulagement pour un brave Jem timide et fier. Il me serra la main avec tant de vigueur lorsque je le félicitai que je crois encore en sentir l'effet douloureux.

Ma vie fut bien remplie aussi longtemps que Martha resta couchée. Je me mis à la disposition de Mlle Matty et préparai ses repas. Je fis ses comptes, et j'examinai l'état de ses boîtes et de ses bocaux. Je l'aidai aussi, à l'occasion, dans sa boutique, et je ne fus pas que peu amusée, quelquefois aussi un peu gênée, de voir comment elle s'y prenait. Si un petit enfant venait demander trente grammes de bonbons aux amandes (et cela correspondait à quatre des gros bonbons vendus par Mlle Matty), elle en ajoutait toujours un de plus pour « faire le poids » comme elle disait, alors que la balance ne laissait rien voir de manquant. Lorsque je m'élevai contre cette pratique, tout ce qu'elle trouva à dire fut : « Les petits aiment tellement ça. » Il ne servait à rien de lui dire que le cinquième bonbon pesait sept grammes, si bien qu'à chaque vente elle en était de sa poche.

Je me remis donc en mémoire le thé vert et fis usage contre elle de sa manière de raisonner. Je lui fis valoir à quel point les bonbons aux amandes étaient malsains et combien un excès pourrait nuire aux enfants. L'argument ne fut pas sans effet car, de ce jour, au lieu de leur donner un cinquième bonbon, elle leur dit de tendre leurs petites mains dans lesquelles elle fit tomber des pastilles de menthe ou de gingembre pour prévenir les dangers inhérents à l'achat précédent. À tout prendre, mené selon ces principes-là, le commerce des pastilles ne promettait pas de profit, mais je me réjouis de découvrir qu'elle avait fait plus de vingt livres l'année passée en vendant du thé. En outre, maintenant que l'habitude était prise, elle n'avait rien à redire à cette occupation qui l'amenait à entretenir des rapports aimables avec beaucoup des gens de son quartier. Si elle leur donnait bon poids, eux, à leur tour, faisaient un petit cadeau de leur campagne à « la fille de l'ancien recteur de la paroisse » : un fromage à la crème, quelques œufs fraîchement pondus, un petit fruit mûr qui venait d'être cueilli, un bouquet de fleurs. Parfois le comptoir croulait sous ces offrandes – à l'en croire.

Pour ce qui était de Cranford en général, tout se passait à peu près comme d'ordinaire. La vendetta qui opposait les Jamieson aux Hoggins ne perdait rien de sa virulence, si elle méritait le nom de vendetta quand un seul camp s'y intéressait vraiment. M. et Mme Hoggins étaient très heureux ensemble et, semblables en cela à la plupart des gens très heureux, ils étaient tout disposés à se montrer aimables. Mme Hoggins en réalité désirait vraiment retrouver les bonnes grâces de Mme Jamieson en raison de leurs excellentes relations dans le passé. Mais Mme Jamieson considérait leur bonheur même comme une insulte à la famille Glenmire à laquelle elle avait toujours l'honneur d'appartenir et s'obstinait à refuser et à rejeter toute sorte d'avance. M. Mulliner, en fidèle membre du clan, avec zèle épousait la cause de sa maîtresse. S'il lui arrivait de voir M. ou Mme Hoggins, il traversait la rue et se donnait l'air d'être absorbé dans la contemplation de la vie en général, ainsi que de sa route en particulier, jusqu'à ce qu'ils eussent passé leur chemin. Mlle Pole s'amusait à se demander ce que Mme Jamieson pourrait bien faire si elle, ou M. Mulliner, ou une autre personne de sa maison tombait malade. Il lui serait difficile d'avoir le front d'appeler M. Hoggins après s'être ainsi conduite avec eux. Elle finissait par attendre avec une réelle impatience une indisposition ou un accident survenant à Mme Jamieson ou à l'un de ses domestiques afin que Cranford pût voir comment elle réagissait dans des circonstances aussi embarrassantes.

Martha recommençait à aller et venir, et j'avais déjà fixé à ma visite une limite qui n'était pas très lointaine quand, une après-midi, alors que j'étais assise dans le salon-boutique avec Mlle Matty (je me souviens qu'il faisait plus froid qu'en mai ; nous avions fait du feu et fermé les deux moitiés de la porte), nous vîmes un monsieur lentement passer devant la fenêtre, puis s'immobiliser face à la maison, comme s'il cherchait le nom que nous avions si soigneusement dissimulé. Il sortit de sa poche un pince-nez et, pendant quelque temps, il scruta le mur du regard avant de parvenir à ses fins. Quand ce fut fait, il entra et, brusquement, il me vint à l'idée que c'était l'Aga en chair et en os ! Ses vêtements en effet avaient une coupe inhabituelle, étrangère, et le visage était bronzé comme si le soleil l'avait bruni encore et encore. Cette peau basanée contrastait bizarrement avec une chevelure abondante d'un blanc de neige. Les yeux sombres vous dévisageaient, et il avait une façon particulière de les crisper et de plisser les joues en d'innombrables rides quand il fixait avec attention. Ce fut ainsi à son arrivée qu'il fixa Mlle Matty. Il m'avait d'abord aperçue, m'avait accordé un peu de temps, puis il s'était tourné avec ce regard étrange et pénétrant vers l'autre personne dans la boutique.

Elle en fut un peu troublée et agitée, mais pas davantage que d'habitude quand entrait un client de sexe masculin. Elle s'imagina qu'il aurait sans doute un billet de banque, ou au moins une pièce d'un souverain, qu'il lui faudrait rendre la monnaie, opération qu'elle n'aimait pas du tout. Mais ce client resta debout en face d'elle sans poser de question, tambourinant sur la table avec ses doigts, à s'y tromper ce que Mlle Jenkyns aurait pu faire. Mlle Matty était sur le point de lui demander ce qu'il voulait (comme elle me le dit plus tard) quand tout à coup il se tourna vers moi.

« Votre nom est bien Mary Smith ?

— Oui. »

Je n'eus plus de doute quant à son identité. Je m'interrogeai seulement sur ce qu'il allait dire ou faire et sur la manière dont Mlle Matty soutiendrait le choc, certes source de joie, de ce qu'il lui faudrait révéler. Apparemment, il ne savait pas trop comment se présenter car, pour gagner du temps, il finit par chercher ce qu'il pourrait bien acheter. Le hasard fit que son regard tomba sur les bonbons aux amandes et, sans s'émouvoir, il demanda une livre de « ces choses-là ». Mlle Matty n'en avait sans doute pas une livre dans sa boutique et, en plus de l'importance inhabituelle de la commande, l'idée la tourmenta de l'indigestion qui suivrait inévitablement l'absorption d'une pareille quantité de ces sucreries. Elle leva les yeux pour protester. Quelque chose de la tendresse qui détendait le visage de cet homme lui alla droit au cœur. Elle dit : « C'est... oh ! monsieur, seriez-vous Peter ? », et elle se mit à trembler de tous ses membres. Un moment plus tard, il avait fait le tour de la table et la tenait dans ses bras, elle sanglotait – les sanglots sans larmes des vieillards. Je lui apportai un verre de vin, car il est vrai qu'elle avait blêmi suffisamment pour m'alarmer et aussi pour inquiéter Peter. Il ne cessait de répéter : « J'ai été trop brusque, Matty, trop brutal, ma petite. »

Je suggérai à Mlle Matty de monter tout de suite au salon, et là de s'étendre sur le sofa. Elle jeta un regard désolé à son frère dont elle avait continué de serrer la main, même lorsqu'elle avait failli se trouver mal. Mais, quand il l'assura qu'il ne la quitterait pas, elle lui permit de la porter au premier étage.

Je conclus que la meilleure chose à faire était de me dépêcher de mettre de l'eau à chauffer pour un thé qui serait servi plus tôt que d'habitude, puis de m'occuper de la boutique et de laisser le frère et la sœur communiquer quelques-unes des mille et une choses qu'ils devaient avoir à se dire. Il me fallait aussi avec ménagements mettre Martha au courant. Elle reçut la nouvelle avec un flot de larmes qui faillit être contagieux. Elle interrompait constamment ses épanchements pour me demander si j'étais bien sûre qu'il s'agissait du frère de Mlle Matty, parce que j'avais spécifié qu'il grisonnait, et on lui avait toujours dit que c'était un très beau jeune homme. Mlle Matty elle-même fut victime de quelque chose des mêmes scrupules quand elle fut installée pour le thé dans le grand fauteuil en face de M. Jenkyns pour lui permettre de le regarder à son aise. Cela l'empêcha presque de boire. Quant à manger, il n'en était pas question.

« Je suppose, dit-elle, comme si elle parlait toute seule ou presque, qu'un climat très chaud vieillit très rapidement. Quand tu as quitté Cranford, tu n'avais pas un seul cheveu gris.

— Mais il y a combien d'années de cela ? lui demanda M. Peter en souriant.

— Ah ! c'est vrai ! J'imagine que l'un et l'autre nous prenons de l'âge. Je ne me figurais pourtant pas que nous étions si vieux ! Mais les cheveux blancs te vont bien, Peter, poursuivit-elle, un peu gênée à la pensée d'avoir pu le blesser en laissant voir combien elle avait été impressionnée par le changement dans son aspect physique.

— Je crois bien que moi aussi, Matty, je me perds dans les dates, car que crois-tu que je t'ai apporté des Indes ? J'ai une robe de mousseline indienne et un collier de perles pour toi quelque part dans une malle à Portsmouth. »

Il sourit, comme s'il s'amusait de ce que ses cadeaux avaient d'incompatible avec l'image qu'offrait maintenant sa sœur, mais elle ne fut pas immédiatement sensible à cet aspect des choses, tandis qu'elle était frappée par l'élégance des objets. Je vis qu'un instant son imagination s'attardait complaisamment sur ce qu'elle donnerait ainsi parée. Instinctivement, elle mit une main sur sa gorge, une gorge mince et délicate qui (comme Mlle Pole m'en avait informée) avait compté parmi les charmes de sa jeunesse. Toutefois, ce faisant, elle entra en contact avec les plis de la mousseline soyeuse dans laquelle elle était toujours emmaillotée jusqu'au menton, et cette sensation lui remit en mémoire qu'un collier de perles ne convenait pas à une personne de son âge.

« Je suis trop vieille, je crois, dit-elle, mais c'était très gentil de ta part d'y avoir pensé. C'est exactement ce que j'aurais aimé avoir, il y a des années de cela, quand j'étais jeune.

— J'ai raisonné de cette façon-là, ma petite Matty. Je me suis souvenu de tes goûts. Ils ressemblaient tant à ceux de ma chère maman. »

À la mention de ce nom, l'étreinte de leurs mains se fit plus tendre encore et, bien qu'ils fussent parfaitement silencieux, je fus tentée de croire qu'ils pourraient avoir quelque chose à se dire qu'empêchait ma présence. Je me levai donc dans l'intention de rendre ma chambre disponible pour M. Peter, ce qui m'aurait fait partager le lit de Mlle Matty. Mais il réagit aussitôt en se levant lui aussi.

« Il faut que j'aille retenir une chambre à l'hôtel George. Mon sac de voyage y est déjà.

— Non ! s'exclama Mlle Matty, très déçue. Il ne faut pas que tu t'en ailles. Je t'en prie, mon cher Peter. S'il te plaît, Mary... oh ! il ne faut pas que tu partes ! »

Elle était si bouleversée qu'elle eut notre promesse à tous deux de satisfaire tous ses désirs. Peter se rassit et lui abandonna sa main que, pour plus de sûreté, elle prit dans les deux siennes. Je quittai la pièce pour procéder à mes arrangements.

Longtemps dans la nuit et longuement le matin suivant, Mlle Matty et moi nous ne cessâmes de bavarder. Elle avait beaucoup à me raconter sur la vie et les aventures de son frère dont il lui avait fait part pendant qu'ils étaient seuls. Elle me dit que tout cela pour elle était d'une clarté parfaite. Mais pour ma part je ne parvins jamais à débrouiller la totalité de cette histoire. Quand, plus tard, M. Peter ne m'intimida plus suffisamment pour m'empêcher de le questionner moi-même, ma curiosité eut le don de l'amuser, et il m'abreuva de contes qui ressemblaient tant aux fables du baron de Münchhausen que je suis certaine qu'il se moquait de moi. Ce que j'entendis de la bouche de Mlle Matty fut qu'il s'était porté volontaire au siège de Rangoon, avait été capturé par les Birmans, avait gagné d'une certaine manière la faveur du chef de la petite tribu et finalement obtenu sa liberté en se montrant capable de le saigner, alors qu'il était atteint d'une dangereuse maladie. Quand il avait été relâché après des années de captivité, ses lettres lui étaient revenues d'Angleterre avec la funeste mention « décédé ». Persuadé qu'il était le dernier survivant de sa race, il s'était établi planteur d'indigotiers et avait envisagé de passer le reste de ses jours dans un pays dont il avait appris à s'accommoder des habitants et du genre de vie. Ma lettre lui était alors parvenue. Avec l'étrange précipitation qui le caractérisait dans un âge avancé autant que dans la jeunesse, il avait vendu ses terres et tout ce qu'il possédait au premier acheteur venu, et il était rentré au pays retrouver sa pauvre vieille sœur qui était plus heureuse et plus riche que n'importe quelle princesse quand elle posait les yeux sur lui.

Elle finit par m'endormir avec ses bavardages, mais je fus ensuite réveillée par un léger bruit à la porte dont elle s'excusa en se glissant honteusement entre les draps. Il semble que, lorsqu'il ne me fut plus possible de confirmer que le disparu était, comme elle en était persuadée, bel et bien là, sous son toit, elle s'était mise à craindre que tout cela ne fût qu'un rêve éveillé, qu'il n'y eût jamais eu de Peter assis à côté d'elle pendant cette bienheureuse soirée, et que le vrai Peter ne fût qu'un cadavre gisant au loin sous quelque vague tempétueuse ou sous les ombrages d'un mystérieux arbre d'Orient. Si forte était devenue cette inquiétude qu'elle n'avait pas eu d'autre choix que de se lever et d'aller se convaincre par elle-même qu'il était réellement présent en écoutant au travers de la porte sa respiration égale et tranquille. Je répugne à en faire un ronflement, mais je l'entendis moi-même transpercer deux portes fermées. Peu après, ce bruit réconfortant fit sombrer Mlle Matty dans le sommeil.

Je ne crois pas que M. Peter revint des Indes riche comme un nabab. Il se considérait même comme pauvre, mais de cela ni lui ni Mlle Matty ne se souciaient beaucoup. Au moins disposaient-ils d'assez d'argent pour vivre à Cranford « très élégamment » – sa sœur et lui. Un jour ou deux après son arrivée, la boutique ferma, tandis que des bandes de petits polissons attendaient, la mine réjouie, que tombent les averses de bonbons et de pastilles qui de temps à autre se déversaient sur leurs têtes, alors qu'ils avaient le regard fixé sur les fenêtres du salon de Mlle Matty. Parfois celle-ci leur disait (à moitié cachée par les rideaux) : « Mes chers enfants, ne vous rendez pas malades. » Mais un bras solide la ramenait en arrière, et s'ensuivait une pluie plus sonore que jamais. Le thé pour partie fut envoyé en cadeau aux dames de Cranford, et on en distribua aux vieilles gens qui gardaient en mémoire un M. Peter au temps des facéties de sa jeunesse. La robe de mousseline indienne fut mise de côté pour cette chère Flora Gordon (la fille de Jessie Brown). Cela faisait quelques années que les Gordon vivaient sur le continent, mais leur retour était attendu pour bientôt, et Mlle Matty, fière de son frère, se faisait une grande joie de le leur montrer. Le collier de perles disparut. À peu près au même moment, beaucoup de beaux cadeaux d'une grande utilité firent leur apparition au-dedans des maisons de Mlle Pole et de Mme Forrester, tandis que des objets décoratifs, rares et délicats, venaient orner les salons de Mme Jamieson et de Mme Fitz-Adam. Moi-même, je ne fus pas oubliée. Entre autres présents, j'eus droit à la plus belle édition reliée des œuvres du docteur Johnson qu'il y eût sur le marché, et cette chère Mlle Matty, avec des larmes dans les yeux, me pria de considérer cela comme offert par sa sœur autant que par elle-même. Bref, nul ne fut oublié et, qui plus est, toute personne ayant jamais montré de la bienveillance à Mlle Matty, quel que fût son rang dans la société, eut l'assurance de bénéficier de la chaude estime de M. Peter.

## 16

## « Paix à Cranford »

Rien d'étonnant à ce que M. Peter devînt tant aimé des habitants de Cranford. Entre les dames, ce fut à qui l'admira le plus, et on ne doit pas en être surpris, car leurs vies tranquilles connurent une surprenante agitation de l'arrivée de ce voyageur venu des Indes – d'autant plus que le voyageur en question racontait plus d'histoires merveilleuses que Sindbad le marin et que, comme disait Mlle Pole, il valait tous les soirs l'une des *Mille et Une Nuits*. Pour ma part, toute ma vie j'avais alterné Drumble et Cranford, et j'étais prête à croire vraisemblables tous les récits de M. Peter en dépit de leur aspect miraculeux. Cependant, quand je découvris que, si une semaine nous avalions une couleuvre d'une grosseur acceptable, la semaine suivante le volume du reptile s'accroissait considérablement, je commençai à avoir des doutes, d'autant que, je le remarquai, en présence de sa sœur la vie aux Indes était représentée sous des couleurs relativement banales – et ce n'était pas que Mlle Matty fût plus savante que nous, peut-être moins. Il ne put m'échapper non plus que, lors des visites du recteur, M. Peter adoptait un ton différent pour parler des pays où il était allé. Mais je ne crois pas que les dames de Cranford eussent fait de M. Peter un voyageur aussi merveilleux si elles l'avaient seulement entendu s'exprimer aussi paisiblement que dans ses conversations avec le pasteur. En fait, elles ne l'aimaient que plus d'être ce qu'elles appelaient « tellement oriental ».

Un jour, lors d'une soirée avec des invités choisis donnée en son honneur par Mlle Pole et d'où, comme Mme Jamieson l'honorait de sa présence et avait même proposé d'envoyer M. Mulliner pour le service, M. et Mme Hoggins ainsi que Mme Fitz-Adam étaient nécessairement exclus, un jour donc chez Mlle Pole M. Peter déclara qu'il était las de se tenir assis bien droit appuyé au dossier rigide de fauteuils prétendument confortables et demanda s'il ne pouvait pas s'offrir le luxe de s'asseoir les jambes croisées. Mlle Pole se hâta d'y consentir, et il prit place sur le sol avec un sérieux imperturbable. Mais, lorsque Mlle Pole me souffla, de manière audible : « Ne vous rappelle-t-il pas le patriarche Abraham ? », je ne pus m'empêcher d'évoquer le pauvre Simon Jones, le tailleur boiteux, et, tandis que Mme Jamieson épiloguait sur l'élégance et la commodité de la posture, je me souvenais de la manière dont nous avions toutes suivi cette dame dans sa condamnation de la vulgarité de M. Hoggins qui simplement se croisait les jambes quand il restait assis sans bouger sur sa chaise. Beaucoup des façons de manger de M. Peter ne manquaient pas de surprendre devant des dames telles que Mlle Pole, Mlle Matty et Mme Jamieson, surtout au rappel des petits pois laissés dans l'assiette et des fourchettes à deux dents lors du dîner donné par M. Holbrook.

De citer le nom de ce monsieur me remet en mémoire une conversation entre M. Peter et Mlle Matty un soir pendant l'été qui suivit son retour à Cranford. La journée avait été brûlante, et Mlle Matty s'était sentie oppressée par ce temps-là, tandis que son frère se délectait de la chaleur ambiante. Je me rappelle qu'elle avait été incapable de prendre soin du bébé de Martha, ce qui depuis peu était devenu son occupation favorite. Le bébé se sentait aussi à l'aise dans ses bras que dans ceux de sa mère, transfert qui demeurait possible tant qu'il restait léger et portable par quelqu'un d'aussi fragile que Mlle Matty. Le jour auquel je fais allusion, elle avait paru plus faible et plus languissante que d'habitude. Elle n'avait repris vie qu'au coucher du soleil. On avait roulé son sofa devant la fenêtre ouverte. Bien que celle-ci donnât sur la grand-rue, de temps à autre passaient par là les bonnes odeurs de foin coupé des prés voisins, portées par de douces brises qui remuaient l'air calme du crépuscule estival avant de s'effacer. Le silence de l'atmosphère suffocante disparaissait sous les murmures échappés de toutes les portes et fenêtres ouvertes. Même les enfants étaient dehors malgré l'heure tardive (entre dix et onze heures), prenant plaisir au jeu dont ils n'avaient pas eu envie pendant la chaleur de la journée. Mlle Matty tirait quelque satisfaction de voir le peu de bougies allumées, même au-dedans des pièces où apparaissaient les plus évidents des signes de vie. M. Peter, Mlle Matty et moi, depuis quelque temps nous étions assis en silence, chacun à ses pensées, quand M. Peter lança :

« Sais-tu, ma petite Matty, que j'aurais pu mettre ma main au feu que tu étais bien partie pour te marier, la dernière fois que j'ai quitté l'Angleterre ? Si quelqu'un m'avait dit alors que tu aurais vécu et serais morte dans la peau d'une vieille fille, je lui aurais ri au nez. »

Mlle Matty ne répondit rien. Je cherchai vainement un sujet capable de changer la conversation, mais j'étais à court d'imagination. Avant que j'eusse trouvé, il reprit :

« Je pense à Holbrook. Ce bel homme plein de vigueur qui habitait Woodley, j'avais dans l'idée qu'il enlèverait ma petite Matty. Vous auriez du mal à y croire sans doute, Mary, mais ma sœur autrefois était une très jolie fille. C'était du moins ma conviction, et j'ai le sentiment que ce pauvre Holbrook était du même avis. Qu'est-ce qui lui a pris de mourir avant que je rentre le remercier de sa bonté pour le petit bon à rien mal dégrossi que j'étais ? C'est cette étrangeté qui me fit penser pour la première fois qu'il s'intéressait à toi car, dans toutes nos parties de pêche, c'était le nom de Matty qui revenait sans cesse dans la conversation. Pauvre Déborah ! À quel sermon j'ai eu droit quand un jour je l'ai invité à déjeuner chez nous, alors qu'elle avait vu en ville la voiture des Arley et imaginé que Sa Seigneurie pourrait venir en visite ! Ah là là ! c'est loin, tout ça, plus de la moitié d'une vie, et pourtant on dirait que c'était hier ! Je ne vois pas qui j'aurais mieux aimé avoir pour beau-frère. Tu n'as sûrement pas su mener ta barque, ma petite Matty, d'une manière ou d'une autre. Tu as dû vouloir faire de ton frère un bon entremetteur, n'est-ce pas, ma petite ? dit-il en tendant la main pour prendre la sienne, alors qu'elle était couchée sur le sofa – mais qu'est-ce qui se passe ? Tu trembles, tu grelottes, Matty, avec cette fichue fenêtre ouverte. Fermez-la donc, Mary, tout de suite. »

C'est ce que je fis. Puis je me penchai pour embrasser Mlle Matty et voir si elle était vraiment transie. Elle saisit ma main et la pressa avec force, mais sans bien se rendre compte de son geste car, un instant plus tard, elle eut pour nous parler la même voix que d'ordinaire, et son sourire dissipa notre inquiétude, si elle se soumit avec patience à la prescription imposée par nos soins d'un lit chauffé à la bassinoire et d'un verre de vin chaud allongé d'eau. Je devais quitter Cranford le lendemain et, avant mon départ, je pus constater qu'il ne restait rien des effets nocifs de la fenêtre ouverte. Pendant les dernières semaines de mon séjour, j'avais eu la haute main sur la plupart des changements rendus nécessaires dans l'ameublement et la dévolution des pièces. La boutique était redevenue un petit salon ; fini le vide qui faisait résonner les salles : du haut en bas, on avait tout meublé.

Il avait été question d'installer Martha et Jem dans une autre maison, mais Mlle Matty ne voulut pas en entendre parler. En réalité, je ne l'avais jamais vue aussi outrée que lorsque Mlle Pole en fit la solution la plus souhaitable. Tant que Martha était d'accord pour rester près d'elle, Mlle Matty ne pouvait que s'en féliciter, et c'était valable aussi pour Jem, un homme qu'il était très agréable d'avoir sous son toit, car on ne le voyait jamais d'un bout de la semaine à l'autre. Quant à la probabilité d'autres enfants, s'il se révélait que ce fussent des chérubins comme sa filleule Matilda, elle ne voyait pas d'objection à leur nombre si Martha n'y était pas opposée. En plus, le prochain de ces enfants devait s'appeler Déborah. Mlle Matty avait cédé à contrecœur après que Martha eut montré une ferme résolution à faire du premier une Matilda. Mlle Pole dut en conséquence baisser pavillon, et même baisser la voix en me disant que, comme M. et Mme Hearn continueraient à habiter la même maison que Mlle Matty, nous avions agi sagement en louant les services d'une nièce de Martha pour lui venir en aide.

Je laissai Mlle Matty et M. Peter confortablement installés et très satisfaits. Le seul motif de regret pour le tendre cœur de la première et le goût du second pour la compagnie et des relations amicales était la malheureuse querelle opposant Mme Jamieson d'une part et des Hoggins sans distinction de l'autre avec leurs partisans. Pour plaisanter, il m'arriva de prophétiser que la dissension durerait seulement jusqu'au jour où Mme Jamieson tomberait malade, à moins que ce ne fût M. Mulliner, auquel cas ils ne seraient que trop heureux d'être en bons termes avec M. Hoggins. Mlle Matty pourtant ne goûta pas ma façon d'anticiper quelque chose comme la maladie avec autant de légèreté et, avant la fin de l'année, tout s'arrangea d'une manière beaucoup plus satisfaisante.

Je reçus deux lettres de Cranford par un matin d'octobre de bon augure. Tant Mlle Pole que Mlle Matty m'écrivaient pour me demander de venir rencontrer les Gordon, de retour en Angleterre en pleine santé avec leurs deux enfants maintenant presque adultes. Cette chère Jessie Brown n'avait rien perdu de sa gentillesse naturelle, bien qu'elle eût changé de nom et de classe sociale. Elle écrivait pour nous dire qu'ils pensaient, le major et elle, être à Cranford pour le 14. Elle espérait et souhaitait qu'on la rappelât au bon souvenir de Mme Jamieson (nommée en premier, comme il convenait à la place qu'elle occupait dans la société). Comment pourrait-elle jamais oublier leur bonté envers son père et sa sœur dans la détresse ? Il s'y ajoutait Mme Forrester, M. Hoggins (et là encore se glissait une allusion à des services rendus aux défunts dans un lointain passé), sa nouvelle épouse qui, en tant que telle, devait permettre à Mme Gordon de désirer faire sa connaissance ; par surcroît, elle comptait parmi les vieux amis écossais de son mari. Bref, on n'avait oublié personne, depuis le recteur (qui avait été nommé à Cranford dans une période allant du décès du capitaine Brown au mariage de Mlle Jessie et était à présent associé au second de ces événements) jusqu'à Mlle Betty Barker. Tous étaient invités à déjeuner, tous à l'exception de Mme Fitz-Adam, venue habiter Cranford après le départ de Mlle Jessie Brown, et que je trouvai broyant du noir à cause de cette omission. On s'étonnait de trouver le nom de Mlle Betty Barker au milieu de tous ces gens distingués mais, comme disait Mlle Pole, il fallait garder en mémoire le mépris de l'étiquette de la bonne société caractérisant l'éducation que ce pauvre capitaine avait donnée à ses filles. Par respect pour lui, nous ravalâmes notre fierté. Mme Jamieson alla jusqu'à en faire un compliment, comme cela plaçait Mlle Betty (anciennement sa domestique) au même niveau que ces malheureux Hoggins.

Cependant, quand j'arrivai à Cranford, rien n'était encore connu de manière certaine des intentions de Mme Jamieson. Cette honorable dame irait-elle ou non ? M. Peter disait que c'était de son devoir et qu'elle le ferait. Mlle Pole hochait la tête et prenait un air chagrin. Mais M. Peter avait de la ressource. Il commença par persuader Mlle Matty d'écrire à Mme Gordon pour l'informer de l'existence de Mme Fitz-Adam et la solliciter d'inclure quelqu'un d'aussi gentil, d'aussi aimable et d'aussi généreux dans sa charmante invitation. La réponse vint par retour du courrier, avec un petit billet bien tourné pour Mme Fitz-Adam et la demande faite à Mlle Matty de le remettre en mains propres et d'expliquer l'omission précédente. Mme Fitz-Adam fut on ne peut plus contente et se confondit en remerciements à l'endroit de Mlle Matty. M. Peter avait dit : « Laissez-moi Mme Jamieson. » C'est ce que nous fîmes, surtout dans l'assurance que nous ne pouvions rien pour modifier sa décision, une fois prise.

J'ignorais tout, de même que Mlle Matty, du train dont allaient les choses jusqu'au jour où Mlle Pole me demanda, la veille de l'arrivée de Mme Gordon, si je pensais qu'il y avait trace de projets matrimoniaux entre M. Peter et Mme Jamieson car, à n'en pas douter, cette dernière assisterait au déjeuner du George. Elle y avait envoyé M. Mulliner pour exprimer le désir qu'un tabouret fût placé devant le siège le plus chaud de la salle, comme son intention était de venir et qu'elle savait les chaises très hautes. Mlle Pole avait eu vent de la nouvelle. Elle en tirait toutes sortes d'enseignements et en appréhendait davantage encore. Si M. Peter se mariait, qu'adviendrait-il de cette chère Mlle Matty ? Et justement Mme Jamieson ! Mlle Pole semblait penser qu'il existait d'autres dames à Cranford qui auraient rendu son choix plus judicieux, et je crois qu'elle devait avoir en tête quelqu'un qui n'avait pas été marié, car elle ne cessait de dire : « C'est si peu délicat de la part d'une veuve de songer à ces choses-là. »

Lorsque je fus de retour chez Mlle Matty, je commençai vraiment à me persuader que M. Peter pourrait envisager d'épouser Mme Jamieson, et je m'en désolai autant que Mlle Pole. Il avait en main l'épreuve d'une grande affiche où on lisait : « *Signor Brunoni,* magicien du roi de Delhi, du rajah d'Oude, du grand lama du Tibet etc. etc., va donner une représentation à Cranford, un soir seulement (celui du lendemain) ». Mlle Matty, qui exultait, me montra une lettre des Gordon promettant de rester le temps de ce divertissement dont Mlle Matty attribuait l'entière responsabilité à M. Peter. Il avait écrit au *Signor* pour lui demander de venir et devait assumer tous les frais. On distribuerait des billets d'entrée gratuits à autant de spectateurs que la salle pourrait en contenir. Bref, Mlle Matty était enchantée de ce projet et disait que le lendemain Cranford lui rappellerait la Guilde de Preston[1], des réjouissances auxquelles elle avait participé dans sa jeunesse. Pensez donc : un déjeuner à l'auberge avec ces chers Gordon et le soir le *Signor* dans la salle des fêtes du George ! Mais, pour ma part, je n'avais d'yeux que pour ces mots fatidiques : « sous le patronage de l'honorable Mme Jamieson ». Ainsi c'est elle qui avait été choisie pour présider le divertissement conçu par M. Peter. Peut-être allait-elle dans son cœur prendre la place de Mlle Matty et une fois de plus rendre solitaire la vie de mon amie. Je ne pouvais anticiper la journée du lendemain avec un quelconque plaisir, et toute la joie que prévoyait innocemment Mlle Matty ne faisait qu'accroître ma contrariété.

Ce fut ainsi, hors de moi, irritée, exagérant chacun des petits incidents capables d'ajouter à ma mauvaise humeur, que je vécus cette journée, aussi longtemps que nous ne fûmes pas tous réunis dans le grand salon du George. Le major et Mme Gordon, la jolie Flora, M. Ludovic, tous aussi sémillants, aussi beaux, aussi aimables avec leurs hôtes que possible, mais d'observer M. Peter me laissait à peine le temps de faire attention à eux, et je me rendais compte que Mlle Pole, elle aussi, était bien employée. Jamais Mme Jamieson ne m'était apparue aussi éveillée et aussi animée qu'en ce jour. Son visage marquait tout l'intérêt qu'elle prenait aux propos de

1. Une association de commerçants donnant une fête tous les vingt ans depuis le XIV^e siècle.

M. Peter. Je m'approchai pour mieux entendre. Je fus grandement soulagée quand je compris que ses paroles n'étaient pas des mots d'amour, mais qu'en dépit de son apparente gravité, il était repris par ses anciens démons. Il lui parlait de ses voyages en Inde et lui décrivait l'incroyable altitude du massif de l'Himalaya. Chaque détail ajoutait à l'élévation et excédait le précédent par son absurdité. Cependant, Mme Jamieson prenait plaisir à tout en toute bonne foi. Je suppose que pour sortir de son apathie il lui fallait de quoi exciter grandement son imagination. M. Peter couronna son récit en disant que, bien sûr, à cette hauteur on ne trouvait aucun des animaux existant plus bas. Le gibier... mais rien n'était semblable. Un jour qu'il tirait sur une créature ailée, quelle ne fut pas sa consternation quand la chute lui découvrit qu'il avait abattu un chérubin ! À cet instant, M. Peter croisa mon regard et me fit un clin d'œil si malicieux que jamais plus je ne fus tentée de croire qu'il songeait à épouser Mme Jamieson. La stupéfaction de cette dernière n'allait pas sans un certain embarras.

« Mais... monsieur Peter... abattre un chérubin... ne trouvez-vous pas que... c'était, j'en ai peur, un sacrilège ? » M. Peter ne tarda pas à reprendre son sérieux. Il parut frappé de cette idée qui, dit-il avec une indéniable sincérité, lui était proposée pour la première fois. Mais Mme Jamieson devait se souvenir qu'il avait vécu longtemps parmi des sauvages, tous des païens, certains d'entre eux, hélas, des non-conformistes convaincus. Puis, voyant que Mlle Matty s'approchait, il se hâta de changer de sujet de conversation. Au bout d'un instant, se tournant vers moi, il dit : « Ma petite Mary, vous qui êtes si comme il faut, ne soyez pas choquée par tous mes récits fabuleux. Pour moi, Mme Jamieson est une proie rêvée, et puis je cherche avant tout à l'apaiser. Pour atteindre ce but, la première étape consiste à lui garder les yeux bien ouverts. Je l'ai subornée en lui demandant de me laisser me servir de son nom pour patronner la soirée de mon pauvre prestidigitateur. Je ne veux pas qu'elle ait le temps d'aigrir sa rancœur à l'égard des Hoggins qui viennent d'entrer. Je veux que tout le monde s'aime, car Matty se fait une montagne de ces brouilleries qu'on lui raconte. Je vais me remettre à l'ouvrage dans un instant, aussi n'êtes-vous pas tenue de prendre un air indigné. Mon intention est d'entrer dans la salle des fêtes ce soir avec Mme Jamieson d'un côté et Sa Seigneurie Mme Hoggins de l'autre. Vous verrez si j'y réussis. »

Il y parvint je ne sais trop comment, et même s'arrangea pour les faire se parler. Le major et Mme Gordon aidèrent à ce résultat par leur parfaite ignorance d'un froid quelconque entre les habitants de Cranford.

Depuis ce jour, on a retrouvé dans la ville la même atmosphère sympathique qui auparavant caractérisait les rapports humains. Je m'en réjouis, car cela correspond à un désir chez Mlle Matty de paix et de gentillesse. Nous avons tous pour elle une grande affection, et d'une certaine manière de l'avoir à nos côtés, je crois, profite à chacun de nous.

## Chronologie

1810 Naissance à Chelsea d'Elizabeth Stevenson.

1811 Décès de sa mère. Elizabeth va vivre chez sa tante, Hannah Lumb, à Knutsford, dans le Cheshire. Knutsford fournira à Elizabeth Gaskell la donnée première de Cranford.

1829 Elizabeth va habiter Chelsea avec son père et sa belle-mère. Décès de son père. Elizabeth va vivre chez le révérend William Turner à Newcastle upon Tyne.

1832 Elle épouse le révérend William Gaskell, pasteur unitarien à Manchester.

1833 Une fille, mort-née.

1834 Deuxième fille, Marianne.

1837 Troisième fille, Margaret. Décès de Hannah Lumb.

1842 Quatrième fille, Florence.

1844 Un fils, William, qui meurt de la scarlatine en 1845.

1846 Cinquième fille, Julia.

1848 Premier roman publié, *Mary Barton.*

1849 Rencontre Dickens à Londres.

1850 Dickens l'invite à collaborer à un périodique qu'il dirige (*Household Words – Langage bien connu*). Rencontre Charlotte Brontë.

1851 Le premier épisode de *Cranford* paraît dans *Household Words*. Le portrait d'Elizabeth Gaskell est peint par Richmond (National Portrait Gallery).

1853 Parution de *Ruth* et de *Cranford*. Échange de visites avec Charlotte Brontë.

1855 Publication de *North and South (Le Nord et le Sud)*, de *Lizzie Leigh and Other Stories (Lizzie Leigh et autres histoires)*. Décès de Charlotte Brontë. Le père de Charlotte Brontë demande à Elizabeth d'écrire une biographie de sa fille (publiée en 1857).

1859 *Round the Sofa and Other Tales (Autour du sofa et autres contes)*.

1860 *Right at last and Other Tales (Enfin dans le vrai et autres contes)*.

1863 Collabore à *All the Year Round (Toute l'année durant)*, autre périodique dirigé par Dickens. Publie *Sylvia's Lovers (Les Amoureux de Sylvia)*. Commence *Wives and Daughters (Épouses et filles)*.

1865 Achète une maison à Holybourne dans le Hampshire, où elle meurt subitement le 12 novembre.

1866 Publication posthume de *Wives and Daughters*.

# Table

PAPIER À BASE DE FIBRES CERTIFIÉES

Le Livre de Poche s'engage pour l'environnement en réduisant l'empreinte carbone de ses livres. Celle de cet exemplaire est de :
350 g éq. $CO_2$
Rendez-vous sur www.livredepoche-durable.fr

Composition réalisée par PCA

Imprimé en France par CPI
en décembre 2015
N° d'impression : 3015047
Dépôt légal 1re publication : janvier 2016
LIBRAIRIE GÉNÉRALE FRANÇAISE
31, rue de Fleurus - 75278 Paris Cedex 06

15/6598/0